우리가 만드는 정치

동네 민주주의 실천

이태동 편저

청송미디어

우리가 만드는 정치 동네 민주주의 실천

2018년 9월 5일 1판 1쇄

편저자 이태동 **펴낸곳** 청송미디어 **주소** 서울시 서대문구 연세로 50 **전화** 02)2123-3380~2
팩스 02)2123-8673 **등록** 2016년 5월 9일(제25100-2016-37호) **인쇄** (주)동국문화
ISBN 979-11-89042-01-1 (93340)

값 16,000원

http://press.yonsei.ac.kr ysup@yonsei.ac.kr

청송미디어는 **연세대학교 대학출판문화원**의 패밀리브랜드입니다.

이 책은 열려 있는 책입니다. 지역의 주민, 수강자이자 관찰자이며 집필자인 학생들, 중심 저자인 강의 담당 교수, 이 세 움직임은 판을 거듭할수록 지역사회의 변화와 그 명암이 반영되는 열린 구조를 특색 있게 꾸릴 것입니다. 아마도 이 책이 처음으로 발간될 때에 관찰의 대상이었던 주민과 학생들, 그 모습과 위치도 다양한 동네정치 참여자들과 이 강의를 새로 시도하는 시점의 수강자들은 이 열린 구조의 편집을 이어가는 튼실한 동반자일 것입니다. 이러한 삼원성을 바탕으로 한 구조는 이 수업의 시작서부터 오늘에 이르기까지 그 형태와 취지는 다를지라도 진화와 혁신을 지속할 것입니다.

이신행(연세대학교 정치외교학과 명예교수)

정치참여는 정치참여에 필요한 자질 그 자체를 기르는 가장 효과적인 수단이다. 이는 참여민주주의의 기본 명제이다. '동네 민주주의'는 지역현장을 기점(起點)으로 하는 참여민주주의의 다른 이름이라고 볼 수 있다. 지역문제의 당사자 및 이해관계자가 지역문제를 현장에서 발굴하고 정책 제안의 주체가 되어 집행과정에도 '참여'할 수 있는 다종다양한 기회가 얼마나 작동되고 있는가는 그 사회의 민주주의의 성숙도를 가늠하는 중요한 기준일 것이다. 그러나 우리 현실에 눈을 돌려보면 지방선거는 동네 민주주의에 대한 관심과 평가보다도 집권여당의 통치능력에 대한 평가의 장이 되어 버렸고, 이를 언론은 조장하고 있다. 그런 현실 속에서 이뤄진 〈마을학개론〉 수업이었기에 학생들이 수업을 통해 지역문제의 당사자 혹은 이해관계자로서 대학을 둘러싼 지역사회의 다양한 행위자들과 연계 · 협업하는 가운데 문제의 원인을 다면적 · 다층적으로 분석하고 정책을 개발하며, 더 나아가 실행전략까지도 실천적으로 고민했던 과정은 지역사회의 민주적 성장에도 작지만 의미 있는 기여를 했을 것으로 평가하고 싶다.

"배우는 것은 변하는 것이다. 변하지 않으면 배운 것이 아니다"는 현장 기점형 수업의 중요한 원칙이다. 그러나 이러한 원칙에 입각해 학생만의 성장이 아니라 지역사회의 성장에 도움을 주는 수업을 디자인하고 매니지먼트 하는 작업에 드는 수고는 이만저만이 아니다. 그렇기에 이 수업을 디자인하고 매니지먼트 했던 저자와 대학생들에게 경의를 표하고 싶다. 이 책의 중요한 가치 중의 하나는 현장 연계형 수업의 진행 과정에서 부딪혔던 문제들에 대해 교원과 학생들이 대응했던 과정을 있는 그대로 보여주고 있는 것에도 있다. 이 책의 기록은 〈마을학개론〉 수업과 이와 비슷한 현장 기점형 수업을 업그레이드하는데 귀중한 자료적 가치를 가질 것이다.

나일경(추교대학 전 교수)

"우리가 만드는 정치" 제목부터 도발적이다. 도발적인 이유는 다음과 같다. 정치는 '나' 혹은 '우리'와는 다른 부류의 사람들 특히 '정치인'들이 만드는 것이고, '우리'는 그들이 만들어 놓은 판 위에서 움직이는 꼭두각시에 불과하다는 인식이 일반적이기 때문이다. 우리는 그저 몇 년에 한 번 있는 선거에서 투표권을 행사할 때나 '만드는' 행위에 동참하고 나머지 기간에는 수동적이고 무시되는 주체에 불과하다. 물론 1987년, 2016-7년 등과 같이 '우리가 만드는 정치'가 작동한 경험을 갖고 있기는 하지만, 이는 아주 희소한 사례이다. 이 책은 거대한 체제 차원의 문제가 아닌 '우리'가 살고 있는 '동네'에서 우리의 삶과 직결된 문제들에서 민주주의가 어떻게 가능하고 실천되고 있는지를 탐구하고 있다는 점에서 참신하다. 더 나아가, 대학수업 공간을 활용하여, 학부생 · 대학원생들과의 참여관찰과 실험 등의 공동 작업을 통하여 구체적인 사례를 제시하고 있다는 점에서 혁신적이다.

류석진(서강대학교 정치외교학과 교수)

우리는 우리가 보고 불평하는 정치에 익숙하다. 선거 때 투표를 하기도 하지만, 우리가 '참여하고 만드는' 정치는 찾아보기 쉽지 않다. 2018년 지방 선거를 맞이, 연세대학교 정치외교학과 마을학개론 수업은 우리가 '만드는' 정치를 표방하고 실천했다.

지방선거에서 17개 광역자치단체와 226개 기초자치단체에서 단체장, 자치의회 의원들을 선출하지만, 과연 누가 어떤 정책을 어떻게 만드는가? 대의 민주주의 하에서, 시민들이 투표를 통해 당선자를 결정하면, 당선자와 캠프가 만든 정책은 자동적으로 일괄 추진되는 것인가? 민주주의 하에서 시민들이 정책을 만들고 실현할 수 있는 방법은 없는가?

우리가 만드는 정치는 시민들이 주체가 되어, 자신이 살고 있는 지역의 문제가 무엇인지? 그 문제에 관련된 가치와 이해, 사람들은 누구인지? 문제를 해결하며 공공에게 이익이 되는 방안은 무엇인지를 제시하고 실현하는 것을 목적으로 한다. 문제 해결안을 만들뿐만 아니라, 이 정책 제안들을 정치인들에게 전달하고 설득하여 실질적을 변화를 도모한다.

시민정치 교육에서 문제 해결형 교육을 강조하지만, 문제 분석을 통한 제안들을 구성하는데 그치는 경우가 많다. 우리가 만드는 정치 수업에서 학생들은 자신들이 만든 정책 대안을 가지고 선거에 등록한 후보들에게 제시하고 설득하는 과정을 경험했다. 짧은 선거기간 동안, 학생들은 후보자들로부터 다양한 피드백을 받거나 혹은 받지 못하는 경우도 있었다. 대학생들이 좋은 제안을 한다는 의견부터 학부생 정도의 아이디어를 받기는 힘들다는 의견이 있었으며, 아예 반응하지도 않은 후보들도 있었다.

현재 지방자치의 제도는 시민들이 직접 정치와 정책을 만들고 이를 정치과정 속에 개입(channel through)해서 실현할 수 있는 기제가 거의 존재하지 않는다. 주민 소환, 주민 투표, 주민 발안, 주민 감사 청구 등 모두 구성 요건이 어렵고, 대부분 문제가 생겼을 때 대응하는 방법들이다. 우리가 만드는 정치는 우리가 만들 수 없는 지방 정치 제도와 문화 속에서 작은 실험을 진행해 봤다. 이러한 시도가 시민들이 주체가 되어 정책을 제안하고 실현하는 변화의 시작이 되길 바란다.

이 책은 교수와 대학원생, 마을학개론 수업을 듣는 학부생이 함께 작성했다. 이 책이 나오기까지 많은 분들의 도움을 받았다. 우선, 함께 연구하고 책 편집에 도움을 준 고인환, 김한샘 연세대학교 정치학과 대학원생과 각 장을 열심히 작성해준 학부생에게 감사를 표한다. 2018년 한국정치학회 회장을 맡으셔서 시민정치교육을 확장시키신 김의영 교수님과 류석진 시민정치 교육연구실천 분과 위원장님, 김동훈, 류재성, 조희정 교수님께 감사드린다. 2017-2018년 시민정치 수업을 개설하고 진행하셨던 강신구, 공진성, 김연숙, 김용호, 김재한, 김주형, 미우라 히로키, 서재권, 손병권, 신재혁, 이소영, 이재묵, 이현출, 지병근, 차재권, 채진원, 허재영 교수님들의 동지애에 감사드린다. 마을학개론 수업은 은사이신 연세대학교 정치외교학과 이신행 교수님과 서정민 교수님, 추교대학(中京大学)의 나일경 전 교수님의 현장 중심 수업의 경험을 이어받으며 진화하는 산물이다. 아울러 마을학개론 수업은 서대문구청과 서울시마을공동체종합지원센터의 대학-지역 연계 수업과 연세대학교의 CBL(community based learning) 수업 지원으로 진행될 수 있었다. 문석진 구청장님, 박홍표 국장님, 류지민, 박병길 주무관님과 연세대학교 교무처에 감사드린다. 또한 이 책은 한국연구재단 일반공동연구(NRF-2018S1A5A2A03034198)의 지원을 받았다. 또한 학생들이 각 지역에서 필드스터디 할 때 도움주신 지역 활동가 분들, 주민들, 학생들, 지역 정치인과 지방 선거 후보자님들께 감사드린다. 마지막으로 부족한 남편에게 지혜로운 조언으로 지원해준 아내 민경, 사랑과 미소로 힘을 준 아들 근휘, 딸 준휘에게 감사의 마음을 전한다.

책의 1장 우리가 만드는 정치와 동네 민주주의는 이태동 · 김한샘 · 고인환, 2018, 「동네 민주주의 개념과 적용」, 『한국정치연구』 27권 2호에 게재된 논문을 바탕으로 했음을 밝힌다.

차 례

우리가 만드는 정치와 동네 민주주의

이태동 · 김한샘 · 고인환

Ⅰ. 서론

정치는 누가 만드는가? 민주주의(民主主義)의 가치는 말 그대로 시민(民)들이 정치과정의 주체(主)로 참여하여 자신의 일을 자신들이 결정할 때 달성된다(Putnam 1993). 지방 자치(自治) 또한 민주주의가 지방 차원에서 작동하기 위해, 주민들 스스로가 민주적 제도에 참여하여 당면한 문제를 해결하는 것이 그 핵심이다(강명구 1997; 정건화 2012). 대부분의 민주주의 국가에서 시행하고 있는 대의민주주의(代議民主主義) 하에서는 주로 구성원들이 선거에 참여하여 대표자를 선출하고 이 대표자들이 시민들의 뜻을 대신하여 정책들을 결정한다.

복잡하고 다원화된 사회에서 대의민주주의는 어느 정도 효율적일 수 있지만, 민주주의와 지방 자치에서 주민의 정치 참여가 투표에만 국한되는 '주민 없는 주민 자치'에 대한 우려가 있는 것도 사실이다(이동수 2005; 강원택 2014). 최근 대의민주주의의 문제점에 대한 인식과 더불어 마을과 동네를 중심으로 한 풀뿌리 민주주의에 대한 학술적, 실천적, 정책적 관심이 늘어나고 있다(권효림 2015; 김의영 2015). 지역을 중심으로 한 공동체는 각 개인의 자발적 선택을 통해 네트워크를 형성하고 지역 공동의 문제를 고민하고 해결해 나가는 과정에서 형성된다. 그리고 문제 해결을 위해 기존의 정치 과정에 영향을 끼치거나 정책을 결정하는 역할을 하기도 한다(이태동 2017). 이렇듯 지방의 주민 자치에 대한 학술적 관심이 늘어남과 동시에 정부 또한 주민들의 정치 참여를 활성화하려는 '동네 민주주의'의 방안이 논의되고 있다. 하지만, 몇몇 예외를 제외하고(주성수 외 2006; 김주형 2016), 아직까지 동네 민주주의가 무엇인지에 대한 개념적 논의와 그 개념을 어떻게 실제 주민 자치에 적용할 지에 대한 논의는 부족한 상황이다.

이에 본 연구는 누가, 무엇을, 언제, 왜, 어떻게 분배하는가라는 정치의 근본적인 질문에 의거해, 동네 민주주의를 개념화하는 것을 목적으로 한다. 개념화된 동네 민주주의의 요소를 서대문구 유휴 지하 보도의 창작놀이센터 설립과 운영에 경험적으로 적용하여 경험적으로 분석하는 것도 다른 목적이다.

정치는 다양하게 정의되어 왔다. 학술적으로 널리 통용되는 정치의 정의는 "사회적 가치의 권위적 배분(authoritative allocation of societal values)"이다(Easton 1965). 한편 라스웰은 정치를 그의 저서 제목처럼 정치를 "누가 무엇을 언제, 어떻게 갖는가(Who Gets What, When, How)"라고 정의한 바 있다(Lasswell 1936). 위 두 가지 정의를 활용하여 동네[1] 민주주의를 이해할 수 있다. 바로 "동네 사람들이 무엇을 언제, 어떻게 갖는지를 민주적으로 형성된 권위와 제도를 통해 결정하는 것"이 동네 민주주의의 질문이라고 할 수 있다. 여기에 이스턴의 정의를 더해 "무엇"이라 함은 바로 "사회적 가치"라고 표현할 수 있으며, "왜"를 추가하여 동네 민주주의를 이해하고자 한다. "왜"라는 질문은 누가 어떤 사회적 가치를 더 중요하게 생각하는지에 대한 질문이기 때문이다. 따라서 동네 민주주의는 *주민들이 주체가 되어 정치 제도(행정, 입법)와 함께 지역적, 국가적, 세계적으로 연결될 수 있는 지역의 일상의 문제들에 대해 대의제 선거 때뿐만 아니라 일상적으로 자발적 참여와 자치를 통해 민주주의와 삶의 질을 향상시키는 제도와 과정*이다.

동네 민주주의를 연구한다는 의미는 우선, '동네의 일원', 즉 지역에 사는 주민이 정치의 주체가 되어 자신들과 관련된 문제를 해결하고 결정하는 과정을 분석하고 설명한다(권효림 2015). 주민은 행정단위의 읍, 면, 동과 궤를 같이 할 수도 있고, 마을 혹은 동네와 같은 사회 문화 지역적 기반을

1 동네는 시민들이 일상을 영위하는 지역이다. 동네(neighborhood)의 사전적 의미는 '어떤 사람이 살고 있는 집의 근처, 다른 여러 집의 사람과 공동의 생활을 이루는 지역'이다.

가지고 상호작용할 수도 있다. 그러나 동네 민주주의는 작은 지역에서만 미시적으로 작동하지만은 않는다. 인접한 동네, 큰 단위의 지역, 국가, 더 나아가 지구적 수준의 정치와 상호작용한다(안정배 · 이태동 2016). 예컨대 동네 민주주의의 주요 쟁점이 될 수 있는 미세먼지 문제는 국경을 넘는 초국가적 수준의 환경 문제이기도 하며, 그 대응책 역시 지역적, 국가적 수준의 정책과 상호작용할 수밖에 없다. 다른 예로, 동네에 오랫동안 존재해왔던 전통시장은 최적의 매출을 올릴 수 있는 입지를 찾아 들어온 초국가적 기업의 대형마트가 인근에 들어서면서 그 존재를 위협받을 수 있다. 이렇듯 동네 민주주의는 동네 주민과 다양한 수준의 주체들 간의 상호작용에 영향을 받는다.

요약하자면, 이 글은 동네 민주주의라는 개념을 소개하고 그 중요성과 함의에 대해 논한다. 우선 동네 민주주의가 다른 대안적 민주주의 모델과 차별화되는 두 가지 특징을 밝힌다. 그리고 동네 민주주의의 (1) 주체 (누가), (2) 주제 (무엇을), (3) 방법 (어떻게), 그리고 (4) 이유 (왜)를 중심으로 동네 민주주의를 정의한다. 그 다음 서대문구 유휴 지하보도를 주민들의 참여로 "창작놀이센터"와 "창업 카페"로 만든 동네 민주주의의 실천 사례를 분석하고 그 함의에 대해서 논한다.

Ⅱ. 동네 민주주의 개념화

1. 동네 민주주의의 정의

앞에서 언급한 바와 같이 동네 민주주의란 '동네 사람들'이 '동네의 사회적 가치'를 언제, 어떻게 그리고 왜 가지고 분배하는지를 민주적으로 형성된 권위와 제도를 통해 결정하는 것이다. 이를 통해 알 수 있듯이, 이 글이 동네 민주주의를 정의하는 방법은 민주주의 개념에서 출발하는 것이 아닌 학술적으로 통용되는 두 가지 "정치" 개념의 통합에서 출발하는 것이다. 왜 민주주의 개념을 제시함에 있어 민주주의가 아닌 정치에 대한 일반적인 정의에서 출발하는가?

이는 기존의 여러 대안적 민주주의 개념들의 모호성 때문이다. 대안적 민주주의 모델들은 대의민주주의의 한계의 보완이라는 공통의 목적을 가지고 고안된 것이나, 다양한 상호 연관된 하위 개념들을 포함하다 보니 모호성을 피해갈 수 없다. 예컨대 안성호는 민주주의의 위기를 7가지로 정의하고 이를 보완하기 위해 "마을공동체 민주주의"를 활성화할 것을 제안한다(안성호 2007). 그러나 그의 마을공동체 민주주의 모델은 대의민주주의의 한계점을 보완하는 여러 대안적 민주주의 모델, 예컨대 심의민주주의, 협의민주주의, 주민자치 민주주의, 참여민주주의, 다원민주주의와 같은 다양한 모델들을 모두 포함하는 실천 방안으로 제시되어 있다. 즉, 안성호의 마을공동체 민주주의는 대의민주주의 하에서 시도할 수 없는 실험적인 요소들을 소규모 단위에서 시도해본다는 것 이상의 대안으로서 구체화되고 있지 않다.

반면 라스웰의 정치에 대한 정의는 간단하지만 구체적인 질문들을 통해 (누가, 무엇을, 언제, 어떻게) 정치 개념을 이해하는데 유용하다. 이스턴의 "사회적 가치"에 대한 개념을 더하면 "주민들이 주체가 되어 기존의 정치 제도(행정, 입법)와 더불어 지역적, 국가적, 세계적으로 연결될 수 있는 지역의 일상의 문제들에 대해 선거 때 뿐만 아니라 일상적으로 자발적 참여와 자치를 통해 민주주의와 삶의 질을 향상시키는 일련의 제도와 과정"으로 정치를 정의할 수 있다. 이러한 정의로부터 민주주의를 새로 정의하기 위해 "민주적으로 형성된 권위와 제도를 통해 결정한다"라는 민주주의의 절차적 내용을 추가하여 동네 민주주의에 대한 구체적인 정의가 가능해진다.

그렇다면 왜 “동네”라는 개념을 사용하여 새로운 민주주의 개념을 제시하는가? 이는 지역 민주주의나 마을 민주주의와 같은 대안적 민주주의 모델의 한계점을 보완하고 지역에서도 작동하는 민주주의의 모델을 제시하기 위함이다. “지방분권”과 대비되는 “지역분권”의 개념화를 통해 지역민주주의를 정의하고 있는 박근영과 이영제에 따르면, “지역”은 기존의 중앙-지방 행정 체계에 따른 수직적 기준이 아닌 “자연이나 사회적 특성 등 일정한 기준에 따라 나누어진 공간을 의미”한다(박근영 · 이영제 2016). 지역을 이렇게 정의하여 지방 분권화가 담고 있는 “단체자치”의 한계성을 지적하고, 지역 내 직접민주주의에 가까운 모델을 제시하여 “주민자치”로서의 지역민주주의를 제시한 것은 새로운 시도라 평가할 만하다. 그러나 정작 지역이 나뉘는 기준은 지역의 특성이지 그곳에 살고 있는 주민의 특성이 아니라는 점에서, 주민을 민주주의 과정의 주체로 격상시킨다는 본래의 의도를 모두 다 달성하지 못한 개념이라고 할 수 있다. 이러한 부분은 토크빌(Tocqueville)이 제시한 타운의 정의와 구별하여 설명할 수 있다. 토크빌에 따르면 타운은 여러 사람이 모여 자연스럽게 형성된 마을이다. 사람들은 형성된 타운 속에서 살아가며 자치를 한다. 하지만, 타운을 형성한 주체는 타운에 정착하기 때문에 거주주민과 주소주민의 개념을 포함하며, 실제 거주지와 생활지역에 차이가 있는 생활주민의 개념은 포괄하지 못한다. 이러한 점에서 생활주민의 개념까지 포함하는 ‘동네’와 차이가 있다고 할 수 있다.

한편 마을 민주주의를 제시한 이명진과 홍성태의 경우 “마을”을 “개인의 실존적이고 체험적인 삶의 거점을 형성하는 최소단위의 지역 공동체”로서 정의하고 그 특징으로 공동체 의식, 사회적 관계, 그리고 공공자원이 공유되는 곳이라고 설명한다(이명진 · 홍성태 2016). 이들에 따르면 마을의 주체는 마을에 거주하는 주민들을 말한다. 그러나 오늘날 시민들은 지역간 높은 이동성으로 인해 거주 지역에서만 생활을 영위하지 않는다. 이러한 현상을 두고 이태동은 주민의 개념을 주소 주민, 거주 주민, 생활 주민으로 세분화해야 한다고 주장한다(이태동 2016). 주소 주민은 거주지와 법적 주소지가 같은 주민이다. 거주 주민은 주로 생활하는 지역이 법적 주소지가 아니기 때문에 그 지역에 법적, 정치적 권리가 없는 주민이다. 생활 주민은 거주 지역도, 법적 주소지도 아닌 지역에서 직업이나 학업 등을 이유로 생활하는 주민을 말한다. 거주 주민과 생활 주민은 지역 선거구의 선거권이 없다. 그렇지만 이들 모두가 지역 정치에 영향을 주고 지역 정치로부터 영향을 받기 때문에, 지역에서의 민주주의의 주체가 될 수 있다. 이 글에서 주장하는 동네 민주주의는 바로 거주지가 아닌 곳에서 대부분의 일상 생활을 영위하는 생활 주민까지 민주주의의 주체로 포함한다는 점에서 마을 민주주의와의 차별성이 존재한다.

2. 동네의 범위에 대한 정의

"동네"는 시민들이 일상을 영위하는 지역이라고 정의된다. 한편 단순히 일상을 영위하는 공간이기만 하면 동네라고 정의할 수 있는가에 대한 의문을 제기할 수 있다. 따라서 동네 민주주의를 설명하기에 앞서 동네의 범위를 명확하게 정의할 필요가 있다.

동네의 범위는 시나 군, 구와 같은 행정구역이 아닌 동네 민주주의의 주체인 동네 주민이 스스로 결정한다. 동네가 마을 민주주의의 '마을'과 달리 동네 주민들에 의해 결정되는 공간이라고 정의될 수 있는 이유는 동네 민주주의의 주체에 생활 주민이라는 개념이 포함되기 때문이다. 생활 주민이 동네 민주주의의 주체라는 것은 많은 시간을 생활하는 지역, 즉 동네로부터 자신의 실제 거주지만큼의 소속감을 가질 수 있는 곳이라는 점을 의미한다. 생활 주민은 자신이 주로 생활하는 동네에 머물면서 주소 주민이나 거주 주민만큼이나 동네에 존재하는 문제들을 인식하고 해결할 필요성을 느낄 수 있다. 따라서 동네의 범위는 동네에서 생활을 영위하는 주민들의 인식에 의해 결정된다고 볼 수 있다. 또한 동네 민주주의에서 동네 개념의 모호성은 다분히 의도적이다. 동네의 공간적 범위는 행정구역과 같은 특정 기준으로 나눌 수 없기 때문이다. 같은 지역구에 사는 사람 간에도 지역 내에서 인지하는 동내의 범위는 다르다. 옆 지역구와 근접한 곳에 사는 사람들은 그 지역구까지 동네로 인식할 수 있다. 즉, 동네를 정하는 기준이 인식에 따라 다르고 처한 상황에 따라 달라지기 때문에 결정의 구체적 절차를 명확하게 규정짓는 것은 한계가 있다. 하지만 경계가 분명하지 않은 동네는 공간적 한계에도 불구하고, 명확한 내집단(ingroup)과 외집단(outgroup)을 구분하는 현 제도 내의 배타성을 완화시키는 기제로 작용할 수 있다.

3. 동네 민주주의의 주체: '우리'는 누구인가?

우선 동네 민주주의를 하는데 있어 대표적인 주체는 그 동네에서 거주하고 살거나 활동하는 동네 주민이다. 동네에서 살고 있는 주민들이 동네에서 발생하는 문제점을 파악하고 이에 대한 해결책을 직접 제시하며 해결하는 것이다. 여기서 주민이란 주소 주민, 거주 주민, 생활 주민 모두를 포함한다. 비록 주소 주민과 달리 거주 주민, 생활 주민은 법적 주소지와 실제 거주지가 다르지만, 주소 주민과 같은 동네에서 생활하고 동네에서 발생하는 문제에 공통으로 영향을 받는다. 따라서 이에 대한 해결 의지는 주민의 형태에 상관없이 모두가 가질 수 있으므로 모두 동네 민주주의의 주체가 될 수 있다.

한편 동네 민주주의의 주체는 동네 주민뿐만 아니라, 동네의 문제 해결에 관심을 가지는 다양한 종류의 개인 및 단체들을 포함할 수 있다. 예컨대 동네가 소속되어 있는 행정구역의 의회나 행정기관과 같은 공공 기관이 있다. 동네는 둘 이상의 행정구역에 속할 수 있기 때문에 다수의 의회 혹은 행정기관이 동네 민주주의의 주체로 참여할 수 있다. 이들이 주체가 될 수 있는 이유는 두 가지이다. 첫째, 동네의 문제 해결에 관심을 갖기 때문이다. 지역 의회나 행정기관은 관할 지역 내 사업의 주관 기관으로서 다양한 동기에 의해 문제 해결에 참여하고자 한다. 둘째, 동네의 문제를 실질적으로 해결하는 데 도움을 줄 수 있기 때문이다. 동네의 주민들은 행정문제 등 기타 권한 문제로 인해 문제를 해결하는 데 한계가 있어 공공 기관의 예산과 행정력의 도움을 필요로 할 수 있다. 이 밖에 문제 해결에 의지가 있고 역량을 가진 지역 활동가, 시민사회, 기업 등이 동네 민주주의의 주체로 참여할 수 있다.

이렇듯 다양한 집단들이 주체가 되어 동네 민주주의 실현에 주요한 역할을 할 수 있지만, 그럼에도 불구하고 동네 민주주의에 있어 가장 중요한 주체는 동네 주민이다. 그 이유는 첫째, 동네에 대한 관심의 정도와 이해도가 다른 주체들 보다 높기 때문이다. 동네 주민은 동네로부터 삶의 질과 직결되는 영향을 받기 때문에, 다른 주체들에 비해 동네에 대해 관심이 많고 동네에서 발생한 문제의 원인이나 상황에 대해 잘 이해 할 수 있다. 이러한 점에서 동네에 거주하는 시민들은 동네에서 발생되는 문제에 대한 참여도가 다른 주체들에 비해 높아질 수 밖에 없으므로 동네 민주주의에 있어 가장 중요한 주체라고 볼 수 있는 부분이라 할 수 있다.

둘째, 동네 주민은 동네 문제 해결에 가장 큰 유인을 가지고 있는 주체이다. 동네의 문제는 공공의 문제일 수 있지만 개인의 문제이기도 하다. 따라서 동네의 문제를 해결하게 되면 공익 뿐만 아니라 주민 개개인의 사익 증진에 도움이 될 수 있다. 그렇기 때문에 동네 주민은 문제 해결 참여에 지속적인 유인을 가지게 된다.

셋째, 동네 주민의 참여는 동네 민주주의의 지속성을 강화할 수 있다. 동네 주민이 문제 해결 과정에 주도적으로 참여했던 경험을 토대로 동네의 문제에 대해 관심을 가지지 않던 다른 시민을 주체로 만들기 위한 교육에도 관심을 가지게 되고, 동네 민주주의의 주체로 만들기 위한 제도의 필요성도 느끼게 된다. 그리고 이러한 과정을 통해 동네의 문제를 하향식(top-down)의 방식이 아닌 주민들이 자체적으로 문제를 느끼고 이를 해결하였다는 점에서 정치적 효능감 또한 얻을 수 있다. 즉, 동네 주민들은 동네 문제에 대한 방관자가 아닌 동네 공간을 이용하는 최종 사용자로서, 동네 문제를 해결할 능력이 있는 공공기관과 동네의 문제에 대해 연구하는 주체들과 상호교류를 통해 문제를 해결하고(송위진 2012), 이로부터 정치적 효능감을 이끌어 낼 수 있다는 것이다.[2]

물론 동네에 주소를 두고 있지 않는 생활주민의 경우, 선거 시 그 지역의 투표권이 없다는 한계가 존재한다. 그러나 동네 민주주의의 시간(언제)은 선거에만 초점을 맞추지 않는다. '선거 때 뿐만 아니라 일상적'으로 발생하는 문제에 대한 정치 과정과 행위이므로 생활 주민도 동네 민주주의의 주체가 될 수 있다.

4. 동네 민주주의의 주제

동네 민주주의는 동네 주민들이 주체가 되어 동네에서 느낀 문제에 대해 문제 제기를 하고 그 해결책을 직접 제시하는 것이다. 또한 동네 주민만이 아닌 그 동네 문제에 대해 관심을 가지고 해결하고자 하는 모든 개인 및 단체들이 동네 민주주의의 주체로 참여할 수 있다. 그렇다면 구체적으

2 이 과정은 리빙랩 과정으로서 생활현장에서 발생하는 문제에 대해 혁신하는 과정에서 생산자의 일방적 혁신이 아닌 사용자의 적극적 참여에 의해 이뤄지는 개방형 혁신 생태계이다. 사용자가 설계와 개발과정에 참여하여 사용자의 생활환경에 부합하는 연구가 이뤄지게 되며 이를 통해 사회 문제의 해결이 가속화되며 원만한 해결이 가능해진다(성지은, 송위진, 박인용 2013).

로 동네 민주주의에서는 어떠한 주제를 다루는가?

앞서 언급했듯이, 동네 민주주의에서는 동네에서 일어나는 일 즉, 생활정치에 대한 영역으로서 삶에 밀접한 부분을 다루는 것이 주가 된다. 생활정치 개념은 하버마스의 정의를 이용해 의미를 확장하여 이해할 수 있다. 하버마스(Jürgen Habermas)는 기존 제도정치와 비교하여 생활정치를 '일차적으로 일상적 삶의 영역에서 작동하는 것으로서 '생활세계'를 기반으로 하는 정치'라고 정의한다(조대엽 2014). 이에 따르면 생활정치는 일상생활에서 반복되는 개인들의 문제로서 개인의 자아, 정체성, 자아성찰, 생로병사, 웰빙, 라이프스타일 등에 관련된 정치를 일컫는 말이다. 삶과 밀접한 관계를 가지고 있고 삶 속에서 필요하다고 느끼는 육아나 교육, 경제, 문화, 환경, 에너지, 사회 공간에 대한 부분을 그 대표적인 예로 볼 수 있다. 즉, 공동체 내에서 일상 생활을 하는 과정에서 체감하는 문제들이 모두 동네 민주주의의 주제가 될 수 있다.

하지만 동네 민주주의가 단순히 생활정치의 영역에서만 한정되어 다뤄지는 것은 아니다. 생활정치 영역에서 연결되어 국가와 세계 수준의 정치로 연결되는 부분까지 동네 민주주의의 주제가 될 수 있다. 즉, 생활정치에서 느끼게 된 미시적인 필요를 생활정치 영역에서만 이해하는 것이 아닌, 국가 정치와 세계 정치의 맥락이라는 좀 더 확장된 범위 속에서 문제를 이해하는 것이다.

유사한 사례로 서울시의 원전 하나 줄이기 정책이 있다. 서울시의 원전 하나 줄이기 정책을 다수준관점(multi-level perspective)에서 봤을 때, 이 정책은 니치 영역(소규모 공간)에서 도시 내 에너지 수급 문제를 해결하기 위한 정책으로 볼 수 있으나, 이러한 정책이 레짐 단계(중앙 정부의 에너지 정책 기조와 주요 에너지 기술 등을 포함하는 사회 기술 정책적 부분)에 영향을 끼칠 수 있고, 더 나아가서는 경관 단계에서 전 세계적인 환경-에너지 정책으로 영향력이 확대될 수 있다는 것이다(안정배 · 이태동 2016). 이러한 관점과 같이 동네 민주주의의 주제는 일상 생활 속에서 발생하는 문제에 대해 다루는 것이나, 이러한 주제가 단순히 일상생활 속이라는 미시적인 관점에서 접근되는 주제가 아닌 국가 정치, 더 나아가 세계 정치의 맥락 속에서 이해되는 주제라고 볼 수 있다.

또한 동네 민주주의의 주제로 공익과 사익이 충돌하는 문제들이 다뤄질 수 있고, 행정구역 간 이익이 충돌하는 문제도 다뤄질 수 있다. 전자의 경우, 님비(NIMBY, Not In My Back Yard) 현상이 대표적인 경우로, 쓰레기 소각장 문제가 그 예이다. 쓰레기 소각장의 경우 공익을 위해서는 반드시 동네에 설치되어야 할 건물이지만 혐오시설로 인한 동네 이미지 악화 및 이로 인한 동네 주민들의 집값 하락 등의 문제가 발생하게 된다. 즉, 공익의 관점에서 쓰레기 소각장은 동네에 필요한 시설이지만 동네 주민들의 반대를 불러 일으키기에 충분한 시설이라고 볼 수 있다.

후자의 경우, 경북 고령군과 대구 달성군을 잇는 우륵교 문제를 예로 들 수 있다. 고령군의 주민과 군청은 우륵교의 개통을 요구하고 있지만, 달성군의 경우 우륵교의 개통을 교통혼잡과 소음의 문제로 반대하고 있다. 주민들의 이해관계의 차이가 소통의 부재로 인해 많은 예산이 투입되어도 제대로 해결되지 못하고 있는 실정이다(권오항 2014, 12). 이러한 문제는 동네 민주주의 주체에 대한 설명 부분에서도 나와있듯이, 문제와 연관 있는 주체 간 협력이 문제 해결에 중요한 부분이 된다는 것을 시사한다. 즉, 주체 간 협력이 제대로 이뤄지지 않고 의사소통이 제대로 이뤄지지 않으면 일상 생활 속에서 발생하는 문제를 제대로 해결할 수 없다.

따라서 이러한 주제는 선거를 치루는 시기에만 다루는 것이 아니라 일상생활 속에서 항상 문제해결에 대한 방안을 논의해야 한다. 즉, 사업을 시행하는 행정기관 사업을 시행하기 전부터 끝날 때까지 동네 주민들과 상의하여 해결해야 한다. 그리고 사업 전 단계에서 동네 주민들이 반대 의견이 단순히 표출되는 것 뿐만 아니라 사업 내용에 적극적으로 반영되어야 한다. 이에 대한 예로 통영 연대도의 에코 아일랜드 사업을 들 수 있다. 통영시는 이 사업을 시행하는 단계에 앞서 마을 주민들의 참여를 유도하고, 민과 관이 시행방식과 과정에 대한 전 과정에 대해 지속적으로 논의하는 모습을 보였다. 또한 에코 아일랜드 사업과 연계된 조그만 사업이라도 지방행정기관에서 독점적으로 논의하는 것이 아니라 주민들을 모두 모아 지속적인 회의를 하여 생산자와 사용자가 모두 만족하는 사업으로 발전시켰다(강지윤 · 이태동 2015).

5. 동네 민주주의의 방법

우선 동네 민주주의가 실현되기 위한 기본적인 전제는 주체들의 '자발적'인 참여이다. 어떤 외부의 강압으로 인해 동네 주민들이 동네에서 발생한 문제를 해결하는데 있어 수동적인 태도로 참여하는 것이 아닌, 자발적이고 능동적인 태도로 참여해야 한다는 것이다. 루소(Jean-Jacques Rousseau)의 이론을 인용하여 설명하자면, 시민들이 자기결정권을 가지지 않고 참여하게 되면 그 공동체 자체의 쇠락을 초래하게 되며 제대로 된 민주주의가 실현될 수 없다. 따라서 동네 민주주의가 원활하게 운영되기 위해서는 동네 주민들이 주권자로서 적극적인 참여를 해야 한다는 것이다(김주형 2016).

이를 토대로 동네 민주주의를 실현하는 방법을 분류하면 제도적 접근 방법과 비제도적 접근 방법으로 나눌 수 있다. 제도적 접근 방법이란 동네 문제를 위해 자발적으로 모인 주체들이 제도권 내에서 목소리를 낼 수 있는 여러 가지 방안으로 문제 해결의 실마리를 찾아가는 방법을 말한다. 비록 여러 한계점이 지적되고 있으나(김배원 2010), 우리나라에서는 본격적으로 지방자치제도가 시행되면서 주민들이 지역 문제 해결을 위한 다양한 제도적 장치들이 마련되어 있다. 그 예로는 주민투표제, 주민발의제, 주민소환제, 주민소송제, 주민감사청구제가 있다.

주민투표제는 지역의 중요한 공적 문제에 대한 주민 전체의 의사를 묻는 제도로서 주민들이 직접 공적 문제를 해결하기 위해 투표하는 제도이다. 주민투표제는 2004년부터 본격적으로 도입된 제도로 지방의회에 대한 견제 및 소수자의 이익을 보호하며 불만을 해소하는 기능을 가지고 있다는 점에서 긍정적 측면이 있다(임승빈 2002). 그러나 발동요건이 까다롭고 그 적용 대상 및 범위가 좁다는 한계점이 지적되고 있다(이승종 2003).

주민발의제는 1999년에 도입된 주민이 조례를 개정하고 폐지할 것을 제안할 수 있는 제도이며, 일정 수 이상의 유권자가 서명을 하여 법령의 개정이나 개폐를 주민들이 직접 청구할 수 있도록 하고 있다. 현재 우리나라에 도입된 주민발의제는 간접적 주민발의만을 인정하고 있다. 간접적 주민발의란 주민들에 의해 발의된 사항을 입법기관에 회부하여 의회 스스로 된 사항을 채택할 경우 주민투표로 이어지지 않는 것을 말한다(이승종 2003).

주민소환제는 지방자치제도 내에서 결정권자의 결정이 부당하거나 옳지 못하다고 판단되는 경우 주민들이 직접 그 결정권자를 해임하는 제도이다. 지방자치단체장과 지방의회의 의원과 같은 선출직의 경우 투표 전체 공직선거 유권자의 10%, 기초자치단체장의 경우 15%, 지방의회의 경우 20%에 해당되는 사람들이 요구할 시 해임에 대한 투표가 진행된다. 그러나 실질적인 해임은 1/3 이상의 투표권자가 참여하여 이들의 과반수가 찬성할 경우에 한하여 가능하기 때문에 한계점이 있는 제도라고 볼 수 있다.

주민소송제는 주민들에게 손해를 입힌 지방정부의 장, 공직자에게 배상을 요구하는 사법제도이다. 주민소송제는 참여정부에서 2004년 1월 지방분권특별법을 통해 주민 소송제도의 근간을 마련한 후, 2016년 1월 1일부터 본격적으로 시작된 제도이다. 주민소송제의 대상은 지방정부의 위법한 재무회계 행위에 국한되어 진행되나, 주민소송을 하는 주체의 권리나 이익에 침해가 없다고 하더라도 소송을 제기할 수 있다는 점이 특이한 점이라고 볼 수 있다(임승빈 2002).

마지막으로 주민감사청구제가 있다. 지방정부기관 공직자들의 사무처리가 법령에 위반되어 공익을 해한다고 인정되는 경우 감사를 청구할 수 있는 제도이다. 주민감사청구제는 유권자들의 권익 보호를 위한 실질적 감시제도인 동시에 지방행정의 집행부에 대한 견제를 통하여 자치단체장을 포함한 지방행정 공무원들의 태도 변화를 이끌어 낼 수 있는 제도라는 점에서 주민들의 권리를 직접적으로 신장시키는데 도움을 주는 방안이라고 볼 수 있다(이성진 2002).

앞서 언급된 제도들은 동네 민주주의 실현에 중요한 역할을 할 수 있지만, 여러 한계로 인해 제대로 활성화되지 못하고 있다. 하지만, 두 가지 개선 방향이 실행된다면 제도적 접근 방법을 통한 동네 민주주의를 실현할 수 있다. 먼저 제도 사용에 대한 주민의 범위를 확대하는 것이다. 현행 제도는 주소 주민에게 한정된 사용권한이 부여되어 있다. 하지만 동네 문제의 인식과 해결의지는 주소 주민 못지않게 생활 주민도 강하다. 따라서 제도 사용 주민의 범위를 확대하면 동네 문제에 관심있는 생활주민의 참여도 증가하고 제도 또한 활성화될 것이다. 두 번째는 제도에 대한 접근성 강화이다. 현행 제도에서 주소 주민은 제도에 대한 접근 권한을 가지고 있으나, 까다로운 조건으로 인해 제대로 활용되지 못한다. 따라서 조건 완화를 통해 제도 접근성을 강화하면 주민들의 제도사용이 활성화될 수 있다.

비제도적 접근은 위의 예시와 같은 제도를 이용하여 동네 민주주의를 실현하는 것이 아니라, 동네 민주주의의 주체 간의 지속적인 소통과 협의를 통해 문제를 해결해 나가는 방법이다. 앞서 통영 연대도의 에코 아일랜드 사례에서 드러난 것처럼 동네 문제에 대해 지속적으로 동네 주민들과 공론화 과정을 거치고 사업이 해결되는 시점까지 행정기관을 포함한 기타 단체들 간의 협의로 해결 방법이 결정되는 것이 대표적인 예시다. 비제도적 접근 방법은 사용자 즉, 동네 주민들의 문제 인식에서 비롯된 해결 방안이 적극적으로 반영될 수 있다는 점에서 주민들의 만족도를 높일 수 있는 해결 방법이다. 또한 사업을 시행하는 행정기관의 입장에서도 소통의 부재로 인한 갈등 비용을 줄일 수 있다는 측면에서 효율적인 방법일 수 있다. 마지막으로 동네에서 생활하거나 동네의 정책을 담당하지는 않지만 동네가 갖고 있는 문제에 대해 공감하고 이를 해결하고자 하는 여러 개인 및 집단의 전문성을 적극적으로 활용할 수 있기 때문에 창의적인 해결의 모색이 가능하다.

6. 동네 민주주의의 이유

그렇다면 동네 민주주의는 왜 필요한가? 이에 대해 세 가지 이유를 제시할 수 있다. 먼저 다른 대안적 민주주의 모델과 마찬가지로 기존 대의민주주의의 한계를 보완할 수 있기 때문이다. 직접적으로 정치에 참여할 수 없는 현실적인 문제로 인하여 대의 민주주의 제도가 등장하게 되었고 이로 인해 정당과 국회를 기반으로 한 제도가 정착하게 되었다. 하지만 현재 정당과 국회는 모든 국민의 정치적 의사를 대의하기보다 자신들의 기득권 유지를 우선으로 하다 보니 그 기능이 원활하게 돌아가지 못하고 있다(윤성이 2015). 따라서 국민들이 직접적으로 참여하기 위한 여러 대안적 민주주의 모델이 제시되어 왔던 것이다.

동네 민주주의는 주된 참여의 대상으로 생활 주민에 초점을 맞춘다는 것이 대안적 민주주주의 모델과 다른 점이다. 현대 사회에서 시민들은 교통의 발달로 업무 및 학업 공간과 주거 공간이 분리되어 있는 경우가 많아 주거 공간보다 업무 및 학업 공간에 더 많은 시간동안 생활하고 있다(이수현 2011; 김형태 2009). 즉, 앞서 분류되었던 주민 분류를 기준으로 하였을 때, 생활 주민의 수가 늘었다는 것을 알 수 있다. 생활 주민들은 자신의 거주지보다 생활 지역에 대해 더 많은 관심을 가질 수 있으며, 직장이나 기타 이유로 인해 생활을 영위하고 있는 지역에서 발생하는 문제 또한 그 지역의 거주 주민이나 주소 주민만큼 잘 인식하여 이에 대한 문제 해결 의지 또한 거주 주민과 주소 주민만큼 가질 수 있다. 하지만, 현재의 대의민주주의 제도에 따르면 주소지가 등록되어 있는 지역구를 기반으로 국회의원, 지방의회의 의원들과 자치단체장이 선출되기 때문에 투표를 통해 자신의 생활 지역의 문제를 피력할 수 있는 여지가 적다. 따라서 생활 주민이 인식하고 있는 생활 지역의 문제 해결에 그 지역구 국회의원이나 행정기관이 적극적으로 참여하지 않는 결과를 초래할 수 있게 된다. 즉, 기존에 시행되어 오던 지역구 기반의 대의민주주의로는 늘어나는 생활 주민들의 니즈(needs)를 충족하는데 있어 한계를 가지고 있기 때문에 동네 민주주의를 통해 지역구 기반으로 형성된 대의민주주의가 갖는 한계를 보완할 수 있다.

두 번째 이유는 동네 민주주의를 통해 현행 지방자치제도에서 추구하는 삶의 질을 향상시킬 수 있기 때문이라고 볼 수 있다. 여기서 말하는 삶의 질이란 만족과 행복의 상태를 일컫는 말로서 물질적인 측면과 함께 복지나 정신적 측면에서도 만족과 행복의 상태를 나타내는 것이다(허철행 · 김도엽 2000). 이러한 삶의 질은 지방자치제도 내에서 지방자치법 8조 1항[3]에 표기할 만큼 중요한 가치로 여겨진다. 이에 따라 지방자치제도 내에서 삶의 질을 높이는 방안에 대한 연구가 많이 진행되고 있는데, 그 중 의사소통이 삶의 질을 높이는 중요한 요소로 여겨지고 있다. 최일진과 남황우에 따르면 쌍방향 의사소통을 통해 지역 주민의 의견을 충실히 반영하고자 하는 행정기관의 의지가 중요하며(최일진 · 남황우 2016), 이러한 의지를 실천에 옮기기 위해 주민들이 여러 주체들과 소통하면서 문제 해결에 적극적으로 참여할 수 있는 동네 민주주의의 모델이 효과적이라고 볼 수 있다. 즉, 동

3 "지방자치단체는 그 사무를 처리할 때 주민의 편의와 복리증진을 위하여 노력하여야 한다."고 규정되어 있는데, 이는 지방자치를 하는 목적이 지역주민들에게 후생복지에 있음을 밝히는 것이고 이는 지역 주민들의 삶의 질 향상을 목적으로 두고 있는 것이라고 볼 수 있다(최일진 · 남황우 2016).

네 민주주의의 모델은 지방자치제도의 목적인 주민의 삶의 질 증진에 있어 행정기관이 적극적으로 도입할 수 있다.

세 번째 이유는 동네 민주주의를 통해 사회적 자본을 형성할 수 있고 이를 기반으로 민주주의를 공고화 할 수 있기 때문이다. 사회적 자본이란 사회 관계를 기반으로 하여 개인이나 집단이 얻는 이익이라고 볼 수 있다(박길성 2002). 동네 민주주의 모델에서는 문제를 인식한 주체 간 문제 해결을 위해 다양한 경로로 논의가 진행되며, 주체들은 논의 과정 속에서 어떤 주체가 어떤 의견을 왜 주장하는지 파악할 수 있다. 이러한 과정 속에서 주체들은 입장을 공유했던 경험을 쌓아 사회적 자본을 형성할 수 있으며, 새로운 문제가 직면했을 때 활용하여 합의로 나아가는 사회적 비용이 줄어들 수 있다. 즉, 논의과정을 통해 형성된 주체 간 사회적 관계가 문제 인식과 해결의 비용을 줄여 지역 사회 내의 자원 배분을 최적화하는 것이다(소진광 2004). 주체 간 참여를 통해 사회적 자본이 쌓이고, 이것이 주민들에게 이익으로 돌아가게 되면 주민들은 참여를 통한 민주주의 실현에 유인을 가짐으로 인해 민주주의가 공고화될 수 있다.

이상의 동네 민주주의 개념에 대한 논의를 정리하면 아래 〈표 1〉과 같다.

〈표 1〉 동네 민주주의를 정의하는 요소와 각 내용

정의 요소	내용	비고
1. 동네 민주주의의 주체 (누가?)	– 동네 주민 (주소 주민, 거주 주민, 생활 주민) – 문제를 인식하고 해결하고자 하는 이해관계자 (공공기관, 지역 활동가, 시민 단체, 기업 등)	이태동 (2016)
2. 동네 민주주의의 주제 (무엇을?)	– 동네에서 일어나는 "생활정치"의 문제 – 국가 정치와 세계 정치의 맥락 속의 문제 – 공익과 사익이 충돌하는 문제 – 행정구역 간 이익이 충돌하는 문제	조대엽 (2014) 안정배 · 이태동 (2016)

3. 동네 민주주의의 방법 (어떻게?)	– 제도적 접근 (주민투표제, 주민발의제, 주민소환제, 주민소송제, 주민감사청구제) – 비제도적 접근	임승빈 (2002) 이승종 (2003) 이성진 (2002)
4. 동네 민주주의의 이유 (왜?)	– 이동성의 증가로 인한 거주 지역과 생활 지역의 분리와 생활 주민의 증가 – 공공기관, 주민 간 의사소통 증가로 인한 삶의 질 증진 – 주체 간 의견 수렴 과정에서 사회적 자본 형성을 통한 민주주의 공고화	이수현 (2011), 김형태 (2009) 허철행 · 김도엽 (2002), 최일진 · 남형우 (2016) 박길성 (2002), 소진광 (2004)

Ⅲ. 동네 민주주의 실천 사례: 서대문구 지하보도 활용 사례

다음은 동네 민주주의의 실천 사례로 서대문구 지하보도의 탈바꿈 과정을 분석한다. 서울시 서대문구에 위치한 연세대학교 정문에 위치한 지하보도는 1978년 9월 13일 서울시에서 설치한 것으로, 약 30년 간 신촌과 학교를 오가는 보행자들의 긴요한 통행로였다. 정문 바로 앞에 횡단보도가 있었으나 지하보도와는 다소 거리가 있어 지하보도를 이용하면 정문 서쪽에서 신촌까지 더 빠르게 이동할 수 있었던 것이다. 2013년 연세대학교의 백양로 재창조 프로젝트로 인해 교내 차량 통행이 금지됨에 따라 정문 횡단보도의 신호 주기가 짧아지고, 2014년 신촌 대중교통 전용지구 사업으로 인해 지하보도 인근에 또 다른 횡단보도가 만들어짐에 따라 지하보도는 통행로의 기능을 사실상 상실하였다. 그러나 이렇게 유휴공간이 된 지하보도는 2016년 7월 "창작놀이센터"라는 새로운 공간으로 바뀌었다.

본 연구는 사례 연구로부터 개념을 도출하는 것이 아닌 개념화를 기반으로 사례 연구를 진행하는 것이기 때문에 사례 선정 오류의 위험성을 내

포하고 있다. 때문에 "창작놀이센터는 동네 민주주의의 실천 결과라고 볼 수 있는가?"라는 질문은 중요하다. 이에 대해 창작놀이센터가 동네 민주주의의 차별성을 살펴볼 수 있는 사례라는 다음의 주장을 통해 사례 선정의 정당화를 시도하고자 한다.

첫째, 동네 민주주의는 주체에 생활 주민을 포함시킨다는 점에서 대의제의 보완이라는 목적을 달성하기 위해 제안된 여러 대안적 민주주의 모델과 차별화된다는 점을 밝힌 바 있다. 창작놀이센터는 다양한 종류의 생활 주민들이 계획 과정에 참여했고, 그 용도를 결정했던 공간이자 완공 이후 주도적으로 운영해나가고 있는 공간이다. 즉 그 지역에 법적, 정치적 권리가 존재하지 않은 주체들도 공간이 갖는 문제점을 해결하고자 하는 의지와 해결할 수 있는 역량을 갖고 있다는 것만으로 지역 내 문제를 해결하는 주요 행위자가 되었던 사례라고 볼 수 있는 것이다.

둘째, 비록 창작놀이센터 사업에서 관(서대문구)이 주요 사업 주체로서 기능한 것은 사실이나, 창작놀이센터는 도시재생 사업이나 마을만들기 사업과 같은 관이 주도하는 더 큰 단위의 사업의 일환으로 추진된 것은 아니었다. 또한 유휴 공간이 갖는 문제는 서대문구 뿐만이 아니라 연세대학교와 학생 등 다양한 주체들이 공감하고 있는 문제였다. 문화예술인을 위한 공간으로써 창작놀이센터를 탈바꿈하자는 서대문구의 제안 역시 관의 독자적인 정책 의제를 반영했다기 보다 연세로 대중교통전용지구 지정 이후 신촌 지역에 문화예술인들이라는 새로운 생활 주민들이 대거 유입된 사정을 반영하고 있다. 이를 통해 창작놀이센터는 관과 생활 주민의 지속적인 소통을 강조하는 동네 민주주의의 사례로서 해석될 수 있다.

1. 지하보도 탈바꿈의 주체: 누가 참여하였는가?

지하보도 탈바꿈 계획을 처음 제안한 주체는 동네 주민이 아닌 2014년

9월 신설된 서대문구 지역활성화과다. 지역활성화과는 2014년 1월 중앙버스차로제 시행 이후 지하보도의 활용도 저하를 인지하고 있었고, 연세대학교 역시 지하보도 이용자가 줄어들고 보안 시설이 미비하여 인적이 드문 시간대에는 사고 발생 우려가 클 수 있다는 점을 인지하고 있었다. 한편 서대문구는 지하보도 폐쇄 비용으로 약 2억 원을 추산하였으며, 신촌 지역 일대의 공간 부족 문제를 감안하면 유휴공간의 활용도가 높을 수 있음을 인지하고 있었다. 이와 더불어 서울시 차원에서 각 자치구에 지하보도 유휴공간을 활용하기 위한 지원 계획을 발표하였고, 이후 서대문구 지역활성화과와 구청 관계자들을 중심으로 지하공간 활용 계획이 논의되기 시작했다(인터뷰 1). 본격적으로는 2015년 1월 6일 정례간부회의에서 "기능이 저하된 지하보도를 창작, 전시 등 시민과 독립 예술인을 위한 공간으로 탈바꿈하여 지역 문화예술을 진흥"시킬 목적으로 서울시 교부금 5억 1,000만 원을 투입하여 지하보도를 "창작놀이센터"로 리모델링한다는 계획이 수립되었다.

비록 사업은 공공기관이 처음으로 제안하였으나, 사업이 실제 시행되는 과정에서는 동네 주민, 특히 생활 주민의 적극적인 참여가 있었던 것으로 판단된다. 2015년 3월부터 2016년 7월 개소 전까지 신촌에서 생활하는 다양한 형태의 주민들, 즉, 신촌에 거주하는 지역 주민과 지역활동가, 신촌에 거주하긴 하지만 법적 거주민은 아닐 수 있는 대학생, 그리고 신촌에 거주하지는 않지만 연세로에서 문화예술 활동을 기획하는 문화예술인, 대학교 관계자(창업지원단)와 교수들이 의견 수렴 과정에 참여하였다 (의견 수렴 6회, 운영시스템 구축 회의 3회).

한편 주소 및 거주 주민과 신촌 지역 상인의 대표로 참여한 서대문구 소상공인회 기획이사의 경우 의견 수렴의 초기 단계에서부터가 아닌 사업이 거의 완료된 시점인 2016년 6월부터 회의에 참여한 것으로 보인다(인터뷰 2). 이를 통해 창작놀이센터의 한계점을 지적할 수 있다. 서대문구청이 최초에 지하보도 유휴공간의 활용 방안으로 신촌 지역 연세로의 주요 생활 주민인 문화예술인들을 위한 공간으로 탈바꿈 할 것을 제안한 것이, 이후 의견 수렴 과정에서 한국버스킹협동조합, 서울거리아티스트협동조합 등의 문화예술에 종사하는 생활 주민이 집중적으로 참여하게 된 요인이 되었다고 볼 수 있다. 즉, 문화예술인을 위한 공간이 부족하다는 점이 신촌 지역의 주요 문제점이라고 판단하였으며, 이러한 판단이 의견 수렴 과정에서 특정 생활 주민의 참여를 더욱 촉진시켰을 가능성이 있다는 것이다. 당시 신촌 주민 및 상인의 대표자의 경우 창작놀이센터에 대해 주민과 상인의 의견이 적절히 반영되지 않았고(인터뷰 2), 주민이 주도하는 사업이 아닌 관 주도의 성격이 강한 사업이라고 평가한 참여 주체도 있었다(인터뷰 3).

문화예술인을 위한 공간으로의 탈바꿈이라는 서대문구청의 제안은 지속적으로 유지되었으나, 이것이 창작놀이센터를 둘러싼 거버넌스에 주소, 거주 주민 및 상인들의 참여를 제한한 것은 아니다. 주소, 거주 주민 및 상인들을 포함한 의견 수렴 과정의 참여 주체들은 개소 이후 창작놀이센터의 운영 주체로서 지속적으로 참여하게 되었다. 개소 당시 창작놀이센터 공동운영단에 포함된 주체들은 청년예술가네트워크, 한국버스킹협동조합, 한국싱어송라이터협회, 서울거리아티스트협동조합의 4개 문화예술 관련 단체와 거주 및 주소 주민과 상인을 대표하는 서대문소상공인회, 그리고 학생을 대표하는 연세대학교 총학생회였다.

2. 지하보도 탈바꿈의 대상: 무슨 공간으로 꾸밀 것인가?

유휴공간이 된 지하보도는 사회적 가치가 적은 공간으로 인식되어 왔으며, 공간 폐쇄라는 대안이 제시되기도 하였다. 그러나 지역활성화과의 지하보도 활동 계획 추진 이후 지하보도의 미래 모습은 일종의 새로운 사회적 가치를 낳는 공간으로서 인식된 것을 알 수 있다. 지역활성화과는 초기 계획안에 지하보도를 학생들과 예술인을 위한 문화예술 진흥 공간으로 활용하겠다는 내용을 담았다. 그러나 이후의 주민토론회에서는 아래 〈표 2〉와 같이 새로운 지하보도의 모습에 대한 다양한 의견이 존재했다.

〈표 2〉 창작놀이센터 의견 수렴 참여 주체의 제안 (무엇으로 탈바꿈할 것인가?)

주체	내용
지역 주민 (서대문구 소상공인회 기획 의사)	– 신촌만의 의미를 지니는 문화를 창출하는 공간 – 신촌이라는 지역과 연계된 행사가 개최되는 공간
이화여자대학교 건축학과	– 사용자들이 공간을 스스로 조직할 수 있도록 유도하는 공간 – 아무도 전유할 수 없는 개방된 공간 – B급 문화를 배려하는 공간
연세대학교 창업지원단	– 기업과 지역사회를 연결하는 공간 – 창업 프로그램을 공유하고 창업 관련 강연이 이루어지는 공간
연세대학교 정치외교학과 ("마을학개론" 수강생)	– 학생층이 주로 이용하는 만큼 학생들의 잠재력을 활용하는 공간
디자인 전문가	– 지하공간에 대한 새로운 해석을 시도하는 공간. – 대학과 지역이 만나는 공간
신촌문화재생 컨소시엄	– 다변적인 활용을 통해 다양한 가치를 창출하는 공간
지역 총괄계획가 (MP)	– 다양한 주체 간의 거버넌스로 운영되는 공간 – 창업 프로그램을 공유하는 공간
서대문구 지역활성화과	– 문화예술인이 문화예술 공연이나 축제를 준비하고 기획할 수 있는 공간 – 만남의 가치는 높이고 비용(전력, wifi, 멀티미디어 비용 등)은 줄이는 공간 – 안전성을 확보할 수 있는 공간

출처: 서대문구 지역활성화과(2017), "지하보도, 공간문화재생으로 다시 태어나다: 창작놀이센터 조성" 보고서 및 인터뷰 1, 2 자료를 참조하여 저자가 재구성함.

의견 수렴 과정을 살펴보면 초기 문화예술 활동 지원을 위한 공간으로의 탈바꿈 외에, 청년 창업을 지원하기 위한 공간으로의 탈바꿈을 주장하는 주체가 등장한다. 예컨대 연세대학교 창업지원단은 청년들의 창업을 위해 조언을 받고 의견을 공유하는 공간이 교내에 부족하다는 것을 인식, 지하보도를 청년 창업 거점으로 조성하고자 한다는 의견을 피력해 왔다. 이러한 의견은 청년 창업 정책을 추진하던 서울시 역시 공감하고 있었다. 이후 서울시가 교부금을 더 지원하는 것으로 하여 지하보도의 반을 창업과 관련된 컨텐츠를 기획하고 공유하는 이른바 "창업카페"로 탈바꿈하는 것으로 결정되었다. 따라서 현재의 지하보도는 신촌 지역과 가까운 반은 창작놀이센터로, 연세대학교와 가까운 반은 창업카페로 운영되고 있으며, 창업카페의 운영은 서울시에서 지원하고 있다(인터뷰 1). 창업카페는 "서울시 창업지원센터" 사업의 일환으로 소개되고 있다.[4]

3. 지하보도 탈바꿈의 방법: 어떻게 결정하고, 실행할 것인가?

창작놀이센터 설립의 의견 수렴 과정은 앞에서 제시한 제도적 방법과 비제도적 방법 중 주로 비제도적 방법으로 이루어졌다. 의견 수렴의 주체는 주로 서대문구 지역활성화과에서 초대하는 방식으로 의견 수렴에 참여하였으나, 연세대학교 창업지원단이나 연세대학교 정치외교학과 "마을학개론" 수강생들과 같이 신촌 지역에 관심을 갖고 자발적으로 참여하는 경우도 있었다. 이상을 통해 지역활성화과는 사업 제안자이자 관리자이긴 하였으나, 사업 결과로부터 영향을 받을 수 있는 다양한 참여 주체들 간의 소통과 의견 교환을 촉진하는 일종의 중개자로서 기능한 것을 알 수 있다. 〈표 2〉에서 나타난 바와 같이 지역활성화과의 초기 계획에 따라 지하보도를 문화예술 활동을 위한 공간으로 탈바꿈하고자 하는 주체도 있었으나, 보다 더 개방성을 추구해야 한다는 의견, 혹은 청년 창업을 위한 공간으로

---

4 서울창업카페 신촌점 홈페이지(http://seoulstartupcafe.com/index.php/seoulstartupcenters) 에서 검색 (검색일: 2018년 5월 7일).

도 활용해야 한다는 의견이 의견 수렴 과정에서 지속적으로 등장하였다. 현재의 창작놀이센터는 주로 문화예술인들에 의해 공동 운영되지만 문화예술 활동만이 아닌 다양한 종류의 활동을 목적으로 대관이 가능하다.

앞에서 지적한 바와 같이 의견 수렴 과정에 참여하는 주체 선정은 상당 부분 지역활성화과에서 진행했기 때문에, 주체 간 의견 극심한 의견 마찰은 존재하지 않았다(인터뷰 2). 그러나 지하보도 리모델링 공사 도중 지하보도를 받치는 기둥에 대한 의견 마찰이 존재한 것으로 보인다(인터뷰 1). 참여 주체 일부는 기둥이 공간을 차지하기 때문에 기둥을 제거하자는 의견을 피력했으나, 서대문구청이 의뢰한 안전 조사에 따르면 기둥은 콘크리트 시설인 지하보도의 특성 상 제거할 수 없었다. 따라서 기둥을 자석으로 감싸 일종의 게시판으로서 활용하자는 의견이 제시되었으나, 당시 설계를 담당했던 신촌 인근 대학 건축학과 교수의 경우 지하보도가 존재했다는 역사적 사실을 알리기 위해 원형 그대로 보존하자는 주장을 펼친 바 있다(인터뷰 1). 이러한 주장은 받아들여져 현재 창작놀이센터에는 기둥들이 모두 보존되어 있으며, 일부는 문화예술인들에 의해 표면이 예술 작품으로 바뀌어 있으나 대부분은 원형 그대로 존재하고 있다. 이를 통해 오랫동안 이 공간을 향유한 주체가 갖고 있는 공간에 대한 애착 역시 의견 수렴 과정에서 매우 중요한 요소로써 인식되었음을 알 수 있다.

한편 비제도적 접근법은 참여 주체 간 소통의 촉진을 통해 문제 해결에 용이할 수 있으나, 잠재적인 참여 주체의 참여 가능성을 제한할 수 있는 한계점도 가지고 있다. 신촌 지역의 주소, 거주 주민 및 상인의 경우 2016년 7월 창작놀이센터 개소 직전이 되어서야 지역활성화과로부터 참여 요청을 받았으며, 그 전까지는 의견 수렴의 진행 상황을 알기 어려웠다고 구술한 점으로 미루어 보아 비참여 주체에게는 다소 늦게 의견 수렴 과정이 진행되었음을 알 수 있었다. 이를 통해 창작놀이센터 사업이 관 주도적 성격을 완전히 벗어났다고 볼 수만은 없다(인터뷰 3). 이에 대해 당시 주소,

거주 주민 및 상인의 대표로서 의견 수렴 과정에 참여한 대표자는 주민들의 참여를 명문화하는 공식적인 제도적 장치가 보완되어야 함을 주장하기도 하였다(인터뷰 2).[5]

4. 지하보도 탈바꿈의 이유: 왜 바꿔야하는가?

지하보도는 일종의 공공재적 성격을 갖는다. 지하보도가 주는 편익이 이를 유지하는 비용보다 낮아질 경우 비효율성이 초래되므로 지하보도는 폐지되는 것이 자연스럽다. 또한 지하보도는 불특정 다수가 이용한다. 지하보도가 유휴공간이 되었다고 하여 특정 집단이 손해를 보는 일은 발생하지 않는다. 그렇기 때문에 "지하보도는 왜 또다른 공간으로 변모해야만 했는가?" 라는 질문은 지하보도를 둘러싼 동네 민주주의를 이해하는데 중요하다.

앞서 동네 민주주의 개념에 따르면 동네 민주주의는 동네의 문제를 인식하는 것으로부터 출발한다. 지하보도 탈바꿈 계획의 제안자인 서대문구청이 유휴 지하공간을 문제로 인식하게 된 것은 다양한 요인이 존재한다. 첫째, 서울시의 정책 의제이다. 서울시 도로시설과는 2014년 5월 27일 "기능저하 지하보도 활용 방안"을 통해 기능이 저하된 지하보도를 주민편의시설 등 타용도로 활용하는 계획을 마련하였다. 이 계획은 6월 3일 서대문구청을 포함한 서울시의 각 자치구에 발송되었다.

둘째, 2014년 9월 지역활성화과의 설치다. 지역활성화과가 설치되기 이

5 이러한 제도적 장치의 예로는 2015년 11월 4일 제정된 서대문구 조례인 "서대문구 도시재생 활성화 및 지원에 관한 조례" (제1090호) 제15조 (주민협의체)가 있다. 주민협의체는 도시재생 계획의 수립 및 시행에 주민의 의견을 적극적으로 반영하기 위해 주민 10명 이상의 동의를 얻어 설립하는 협의체로(제1항), 구청장이 예산 지원을 하도록 되어있다(제2항).

전에는 지하보도는 서대문구청 토목과에서 관리하고 있었다. 토목과의 경우 지역활성화과는 다르게 이용률 저조를 이유로 서울시에 지하보도를 폐쇄할 것을 요청하였으나,[6] 서울시에서는 폐쇄보다는 지하보도를 타용도로 활용할 것을 권고한 바 있다.[7] 이에 토목과는 지하보도의 활용 방안을 모색하고자 서대문구청 내 다른 부서들과 협의를 진행하였으나 활용하고자 하는 곳이 없다는 사실을 서대문구의회에 보고한 바 있다.[8] 2014년 9월 서대문구의 도시 재생과 문화예술 활동을 지원하기 위해 지역활성화과가 설치되었고, 이러한 부서의 새로운 기능이 유휴 지하공간과 만나 문화예술인을 위한 공간 활용이 추진될 수 있었던 것이다.

셋째, 신촌에서 생활하는 문화예술인의 증가이다. 서대문구청은 문화예술인을 신촌 연세로의 대중교통전용지구 전환 이후 유입된 새로운 생활 주민으로 파악하고 있었다. 예컨대 연세로 차없는 거리 전환에 따라 연세로에서 2014년에는 120회, 2015년에는 620회, 2016년에는 554회의 축제 및 거리 공연이 이루어지는 등 많은 문화예술인들이 신촌의 중요한 생활 주민이 되어가는 과정에 있었다.[9] 반면 신촌 지역에는 문화예술인들이 공연을 준비하기 위한 공간, 예컨대 연습실이나 회의실 등은 부족한 상황이었다(인터뷰 1). 따라서 이들을 위한 공간 확충의 일환으로 지하보도 탈바꿈 계획을 제안한 것이다. 즉 서대문구는 지하보도 유휴공간이라는 문제를 상위 지방자치단체의 정책 방향, 새로운 부서의 기능과 관할 지역에서 새로 등장한 문제라는 맥락 속에서 인식하게 된 것이다.

앞서 동네 민주주의의 이유를 서술한 부분에서 동네 민주주의가 필요한

6 서대문구 토목과-2247호, 2013년 12월 26일.

7 서울시 도로시설과-2693호, 2014년 2월 18일.

8 제 7대 서대문구의회 제 207회(임시회) 제 3차 재정건설위원회 회의록.

9 서대문구 지역활성화과(2017), "지하보도, 공간문화재생으로 다시 태어나다: 창작놀이센터 조성" 보고서.

이유를 (1) 생활 주민의 증가, (2) 삶의 질 증진, 그리고 (3) 사회적 자본의 형성이라고 밝힌 바 있다. 서대문구청의 입장이 아닌 이러한 동네 민주주의의 세 가지 이유의 측면에서 봤을 때도 창작놀이센터는 필요했던 사업인가? 우선 이 글의 전반에서 드러나듯이 창작놀이센터는 새로 증가한 문화예술인이라는 신촌 지역의 생활 주민을 위한 공간으로 계획되었다. 다음으로 기능이 저하되고 밤에는 우범 지역으로 인식될 정도로 어두침침하던 지하보도가 누구든 어떤 목적으로든 자유롭게 사용할 수 있는 공간으로 탈바꿈된 것은 생활 주민들의 삶의 질 증진에 기여했다고 볼 수 있다. 마지막으로 문화예술인과 학생이라는 생활 주민과 주소, 거주 주민 및 상인들이 창작놀이센터 공동운영단 활동을 통해 지속적으로 교류할 수 있는 계기를 마련했다는 점에서 사회적 자본의 형성에 기여했다고 말할 수 있다.

이상의 사례 분석을 동네 민주주의 개념 틀을 이용하여 정리하면 아래 〈표 3〉과 같다.

〈표 3〉 신촌 창작놀이센터 탈바꿈 과정의 동네 민주주의

동네 민주주의 요소	창작놀이센터 사례
1. 누가 바꾸는가?	– 공공기관 (서대문구 지역활성화과, 서울시) – 생활 주민 (문화예술인, 연세대학교 학생) – 지역 문제 해결에 관심 있는 전문가 (지역활동가, 연세대학교 및 이화여자대학교 교수 및 학생, 디자인 전문가) – 지역 문제 해결에 관심 있는 단체 (연세대학교 창업지원단) – 주소 및 거주 주민 (서대문구소상공인회)
2. 무엇으로 바꾸는가?	〈표 2〉에 정리
3. 어떻게 바꾸는가?	– 제도적 방법보다는 비제도적 방법을 통한 참여 주체 선정 및 의견 수렴 진행
4. 왜 바꿔야하는가?	– 서울시의 “지하보도 활용방안” 계획 – 도시 재생 및 문화예술활동 지원 기능을 수행하는 지역활성화과의 설치 – 신촌 내 문화예술인을 위한 공간의 부족

Ⅳ. 결론 및 제언

동네 민주주의에 대한 논의는 기존의 대의 민주주의의 한계점을 보완하는 여러 대안적 민주주의를 모색하는 시도에서 그 의의를 찾을 수 있다. 그렇다면 동네 민주주의는 다른 대안적 민주주의 모델과 어떻게 차별화되는가? 동네 민주주의의 대표적 사례로 제시한 서대문구 지하보도 탈바꿈 사례를 통해 동네 민주주의의 특징을 다음과 같이 정리할 수 있다.

첫째, 동네 민주주의는 동네 주민의 삶의 질을 증진시키는데 필수적이지만 대의 민주주의에서는 다룰 수 없는 문제들을 대상으로 할 수 있다. 사례에서 제시된 지하보도는 유휴공간이 된 이후 효용이 적어지고, 이용하는 데에 따른 불편함은 크지 않으며, 무엇보다 불특정 다수에 의해 이용되고 있어 새로운 활용에 대한 수요가 낮을 수 밖에 없었다. 즉, 대의 민주주의 하에서 선거권자들이 집합 행동을 통해 지하보도의 활용을 요구할 유인이 적었으며, 따라서 피선거권자들 역시 지하보도에 관심을 기울일 만한 필요성이 존재하지 않았다. 그럼에도 불구하고 지하보도는 창작놀이센터와 창업카페로 변모하였으며, 창작놀이센터 공동운영단이 주최하는 정기 프로그램 35회, 도시재생 아카데미와 외국인관광 도시 민박 교육과 같은 강연회 10회, 창업 프로그램 43건, 창업 멘토링 63건, 문화공연 등을 위한 시설 대관 67회를 유치하는 지역 거점으로 성장하였다 (2016년 7월 26일부터 10월 30일까지의 집계). 이는 지역 내 현안이 선거 논리가 아닌 생활 주민들과 지역자치단체의 지역에 대한 지속적인 관심을 통해 발굴되고 다뤄진 사례라고 볼 수 있다.

둘째, 동네 민주주의는 다수결이 아닌 협의를 통해 이루어진다. 지하보도가 어떤 공간이 될 것인지에 대한 결정은 서대문구 지역활성화과가 단독으로 내린 것도, 교부금을 지원한 서울시가 내린 것도, 토론회에 참여한 참여자들이 다수결로 정한 것도 아니었다. 지속적인 당사자 간 조율과 협의, 그리고 공간의 미래 모습에 대한 공유된 이해를 형성해 나가는 과정 속에서 정해진 것이다. 지하보도가 최초 서대문구의 계획대로 문화예술만을 위한 공간이 아닌 한 쪽은 문화예술 활동을 지원하는 창작놀이센터로, 다른 한 쪽은 창업 활동을 지원하는 창업 카페로 꾸려진 것이 그 결과이다.

셋째, 동네 민주주의로 이뤄낸 결과는 그 참여자 모두에 의해 공동으로 유지되고 관리된다. 현재 창작놀이센터는 위에서 언급한 바와 같이 창작놀이센터 의견 수렴 때부터 참여한 4개 문화예술 관련 단체와 서대문소상공인회가 공동 운영하고 있으며, 창업카페는 창업 거점으로 활용할 것을 제안했던 연세대학교 창업지원단이 서울시의 지원을 받아 운영 관리하고 있다.

이상으로 동네 민주주의의 세 가지 특징을 정리하였다. 동네 주민이 영유하는 공간은 여러 다층적 관계 속에서 그 기능이 상실되거나 변모할 수 있다. 거시적인 관점에서 보자면 그 공간의 기능 상실은 미미한 지역 현안일 수 있으나, 동네의 거주 주민이나 생활 주민 모두에게 있어 피부에 와닿는 주요한 문제일 수 있다. 동네 민주주의는 이렇듯 대의 민주주의 하에서는 다뤄지기 어려운 생활의 문제들을 주민들과 민, 관, 학의 당사자들이 함께 머리를 맞대고 고민하도록 하는 대안적 민주주의 모델이 될 수 있다.

이를 위해 동네 민주주의를 동네에만 한정하지 않고, 지방자치와 연계하기 위해서는 제도적인 개선 노력도 필요하다. 앞선 동네 민주주의 방법에 대한 부분에서도 언급되었듯이, 지방자치 하에서 주민의 정치 참여는 주민투표, 주민발의, 주민소환, 주민소송, 주민감사청구로 제도화되어 있다. 그러나 주민 자치 제도의 구성 요건이 현실화 되기 힘들다는 공통점이 있다. 아울러 현재 존재하는 지방자치 주민참여제도는 문제가 발생했을 때 견제와 감독을 위한 것이다. 이에 반해, 동네 민주주의를 통해 주민들의 논의와 의견이 지방자치단체나 중앙 정부의 정책에 반영될 수 있는 통로는 제한적이다. 특히 주민들이 지방자치단체장이나 의원이 될 후보자들의 정책 어젠다 형성에 영향을 끼칠 수 있는 방법은 토론회를 개최하여 질의응답을 하는 정도로 제한적이다.

이러한 제도적 한계를 극복하기 위해 본 연구는 동네 민주주의의 실효성을 강화하는 방안으로 주민청원의 실행을 제안한다. 주민청원은 제한된 지역에서 일상 차원에만 머물 수 있는 동네 민주주의의 문제를 지방 자치와 연결해 줄 소통의 통로 역할을 할 수 있다. 최근 청와대의 국민청원 게시판은 국민들의 정치 참여에 대한 관심과 열망을 잘 보여준다. 그러나 제도적으로 청와대가 해결할 수 없는 문제들뿐만 아니라 각 지방자치단체에서 해결할 수 있는 문제들도 제기된다. 대통령제에서 대통령과 청와대에 문제 해결을 바라는 것은 이해할 수 있으나 실질적인 지방 분권, 시민 정치 참여, 동네와 생활 민주주의를 달성하기 위한 주민 주도의 정책 어젠다 형성을 활성화 통로가 필요하다. 이를 위해 17개 광역단체와 226개 기초단체에 각각 주민청원의 통로를 도입을 고려할 수 있다. 주민청원은 주민들이 지역 현안으로 생각하는 것은 무엇인지, 어떤 현안이 공감을 얻는지 알 수 있게 하는 소통의 창구이다. 주민 청원을 통한 주민 참여로 주민이 중심이 되는 지역 맞춤형 지방자치 정책이 만들어질 수 있다. 하지만 주민청원이 특정 이해 관계자의 민원 해결 방법으로만 활용되는 것은 경계해야 한다. 또한 주민자치 문제를 정부 반응에 의존하여 해결할 수밖에 없는 청원의 문제점들도 주민참여예산제 등의 방법을 통해 개선해 나가야 한다.

동네 민주주의에 대한 개념과 적용은 풀뿌리 민주주의의 활성화와 확대 가능성을 보여준다. 그러나 동네 민주주의의 개념과 적용을 낭만화(romanticize) 할 필요도, 할 수도 없다. 사례로 분석한 지하보도 창작 놀이센터의 경우는 첨예한 이해가 걸린 문제는 아니었다. 또한 신촌은 지역에 근거를 둔 지방 토호의 입김이 작용하거나 중앙 정치의 식민지화 한 지역도 아니다 (문상석, 김범수, 서정민, 2017). 신촌 지하보도 사례는 동네 민주주의가 주민들의 제한적 참여 하에 관 주도로 작동될 수 있음도 보여준다. 특히, 이해 관계가 첨예하게 나타나는 경우, 동네 민주주의의 어젠다와 의사 결정이 누구 (혹은 어떤 집단)에 의해 어떻게 이루어지는지에 대한 논의를 살펴볼 필요가 있다. 지금까지 혐오 시설이나 선호 시설이 지역에 설치가 계획되었을 때 나타나는 님비 (NIMBY: Not in my backyard) 혹은 핌피 (PIMFY: Please in my front yard) 현상 (김도희 2004) 에서 동네 민주주의가 어떻게 작동되었는지 고찰해 봄으로써 동네 민주주의의 가능성과 한계를 알 수 있다.

동네 민주주의에 대한 연구는 마을과 동네의 성공 사례만을 미화하는 것을 목적으로 두지 않는다. 향후 연구에서 동네 민주주의에서 발생할 수 있는 다양한 갈등 사례와 실패 사례를 비교 분석할 수 있다. 아울러 동네 민주주의가 지방 자치 단체나 중앙 정치와 어떤 역학 관계를 가지는가, 동네 간의 민주주의는 어떻게 달성될 수 있는가와 같은 연구 질문 또한 향후 연구 과제로 남긴다.

참고문헌

- 강명구. 1997. "지방자치와 도시정치." 『한국정치학회보』 31권 3호, 109-128.
- 강원택. 2014. 『한국 지방자치의 현실과 개혁 과제』. 서울: 사회평론.
- 강지윤 · 이태동. 2015. "중간지원조직과 에너지 레짐 전환 - 한국 에너지 자립마을의 사례 비교." 『공간과 사회』 55권 0호, 139-176.
- 권효림. 2015. "결사체주의 관점에서 본 마을공동체 만들기의 민주주적 의의: 마포파티 사례를 중심으로." 『한국사회학』 49권 5호, 151-180.
- 김도희. 2004. "NIMBY와 PIMFY 시설입지정책의 갈등구조 비교분석: 북구 화장장 유치사업과 경부고속전철 울산역 유치사업 사례를 중심으로." 『한국정책학회보』 13권 1호, 157-188.

- 김배원. 2010. “현행 헌법상 지방자치제도의 개정 필요성과 방향.”『헌법학연구』 16권 3호, 147−195.
- 김의영. 2015.『동네 안의 시민정치』. 서울: 푸른길.
- 김주형. 2016. “시민정치와 민주주의.”『한국정치학회보』 50권 5호, 25−47.
- 김형태. 2009. “직주균형이 통근통행에 미치는 영향(1990−2005).”『국토계획』 44권 7호, 171−184.
- 박길성. 2002. “사회적 자본과 삶의 질.”『아세아연구』, 45권 2호, 109−139.
- 박근영 · 이영제. 2016. “지역민주주의의 이론과 현황.” 한국민주주의연구소 연구보고서 2016(2): 1−75.
- 서창훈. 2009. “서구의 생활정치 사상과 독일의 현실.”『시민사회와 NGO』 7권 2호, 111−149.
- 성지은 · 송위진 · 박인용. 2013. “리빙랩의 운영 체계와 사례.”『STEPI Insight』, 127호, 1−46.
- 송위진. 2012. “Living Lab: 사용자 주도의 개방형 혁신모델.”『Issues & Policy』 59호, 1−14.
- 안성호. 2007. “한국민주주의위기와 마을공동체 민주주의 활성화방안.”『사회과학연구』 24권 2호, 89−127.
- 안정배 · 이태동. 2016. “도시의 에너지 전환 분석.”『환경사회학연구 ECO』 20권 1호, 105−141.
- 윤성이. 2015.『한국정치: 민주주의 · 시민사회 · 뉴미디어』. 파주: 법문사.
- 이동수. 2005. “특집: 대의제 민주주의의 위기와 대안; 대의제 민주주의의 위기 − 마넹의 논의를 중심으로.”『시민사회와 NGO』 3권 1호, 5−30.
- 이명진 · 홍성태. 2016. “자치민주주의의 사회적 조건.”『한국사회학회 심포지움 논문집 2016(9): 63−87.
- 이성진. 2002. “주민감사청구제 효과의 영향요인에 관한 연구.”『지방정부연구』, 5권 4호, 93−115.
- 이수현. 2011. “수도권 산업분포와 통근거리 분석 연구.” 서울시립대학교 석사학위 논문.
- 이승종. 2014.『지방자치론 − 정치와 정책』. 파주: 법문사.
- 임승빈. 2002.『지방자치론』. 파주: 법문사.
- 이태동. 2016. “지역기반 시민정치교육의 지향, 방법론, 활성화 구조에 대한 연구: ‘마을학개론’사례를 중심으로.”『韓國 政治 硏究』 25권 2호, 5−5.

- 이태동. 2017.『마을학개론: 대학과 지역을 잇는 시민정치교육』. 서울: 푸른길.
- 소진광. 2004. “사회적 자본 형성을 통한 지방자치와 지역 발전의 연계화 방안”.『지방행정연구』18권 2호, 67-90.
- 정건화. 2012. “민주주의, 지역 그리고 사회적 경제.”『동향과 전망』86권.
- 정상호. 2009. “정치담론으로서 ‘생활정치’ 연구의 현황 및 과제”.『시민사회와 NGO』7권 2호, 5-38.
- 조대엽. 2014. “생활정치 패러다임과 공공성의 재구성.”『현상과인식』38권 4호, 131-155.
- 주성수 · 정상호 · 안병진 · 오현철 · 이선미 · 정규호 · 조영재 · 하승우. 2006.『민주주의 대 민주주의』. 서울: 아르케.
- 최일진 · 남황후. 2016. “지방자치단체의 정책이 삶의 질에 미치는 영향: 의사소통의 조절 효과를 중심으로.”『사회과학연구』40권 1호, 45-76.
- 허철행 · 김도엽. 2000. “지방자치제 실시에 따른 “삶의 질” 결정요인 분석.”『한국행정논집』12권 4호, 37-55.
- Easton, D. 1965. A framework for political analysis. Englewood Cliffs, N.J.:, Prentice-Hall.
- Lasswell, H. D. 1936. Politics. New York:, Whittlesey House.
- Putnam, R. 1993. Making democracy work: civic traditions in modern Italy. Princeton, New Jersey, Princeton University Press.
- Tocquevill 저. 은은기 역. 2001.『미국의 민주주의』. 대구: 계명대학교 출판부.

인터넷 자료

- 권오항, 2014, “낙동강 우륵교, 대구 · 경북 불통의 다리.
- ”http://www.kyongbuk.co.kr/main/news/news_content.php?id=665348&news_area=040&news_divide=&news_local=20,26&effect=4(검색일: 2018.4.30).

인터뷰 자료 (1차 자료)

- 인터뷰 1. 서울시 서대문구 지역활성화과 팀장. 대면 인터뷰. 2018년 4월 18일 진행.
- 인터뷰 2. 서대문구소상공인회 기획의사 겸 신촌번영회 수석 부의장. 대면 인터뷰. 5월 4일 진행.
- 인터뷰 3. 신촌민회 사무국장. 비대면 인터뷰. 5월 8일 진행.

대학생과 함께 만드는 청소년 민주시민 공론장 “정담政談있게”

김동환 · 김수현 · 김영환 · 이다빈

Ⅰ. 들어가며: 새로운 형태의 청소년 민주시민교육의 필요성

민주시민 역량이란 주권의식에 기반하여 공동체의 의사형성에 실질적으로 참여할 수 있는 역량을 말한다. 구체적으로 정치적 상황에 대한 정보를 올바르게 인식하고, 이에 대한 합리적인 판단을 내릴 수 있는 능력이 이에 해당한다. 민주주의 국가에서 민주시민 역량은 건강한 사회를 만드는 중요한 요인이다.

최근 정부가 만 18세로의 선거 연령 하향을 검토하면서 청소년의 정치적 판단력, 즉 민주시민 역량을 둘러싼 갑론을박이 이어지고 있다. 그렇다면 과연 한국의 만 18세 이상의 청소년들은 자신의 권리를 올바르게 사용할 수 있는 역량을 갖추었는가? 또한 현재 한국의 공교육은 민주시민 역량을 갖춘 미래의 유권자들을 효과적으로 키워내고 있는가? 본고의 정책 제안은 이 두 가지 물음에 대한 고민에서 시작되었다.

민주시민 역량은 하루아침에 완성되지 않는다. 이에 선진국들은 청소년을 대상으로 다양한 민주시민교육 제도를 만들어, 미래에 청소년들이 민주주의 사회의 일원으로서 제 역할을 수행할 수 있도록 적극적인 노력을 기울이고 있다. 대표적인 예는 독일이다. 유치원에서부터 시작하는 독일의 민주시민교육은 전 제도교육과정에 정규과목으로 배정되어 있다(김성수 2015). 여기서 주목할 점은 해당 교육이 주입식이 아니라 민주주의 시스템에서 발생할 수 있는 정치적 논쟁과 합의의 과정을 직접 경험하는 것을 목표로 한다는 점이다. 독일은 민주시민교육 전담 기구인 연방정치교육원을 통해 공교육에서 민주시민교육의 입지를 공고히 하고, 민간단체와의 체계적인 협력을 통해 교육의 다양성을 확보하고 있다.

한편 한국의 민주시민교육은 생활 속에서의 실천을 고려한 교육이라기보다 대부분 지식 전달 위주의 교육으로 이루어져 있어 청소년들의 참여

지향성을 높이지 못하고 있다. 선행 연구들은 한국 청소년들의 정치적 이슈에 대한 관심이 낮지 않음을 보여주고 있다. 서울시 6개 고등학교를 대상으로 정치적 이슈에 대한 관심을 물은 결과 학생들은 '보통이다'와 '그렇다' 사이의 비교적 긍정적인 반응을 보였다. 그러나 정치적 이슈에 대한 활동 참여 경험에 대해서는 '보통이다'에 못 미치는 부정적인 반응을 보여주었다(박윤경 · 이승연 2015). 이는 정치적 이슈의 중요성에 대한 고등학생들의 인식이나 관심에 비해 관련 경험을 할 수 있는 창구가 부족함을 시사하고 있다. 정치적 이슈에 관심이 있는 청소년이라 할지라도 한국의 교육 시스템은 청소년들의 참여욕구를 충족시켜주지 못하고 있는 것이다.

본 연구는 현재 공교육이 청소년들의 민주 시민으로서의 성장에 얼마나 도움이 되는지를 확인하고, 이를 보완할 수 있는 해결책을 구상하기 위해 서대문구의 고등학교에 재학 중인 학생들을 대상으로 설문 조사를 수행하였다. 설문 문항 내용은 정치 이슈에 대한 관심도, 공교육 내 민주시민교육 체감도, 정책 대안(정담 프로그램)에 대한 호응도를 묻는 내용으로 구성하였다.[1] 그 결과 고등학생 응답자의 85% 이상이 정치적 이슈에 대해 보통 이상의 관심을 가지고 있음을 확인할 수 있었지만, 응답자의 80%가 관련 정보를 얻거나 활동을 하는 창구로 인터넷과 SNS를 지목하였다.

청소년을 대상으로 한 민주시민교육은 한국이 보다 성숙한 민주주의 사회로 나아가기 위한 필수과제이다. 특히 청소년들이 인터넷과 소셜미디어를 통해 정치적 이슈에 대한 궁금증을 해결하고 있다는 점에서 공교육 차원의 내실 있는 새로운 형태의 민주시민교육의 필요성은 더욱 높아지고 있다. 인터넷과 소셜미디어의 정보에 대한 무비판적인 수용은 익명으로 작성

1 청소년 대상 설문조사는 5월 4일 하루 간 서대문구에 위치한 가재울고등학교를 섭외한 후, 재학 학생들을 대상으로 오프라인에서 진행되었다. 조사 대상에 포함된 학생들은 총 184명이며, 조사 도구는 자체 작성한 설문지를 사용하였다.

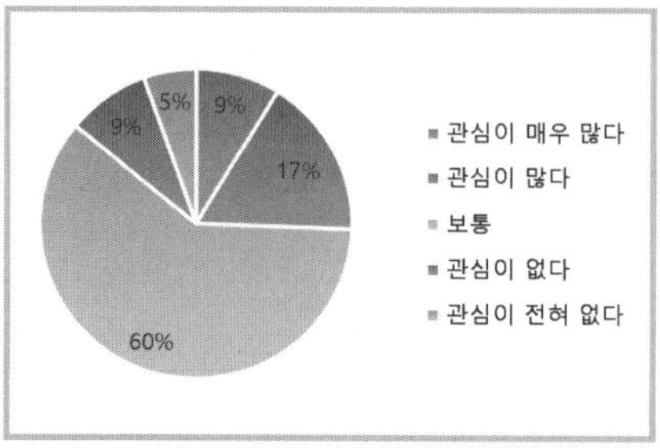

〈그림 1〉 정치적 이슈에 대한 관심
(서대문구 지역 고등학생 184명 대상 설문조사 결과)

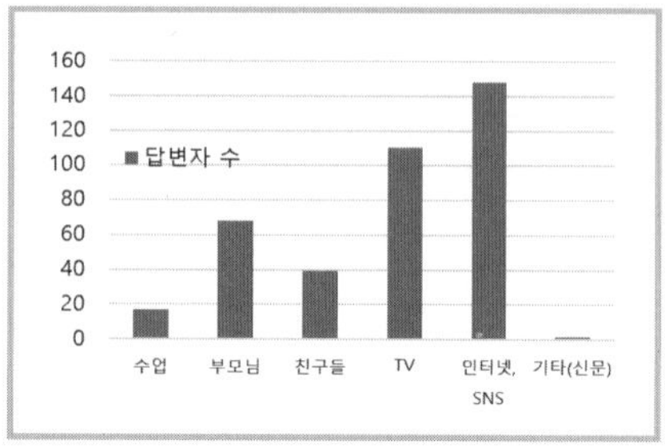

〈그림 2〉 정치적 이슈 정보 습득의 경로(복수응답)
(서대문구 지역 고등학생 184명 대상 설문조사 결과)

된 출처가 불분명한 정보를 바탕으로 왜곡된 사고를 정립함으로써, 청소년들의 민주시민 역량을 퇴보시키는 결과를 야기하고 있다.

이에 본고는 고등학생을 대상으로 진행되는 현행 민주시민교육의 한계를 인식하고 이를 보완할 수 있는「대학생과 함께 만드는 청소년 민주시민 공론장 "정담(政談)있게"」를 제안하고자 한다.

Ⅱ. 본론: 지역대학생과 함께하는 청소년 민주시민 공론장, 정담(政談)

1. 현행 교육제도의 청소년 민주시민교육 검토

현행 교육제도는 학업 이외에 인성교육, 민주시민교육, 안전교육, 양성평등교육을 시행하고 있다. 하지만 사실상 현행 교육제도에서 학업 이외의 모든 교육들은 부수적인 내용으로 전락하고 있다. 이는 현행 교육제도를 수료한 서대문구 지역 대학생들을 대상으로 실시한 설문조사 결과에서 명확히 드러났다. 대학생들은 실질적인 민주시민교육의 부재가 이들의 선거 참여에 악영향을 미쳤음을 지적하였고, 이에 새로운 형태의 청소년 민주시민교육의 필요성에 공감하였다.

현재 고등학교에서 진행되는 민주시민교육은 정규 교육과정에 의한 교과서 위주의 교육과 정규교육과정 외 교육으로 구분할 수 있다. 교육과정에 의한 교과서 위주의 민주시민교육은 교육부에서 발표한 사회과 교과목을 위주로 시행되고 있다. 사회과 교과목은 '민주 사회 구성원에게 요구되는 가치와 태도를 지님으로써 민주시민으로서의 자질을 갖추도록 하는 바(교육부, 2012: 4)'를 목표로 함을 밝히고 있다. 하지만 교과서에서 진행하는 민주시민교육은 실천을 다루는 정치참여에 대한 내용보다 지나치게 지식 전달 측면에 치우쳐 있다. 선거 제도와 같은 일반적인 지식이 많지만 선거의 가치와 그에 임하는 태도 등을 형성하기에는 부족한 것이 현실이다. 결국 현재 민주시민교육의 일환으로 진행되는 교육은 암기식, 주입식 위주의 입시교육으로 전락하여, 민주사회의 일원으로서 학생들의 적극적인 정치 참여활동은 더욱 기대하기 어려워졌다(우혜랑 2018).

정규교육과정 외 민주시민교육도 효과적으로 이루어지지 못하고 있다. 정규교육과정 외 민주시민교육으로는 더불어 사는 민주시민 교과라는 선택과목의 개설, 민주-역사체험 올레길, 각 구의 학생 참여예산제 등을 예시로 들 수 있다. 하지만 이들 민주시민교육의 가장 큰 문제점은 정작 당사자인 학생들은 이러한 활동들의 존재를 알지 못한다는 것이다. 실제로

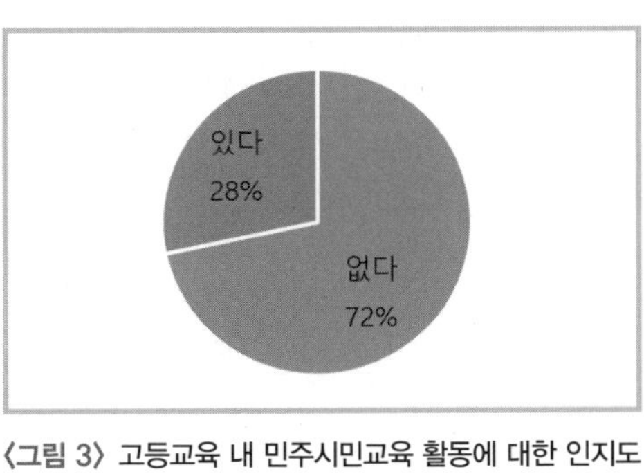

〈그림 3〉 고등교육 내 민주시민교육 활동에 대한 인지도

(서대문구 지역 고등학생 184명 대상 설문조사 결과)

서대문구 지역 고등학생들을 대상으로 실시한 설문조사 결과, 응답자 184명 중 132명인 약 71.3%의 학생들이 위의 민주시민교육에 대해 들어본 적이 없다고 응답하였다. 이는 민주시민교육활동에 대한 고등학생들의 인지가 부족한 모습을 단적으로 보여준다.

이와 같이 정규교육과정 내·외의 민주시민교육은 사실상 학생들의 민주시민으로의 성장을 돕지 못하고 있다. 따라서 유권자의 자질을 갖춘 청소년 양성프로그램인 정담은 정규교과과정 내외에서 효과적으로 이뤄지기 힘든 민주시민교육을 마을과 지역 대학을 연계함으로 해결하고자 한다.

2. 정책 대안

청소년들을 위한 효과적인 민주시민교육의 부재에 대한 해결책으로 본고는 마을-대학 연계형의 청소년 민주시민 공론장 "정담"을 제안한다. 정담은 민주시민교육에 참여를 원하는 대학생들을 자발적으로 모집하여 고등학교 학생들과 함께 민주시민 공론장을 형성하는데 그 목적이 있다. 정담의 전체적인 실행 방안은 다음과 같다.

〈표 1〉 정담의 전체적인 실행 방안

1단계	대학에 관련 수업을 개설한다. 한 학기 동안 대학생들은 지도교수와 함께 민주시민교육 관련 지식을 배우고, 시의성 높은 정치 이슈들로 세부적인 교육 프로그램을 기획한 후 피드백 시간을 가진다. 수업 개설 가능성 여부에 있어, 연세대학교 정치외교학과 1학점 과목인 '주니어세미나(연정공동체정치론)'은 긍정적인 선례가 될 수 있다.
2단계	대학 수업을 이수한 다음 학기, 대학생들은 18세 이상의 고등학생들을 대상으로 정담활동을 실시한다. 횟수는 매주 1회씩 4주의 프로그램을 진행한다. 프로그램은 고등학생들이 구체적인 정책 사안에 대해 자신의 입장을 고민하고 토론할 수 있는 공론장을 제공한다.
3단계	정담을 통해 공론장에 참여하는 방법을 배운 고등학생들이 직접 지역 현안에 의견을 개진할 수 있는 기회를 가진다. 기존에 중앙정부 및 지방자치단체에서 시행하고 있는 청소년 참여예산제, 청소년참여위원회와의 연계도 가능하다.

첫째, 1단계 '대학생'을 대상으로 진행되는 정담의 운영계획에 대한 검토이다. 대학 수업은 크게 두 분야로 나뉜다. 먼저는 대학생들로 하여금 지도교수와 함께 공론화의 이해, 민주시민의 이해, 정치 프레임 인식 등 민주시민교육 관련 지식을 학습하는 시간을 가진다.[2] 이후 정치 현안과 관련된 시의성 높은 주제 두 가지를 선정하여, 각각 종합토론[3]과 분임토의[4]를 진행하고 수강생은 자신의 의견을 발표와 보고서를 통해 제시한다. 토론과 토의 후에는 보충 토론 및 질의 · 응답, 수강생 상호피드백 시간을 통해 대학생 멘토로서의 역할을 확충한다. 대학 수업에서의 구체적인 실행계획은 다음과 같다.[5]

〈표 2〉 구체적인 실행계획: 대학교

교과목명	정담: 청소년 민주시민 공론장
수강대상	청소년 민주시민교육에 관심이 있는 재학생 (전공무관)
수업목표 및 개요	유권자의 자질을 갖춘 청소년 양성프로그램인 정담은 정규교과과정 내에서 효과적으로 이뤄지기 힘든 정치교육을 마을과 지역 대학을 연계함으로 해결하고자 한다. 지역 대학생들의 자발적인 참여로 이루어지는 이 프로그램은 결과적

2 대학생 설문조사 결과 멘토로서의 전문성이 우려된다는 의견이 존재하였다. 따라서 대학 수업계획에 지도 교수를 통한 사전 지식 교육을 포함시켜 멘토로서의 전문성을 높이려 한다.

3 종합토론은 수강생 전체로 진행한다. 주제에 대한 이해를 돕고, 각각의 입장에 대한 전반적인 주장과 근거를 살펴보는 시간으로 활용한다. 수강생들은 미리 주제에 대한 학습을 개인적으로 진행하고, 자신의 주장과 근거를 가지고 수업에 임할 수 있어야 한다.

4 분임토의는 소그룹으로 분임조를 나누어 진행한다. 이를 통해 모든 수강생들로 하여금 토론 주제에 대하여 쟁점 별로 충분히 자신의 의견을 나눌 수 있는 기회를 제공한다.

5 정담의 효과적인 운영을 위해서 본고는 대학에 관련 수업을 개설하는 것을 목표로 한다. 하지만 각 대학의 상황에 따라 수업의 개설 가능 여부는 상이하므로 수업 외의 대학 내 센터, 학과 등의 차원에서 또한 교육이 이뤄질 수 있다.

	으로 청소년들이 시의성 높은 정치 이슈와 민주시민교육을 제공받을 수 있는 공론장을 형성하는데 목표가 있다.
강좌운영방식	본 수업은 강의와 토론으로 이루어진다. 학생들은 정치 현안과 관련된 토론 주제를 직접 선정하고, 공론장을 형성하며 토론을 진행한다.

주	수업내용	교재 및 참고문헌, 과제물
1	정담: 대학–지역 연계 청소년 민주시민교육 프로그램 소개	• 이태동. 2017.『마을학개론: 대학과 지역을 잇는 시민정치교육』. 푸른길.
2	공론화의 이해	• 신고리 5 · 6호기 공론화 사례 • Bruce Ackerman and James S, Fishkin. 2004.『Deliberation Day』. Yale University Press, pp.149–206.
3	민주시민의 이해 ① 민주시민으로서의 청소년 ② 선거제도와 정치적 쟁점	• 김철수. 2012. "선거질서". 『헌법과 정치』. 서울: 진원사, pp.130–182.
4	민주시민의 이해 ③ 정당제도와 정치적 쟁점 ④ 실제적인 정책 결정의 메커니즘	• 진영재. 2010. "정당의 조직". 심지연(편). 『현대 정당정치의 이해』. 서울: 백산서당, pp.89–112. • 유재일. 2010. "정당의 기능". 심지연(편). 『현대 정당정치의 이해』. 서울: 백산서당, pp.113–139.
5	토론 주제 선정 / 토론의 이해	• 정치 현안과 관련된 시의성 높은 주제 • 토론 절차 강의안, 숙의자료집
6	주제 1 종합토론	• 종합토론은 수강생 전체로 진행
7	주제 1 분임토의	• 분임토의는 조별로 진행
8	주제 1 보충 토론 및 질의 · 응답	• 주제 1 관련 개인의 주장이 담긴 보고서 제출
9	중간고사	• 주제 2 관련 개별적인 자료조사
10	정치 프레임 인식 ① 프레임 ② 미디어와 소셜 미디어	• Bernard C. Cohen. 1963.『The Press and Foreign Policy』. Princeton University Press, Chp.8–9. • Patrick O'Heffernan. 1991.『Mass media and American Foreign Policy』. Ablex pub, Chp.5–8.
11	정치 프레임 인식 ③ 소셜 네트워크와 선거 ④ Regulatory Framework	• 조화순 엮음. 2013.『소셜 네트워크와 선거』. 서울: 한울. • Yongho Kim. 2017.『Social Media and South Korean National Security』. McFarland & Company, Chp.1, 4–5.

12	주제 2 종합토론	• 종합토론은 수강생 전체로 진행
13	주제 2 분임토의	• 분임토의는 조별로 진행
14	주제 2 보충 토론 및 질의 · 응답	• 주제 2 관련 개인의 주장이 담긴 보고서 제출
15	주제 1, 2 정리 및 피드백	• 주제 1, 2에 대한 명확한 인지 및 수강생 상호 피드백
16	자율학습 및 기말고사	• 정담 진행 학교 및 팀 최종 결정

둘째, 2단계 · 3단계 '고등학생'을 대상으로 진행되는 정담의 운영계획에 대한 검토이다. 고등학생을 대상으로 실시되는 정담은 앞서 대학교에서 이루어진 수업 내용을 기반으로 대학생 멘토들이 진행한다. 프로그램은 총 4차시로 진행되며, 대학생 멘토 5명이 한 팀을 이룬다.[6] 1차시는 오리엔테이션을 진행하고, 2 · 3차시는 각각 주제 1, 2에 대한 종합토론 및 쟁점토의를 진행한 후, 4차시는 평가 및 피드백을 진행한다. 고등학교에서 정담의 구체적인 실행 계획은 다음과 같다.

---

6 대학생 멘토 5명은 사회자, 찬성측 발표자, 반대측 발표자, 멘토 1, 멘토 2로 각각의 역할은 다음과 같다.

(1) 사회자: 프로그램을 전체적으로 총괄한다. 1차시 공론화의 이해, 정담 소개, 수업1과 2 · 3차시 종합토론 및 질의응답 진행, 그리고 4차시 평가 및 피드백, 수업2를 담당한다.

(2) 멘토 1, 2: 1차시에서 주제1, 2에 대한 브리핑을 진행하고, 2 · 3차시에서 종합토론 이후 쟁점토의 시간에 분임토의를 진행한다. 이후 4차시에서 프로그램 이후 고등학생들이 지역 현안에 관심을 가지고 의견을 개진할 수 있도록 다양한 프로그램을 소개하고 참여 방법을 안내한다.

(3) 찬성/반대측 발표자: 주제 1, 2에 대한 종합토론에서 쟁점토의 사안을 기준으로 각각의 입장에 대한 주장과 근거를 발표하고 질의응답을 받는다. 1차시에서 주제 1, 2에 대한 숙의자료집을 고등학생들에게 제공하고, 해당 내용은 찬성/반대측 발표자가 사전에 작성하여 상호 검토하도록 한다.

(4) 기타: 주어진 역할과 별개로 모두가 청소년의 민주시민교육을 돕는 대학생 멘토의 역할을 수행한다.

〈표 3〉 구체적인 실행 계획: 고등학교

차수	시간		내용	비고
1차시 (오리엔테이션)	16:00~16:10	10'	공론화의 이해	① 공론화의 의미 (사전적 의미, 핵심 키워드) ② 공론화의 성공요건
	16:10~16:25	15'	정담 소개	① 정담의 목적 ② 프로그램 진행방향 ③ 참여 및 경청 토론 규칙 ④ 참고사항 및 기타
	16:25~16:30	5'	질의응답 (1)	• 공론장의 이해, 정담 관련 질의응답
	16:30~16:55	25'	수업 1 : 민주시민의 이해	① 민주시민으로서의 청소년 ② 선거제도와 정치적 쟁점 ③ 정당제도와 정치적 쟁점 ④ 실제적인 정책 결정의 메커니즘
	16:55~17:00	5'	질의응답 (2)	• 수업 내용 관련 질의응답
	17:00~17:40	40'	주제 1, 2 브리핑	① 주제 1에 대한 배경지식 설명 ② 주제 2에 대한 배경지식 설명
	17:40~18:00	20'	질의응답 (3)	• 주제 1, 2 내용 관련 질의응답
2차시 (주제 1)	16:00~16:30	30'	〈세션 1〉 종합토론	* 종합토론: 반 전체 ① 사회자 토론 진행 ② 찬성측 대학생 발표 (쟁점 1,2) ③ 반대측 대학생 발표 (쟁점 1,2)
	16:30~16:45	15'	질의응답 (1)	• 세션 1 보충 질의 · 응답
	16:45~17:15	30'	〈세션 2〉 쟁점토의 (1)	* 분임토의: 10명 내외의 그룹 ① 멘토에 의한 운영 ② 고등학생 중심의 토의 진행
	17:15~17:45	30'	〈세션 3〉 쟁점토의 (2)	
	17:45~18:00	15'	질의응답 (2)	• 세션 2,3 보충 질의 · 응답
3차시 (주제 2)	16:00~16:30	30'	〈세션 1〉 종합토론	* 종합토론: 반 전체 ① 사회자 토론 진행 ② 찬성측 대학생 발표 (쟁점 1,2) ③ 반대측 대학생 발표 (쟁점 1,2)
	16:30~16:45	15'	질의응답 (1)	• 세션 1 보충 질의 · 응답

	16:45~17:15	30'	〈세션 2〉 쟁점토의 (1)	* 분임토의: 10명 내외의 그룹 ① 멘토에 의한 운영 ② 고등학생 중심의 토의 진행
	17:15~17:45	30'	〈세션 3〉 쟁점토의 (2)	
	17:45~18:00	15'	질의응답 (2)	• 세션 2,3 보충 질의 · 응답
4차시 (평가 및 피드백)	16:00~17:00	60'	주제 1, 2 정리 및 평가	① 주제 1 정리 및 토론내용 평가 ② 주제 2 정리 및 토론내용 평가 ③ 정담 피드백 설문지 작성
	17:00~17:30	30'	수업 2 : 정치 프레임	① 프레임 ② 미디어와 소셜 미디어 ③ 소셜 네트워크와 선거 ④ 편중되지 않은 프레임의 중요성 (Regulatory Framework)
	17:30~18:00	30'	정담, 그 이후	① 민주시민으로서의 나(청소년) ② 정치 현안에 대한 의견 개진 방법 안내 (청소년 참여예산제, 청소년 참여위원회 등) ③ 카카오톡 Yellow ID 활용 안내

3. 정책의 실현 가능성: 인적 측면, 제도적 측면

1) 인적 측면

첫째, 정담의 실행 주체인 '대학생'에 대한 검토이다. 본 연구는 대학생이 체감하는 고등학생의 민주시민교육의 필요성과 정담 프로그램이 실제로 시행되었을 때 멘토로 참여할 의향을 알아보기 위해, 대학교에 재학 중인 학생들을 대상으로 설문조사를 수행하였다. 문항 내용은 개인의 정치 참여 방식 및 민주시민교육의 경험, 고등학생의 민주시민교육의 필요성에 대한 인식과 멘토로 참여할 의향을 묻는 내용으로 구성하였다.[7] 그 결과

7 대학생 대상 설문조사는 5월 4일부터 5월 11일까지 온라인과 오프라인으로 진행되었

설문조사에서 93.5%의 대학생들이 정담과 같은 새로운 형태의 청소년 민주시민교육이 필요하다고 답하였다. 그 이유로는 학교의 정규교육 과정만으로 성인이 되어서 정치에 대한 판단력을 갖기 힘들다는 점과 청소년 시기부터 민주시민교육을 받는 것이 올바른 정치 의식과 가치 형성에 도움을 줄 것이라는 의견이 주를 이루었다. 또한 정담과 같은 프로그램이 소속 지역에서 시행된다면 멘토로 참여할 의향이 있는지에 대해 46.3%의 학생들이 긍정적으로 답변하여, 지역 고등학생들과 대학생을 연계한 교육이 충분히 실현 가능함을 보여주었다. 결론적으로 정담 정책 제안에 '대학생'의 참여 여부는 긍정적이다.

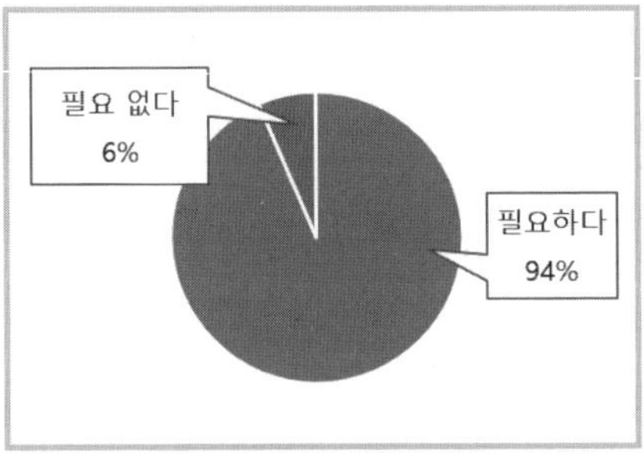

〈그림 4〉 고등학생의 민주시민교육 필요성

(연세대학교 14~17학번 대학생 108명 대상 설문조사 결과)

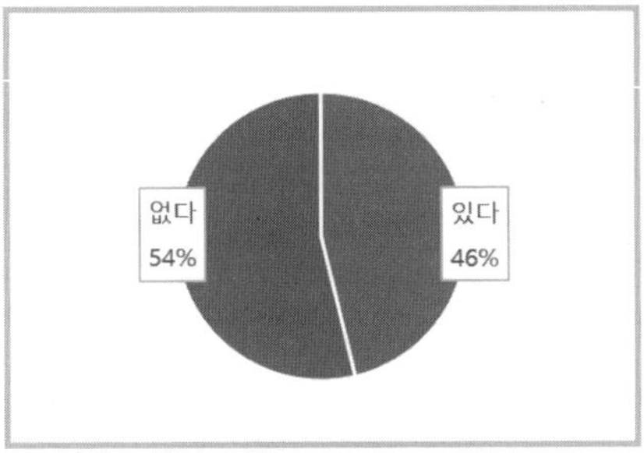

〈그림 5〉 대학생 멘토로 참여할 의향

(연세대학교 14~17학번 대학생 108명 대상 설문조사 결과)

둘째, 정담의 참여 주체인 '청소년'에 대한 검토이다. 정담에 대해 소개하고 이러한 정책이 시행된다면 참여할 의향이 있는지에 대한 물음에 184명의 학생 중 과반 수 이상의 학생인 52%가 긍정적으로 답변하였다. 정담

다. 온라인의 경우, 구글 독스를 활용하여 연세대학교 14학번부터 17학번의 페이스북 페이지 및 타 대학 페이지를 통해 진행하였다. 오프라인의 경우, 연세대학교 내에서 직접적으로 설문지를 배부하며 진행되었다. 조사 대상에 포함된 학생들은 총 108명이며, 조사 도구는 자체 작성한 설문지를 사용하였다.

에 참여할 의향이 있는 학생들의 경우, 그 이유로는 '자기 계발에 도움이 될 것 같다'는 답변이 가장 많았고, '대학 입시에 도움이 될 것 같다'는 답변이 그 다음이었다.

한편 정담에 참여할 의향이 없다는 학생들의 경우, 가장 큰 이유가 '학업적인 이유로 시간을 내기 어렵다' 였고, 그 다음이 '평소 정치적 이슈에 관심이 없다'는 답변이었다. 이에 정담이 학교 내에서 제도화되어 학생들의 학업 시간에 큰 지장을 수지 않고, 청소년들의 관심을 불러 일으킬 수 있는 주제로 진행된다면, 상기 두 가지 이유로 참여할 의향이 없다고 답한 학생들 또한 정담 프로그램의 참여 동기가 높아질 수 있다.

고등학생을 대상으로 실시한 설문조사 결과는 공론장을 활용한 정담의 청소년 민주시민교육에 대한 학생들의 수요가 매우 높음을 확인할 수 있었다. 결론적으로 정담 정책 제안에 '고등학생'의 참여 여부는 긍정적이다.

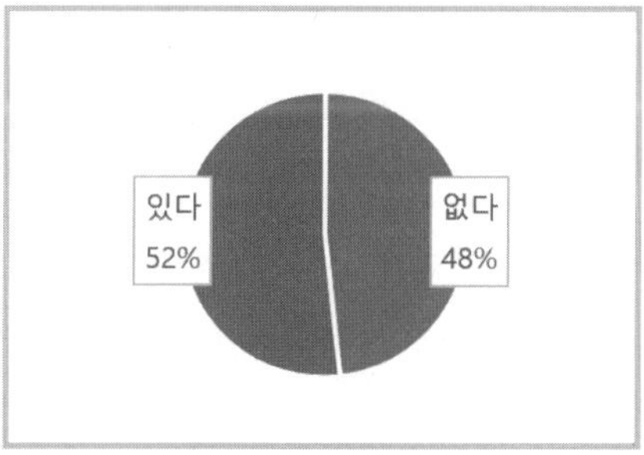

〈그림 6〉 정담(政談)에 참여할 의향
(서대문구 지역 고등학생 184명 대상 설문조사 결과)

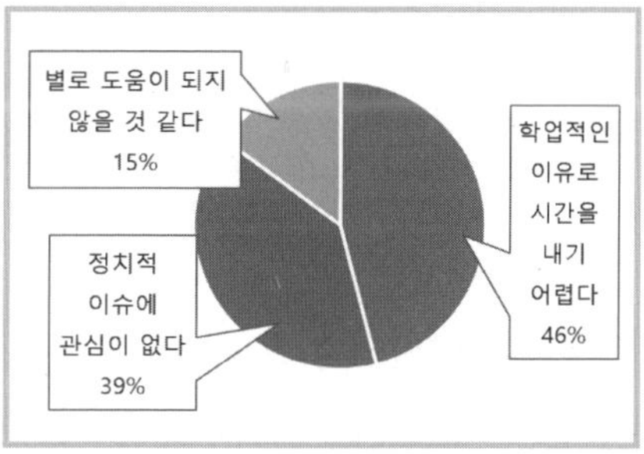

〈그림 7〉 정담(政談)에 참여할 의향이 없는 이유
(서대문구 지역 고등학생 184명 대상 설문조사 결과)

셋째, 정담의 협력 주체인 '고등학교 교사'에 대한 검토이다. 교사의 경우 새로운 형태의 청소년 민주시민교육의 필요성을 인식하고, 정담 프로그램에 대한 긍정적인 평가를 내렸다. 실제로 서울시 서대문구에 위치한 가재울고등학교의 교사들을 대상으로 인터뷰를 실시한 결과, 학생들이 점차 사회의 정치적 이슈에 대한 관심이 높아지고 있으며, 학교에서도 민주시민교육이 진행되고 있지만 청소년이 효과적으로 유권자의 역할을 하기 위해서는 새로운 형태의 프로그램이 필요하다는 의견의 주를 이루었다. 특히 인터뷰에 참여한 모든 교사가 정담과 같은 청소년 민주시민교육 프로그램이 신설된다면 학생들에게 이를 적극적으로 추천할 의향이 있다고 답한 만큼, 교내에서 정담이 진행되었을 때 교사들과의 협력은 효과적으로 이루어질 수 있다. 결론적으로 정담 정책 제안에 '교사'의 참여 여부는 매우 긍정적이다.

> "학생들이 대통령 탄핵 이후에 정치적 이슈에 대해 더욱 민감해졌고, 관심도 깊어졌습니다. 학생들의 정치에 대한 관심도 증대되었고, 투표권을 행사할 수 있는 판단력도 존재하기에 선거 연령을 낮추는 것에 찬성합니다. 하지만 우려되는 점도 분명 존재합니다. 따라서 청소년들이 올바른 유권자로서 역할을 다할 수 있도록 돕는 새로운 민주시민교육 프로그램이 필요하다고 생각합니다."
>
> – 가재울고등학교 역사교과 A교사

넷째, 정담의 도움 주체인 '대학 교수'에 대한 검토이다. 체계화된 정치교육을 위해서는 지역 대학 교수의 지도가 필수적이다. 대학생은 고등학생과 민주시민교육을 위한 공론장을 형성하기 전에, 교수의 사전 지도를 통해 정치 이슈에 대한 배경지식과 토론 내용에 대한 피드백을 받는 것이 필요하기 때문이다.

한국정치학회에는 지역 기반 학습 방식을 도입하여 학생들과 지역 사례를 연구하고, 지역의 실제적인 문제 해결을 돕는 '시민정치 교육연구실천분과위원회'가 존재한다. 교수와 학생이 '지역정치', '생활정치', '현장정치'를 함께 연구하며 시민정치 프로젝트를 수행하고 있기에 정담은 위원회에 속한 대학 교수의 도움을 받을 수 있다. 연세대학교에서 시민정치 관련 수업을 개설한 정치외교학과 이태동 교수는 정담을 청소년 민주시민교육에 있어 긍정적인 역할을 수행할 수 있는 프로그램으로 평가하였다. 또한 이태동 교수는 민주시민교육을 위한 수업을 담당할 의향이 있다고 밝혔기에 정담을 효과적인 청소년 민주시민교육을 시행할 수 있도록 하는 지속가능성 정책으로 평가할 수 있다. 결론적으로 정담 정책 제안에 '대학 교수'의 참여 여부는 긍정적이다.

> "고등학생들에게 민주시민교육을 하는 것은 상당히 필요한 정책입니다. 다만 이것이 꾸준히 효과적으로 이뤄지기 위해서는 제도적으로 안착될 수 있어야 합니다. 한국정치학회 내 분과위원회를 활용하여 관련 대학 수업들간의 연계를 만들어내는 것도 정책의 효과성을 높이는 방안이 될 수 있습니다. 개인적으로 이를 위해서 다음에 개설될 수업의 주제를 청소년 민주시민교육으로 진행할 의향도 있습니다."
>
> – 연세대학교 정치외교학과 이태동 교수

다섯째, 정담의 자문 주체인 '시민단체'에 대한 검토이다. 정담 프로그램이 효과적으로 시행되기 위해서는 행정 절차와 프로그램 순서 등에서 경험이 있는 시민단체의 자문을 받는 것이 필요하다. 이에 관련 분야에서 두각을 나타내고 있는 시민단체인 '꿈지락 네트워크'와 인터뷰를 진행하였다. 인터뷰 결과 정담 프로그램의 실현가능성을 다시 한번 확인할 수 있었고, 정담 프로그램을 위한 지속적인 피드백과 자문 또한 약속 받을 수 있었다. 결론적으로 정담 정책 제안에 '시민단체'의 참여 여부는 긍정적이다.

"이제 더 이상 학교 교육과정 내에서 모든 교육이 이뤄지기를 기대할 수는 없어요. 이미 민주시민교육, 성평등교육, 안전교육 등 너무 많은 부분을 학교가 놓치고, 입시에만 치중된 모습을 보여주고 있습니다. 따라서 학교 밖의 주체들이, 예를 들어 시민단체나 대학생들이 이러한 놓치기 쉬운 교육 분야에 대해 나서야 한다고 생각합니다. 정담에서 이러한 교육을 진행한다면 도움을 주고 싶습니다."

– 꿈지락네트워크 박석준 대표이사

2) 제도적 측면

정담이 효과적으로 지속 가능하게 시행되기 위해서는 제도적인 정착이 이루어져야 한다. 대학생들의 교육과 프로그램의 준비 및 진행을 총괄하는 담당부처가 필요하며, 이러한 담당부처와 고등학교들을 연계해주는 제도적 기반과 정담 프로그램을 진행할 공간이 확보되어야 한다. 제도적 측면에서 이 두 가지를 검토해보려 한다.

첫째, 정담의 주최와 주관에 대한 검토이다. 정담은 '연세대학교 희망원정대 모델'을 도입할 수 있다. 희망원정대는 각 지역 대학교에서 진행되는 대학생 재능봉사 멘토링 프로그램으로 방학 동안 전국 각지의 교육 소외지역 중고등학교에서 합숙캠프를 진행한다. 이때 캠프의 '주관'은 희망원정대 기획단 YMDU가 맡아 프로그램 홍보와 대학생 멘토의 선발, 멘토 교육 및 프로그램 기획, 진행 등 현장에서의 실제적인 일을 맡고 있다. 한편 '주최'는 연세대학교 사회참여센터로, 한국장학재단과 각 지역의 지방자치단체 및 기업으로부터 지원을 받은 후 교육 소외지역의 중고등학교가 캠프 요청을 하면, 요청 학교와 기획단 YMDU를 연결해주는 교량 역할을 수행하고 있다.

이와 같은 모델을 차용하여, 정담의 '주관'은 지도 교수와 수업을 듣는 수강생들이 될 수 있다. 희망원정대의 경우 자체적으로 기존의 기획단이 다음 기수의 기획단을 선발하지만, 정담의 경우 수업을 통해 당해 수강생들이 기획단 역할을 수행하며 프로그램을 지속적으로 이어나갈 수 있다. 앞선 인터뷰에서 지도 교수를 통한 수업 개설 가능 여부가 긍정적이기 때문에 정담은 체계적으로 지속될 수 있다. 한편 정담 프로그램의 '주최'의 경우 연세대학교 사회참여센터에 도움을 구할 수 있다. 사회참여센터의 경우 이미 희망원정대와 드림스타트 등 비슷한 유형의 사업들을 진행하고 있으며 관련 분야에 전문성이 있기에 정담의 제도적 정착에 도움을 얻을 수 있다. 사회참여센터의 송동우 팀장과 인터뷰를 진행한 결과 정담의 주최 가능성에 대한 긍정적인 답변을 받을 수 있었다.

> "이미 사회참여센터에서는 많은 봉사 동아리에게 물적, 제도적으로 지원을 해주고 있습니다. 정담 프로그램의 시스템이 체계적으로 조식되어 실제로 시행된나번 사회참여센터가 주최를 맡아 지원을 해줄 수 있습니다."
>
> \- 연세대학교 사회참여센터 송동우 팀장

둘째, 정담 프로그램의 진행 공간 확보에 대한 검토이다. 대학교에서 열리는 수업의 경우 강의실을 물적 공간으로 활용할 수 있다. 한편 고등학교에서 진행되는 정담 프로그램의 경우 교내에서 시행되는 것이 가장 좋겠지만, 이것이 불가능할 경우 구청의 회의실 등 학생들에게 접근성이 좋은 공간적 인프라가 활용할 수 있어야 한다. 가령, 서대문구의 경우 올해 초 민 · 관 · 학 연계 교육 사업의 허브 역할을 목적으로 혁신교육지원센터의 운영을 시작했기에 정담의 진행 공간으로 해당 시설 내 공유공간의 활용을 제안할 수 있다.

Ⅲ. 서대문구 고등학생 대상 시범 운영

1. 기획과 진행

본고는 시범운영을 통해 정담 프로그램의 실효성을 평가해보았다. 이화여자대학교 사범대학 부속 이화금란고등학교 2-3학년 10명의 학생을 대

시간	내용
2:10 ~ 2:20	사전 설문조사
2:20 ~ 2:40	오늘의 이슈 소개
2:40 ~ 2:50	숙의 자료집을 바탕으로 이슈에 대해 스스로 숙의
3:00 ~ 3:50	조별 토의 시간 (3팀)
3:50 ~ 4:10	마무리 전달 사항 & 사후 설문조사

〈그림 8〉 시범 운영 계획표

상으로 정담 프로그램을 실시하였으며, 학교의 일정 상 기존 4차시의 정담 프로그램을 1회 운영에 적합하도록 축소시켜 진행하였다. 정담 기획팀은 시범운영에 앞서 토론 주제를 선정하였고, 사전에 팀 내부의 토론을 거쳐 주요 쟁점과 각 쟁점의 근거를 정리한 숙의 자료집을 만들었다. 본격적인 토의에 앞서 사전 설문조사를 실시한 후, 이를 통해 정담 프로그램 참여 전과 후 학생들의 반응을 살펴보았다.

정담 프로그램의 순서는 다음과 같이 진행되었다. 먼저 정담이 목표하고자 하는 공론장 형성을 위한 기초 지식인 공론화의 개념에 대한 이해를 돕기 위한 발제를 진행하였다. 이후 학생들과 밀접한 관련이 있는 '입시-학생부종합전형'을 주제로 정담 프로그램을 진행하였다.[8] 해당 주제의 브리핑 시간에는 주제 선정 배경에 대한 소개와 함께 수시, 정시 등과 같은 현행 입시 제도를 설명하는 시간을 가졌다. 이후 1차 토론은 5-6명씩 소규모 분임조를 나누어 대학생 멘토와 함께 조별로 쟁점토의를 진행하였고, 2차 토론은 조별 토론을 바탕으로 만들어진 의견을 전체가 함께 공유하는 종합토론으로 진행되었다. 토론에서는 학생들의 의견이 한 명의 대학생 멘

8 본래 정담 프로그램은 4차 시에 걸쳐 시의성 있는 다양한 주제에 대한 토의를 거친 후 토론 주제를 선정하지만, 1회의 시범운영에서는 여건상 사전에 학생들과 밀접한 관련이 있는 입시를 주제로 선정하였다.

토의 입장에 의해 결정되지 않도록 서로 다른 관점을 가진 대학생 멘토가 함께하였다. 대학생 멘토들은 학생들에게 쟁점을 시사하고 의견 충돌이 일어난 경우 조정하고 보좌하는 역할만을 수행하였고, 이를 통해 학생들 개개인의 의견을 최대한 존중하는 방식으로 토론을 진행하였다.

2. 시범 운영 결과: 설문조사 및 참가자 인터뷰

본 연구는 정담 프로그램이 청소년들의 민주 시민으로서의 성장에 얼마나 도움이 되는지를 확인하기 위해 서대문구의 고등학교에 재학 중인 학생들을 대상으로, 프로그램 참가 전과 후의 설문조사를 수행하였다. 문항 내용은 프로그램 참가 전과 후의 현실 정치 주제에 대한 이해도와 관심도 변화, 정담의 효과성에 대한 의견 및 추후 참여 의향을 묻는 내용으로 구성하였다.[9] 그 결과, 고등학생들이 적극적으로 참여할 수 있는 주제를 선정

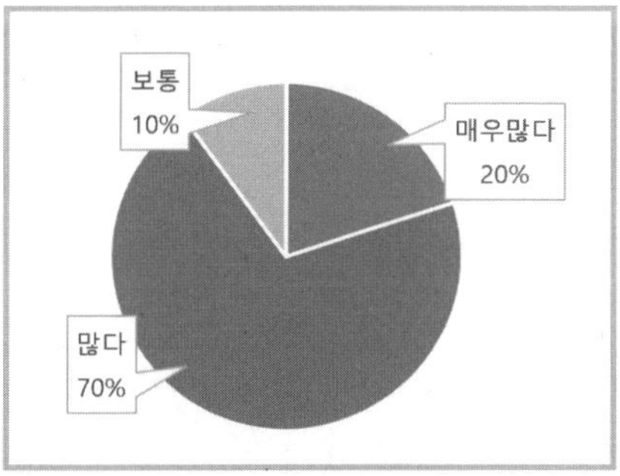

〈그림 9〉 대입정책 이슈에 대한 관심
(시범운영 참가자 10명 대상 설문조사 결과)

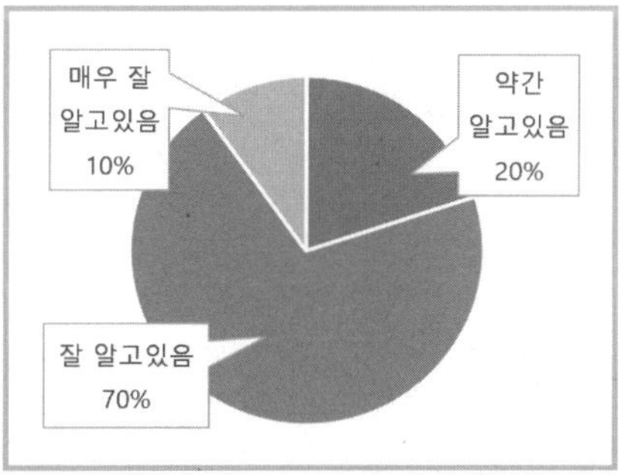

〈그림 10〉 대입정책 이슈 이해도
(시범운영 참가자 10명 대상 설문조사 결과)

---

9 설문조사는 5월 25일 하루 간 서대문구에 위치한 이화금란고등학교를 섭외한 후, 재학 학생들을 대상으로 프로그램을 진행하며 실시되었다. 조사 대상에 포함된 학생들은 총 10명이며, 조사 도구는 자체 작성한 설문지를 사용하였다.

한 만큼, 사전 설문조사에서 많은 학생들이 이미 대입 정책 이슈에 대해 관심이 많다고 답변하였다. 더불어 어떤 대입 정책이 시행되고 있는지 알고 있었으며, 이를 둘러싼 이해관계자들의 주장 또한 알고 있다고 답변한 학생들이 많았다.

이런 대입 정책의 높은 이해도에도 불구하고, 사후 설문조사에서 정담 프로그램이 대입 정책을 둘러싼 정치 사회적 이슈를 이해하는데 도움이 되었다는 답변이 대부분이었다. 또한 정담 프로그램이 자신의 민주시민역량 향상에 도움이 되었다고 답변한 학생은 10명 중 9명이었다.

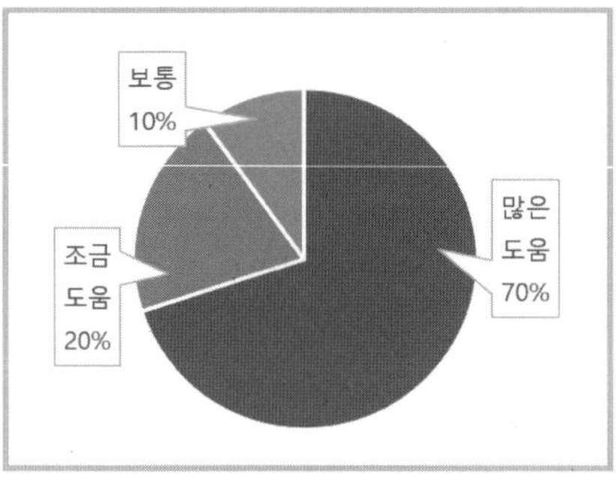

〈그림 11〉 이슈 이해에 대한 효과
(시범운영 참가자 10명 대상 설문조사 결과)

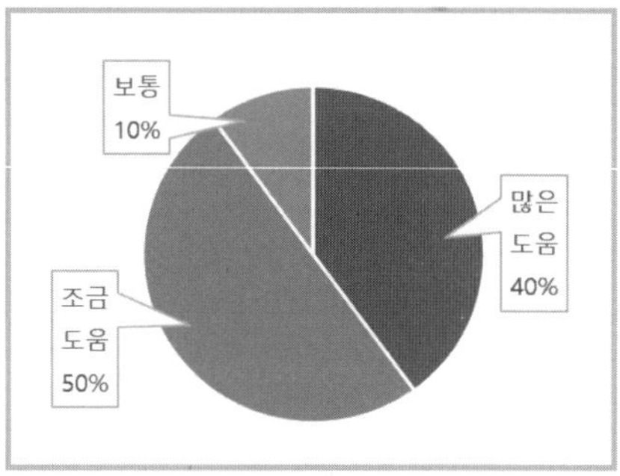

〈그림 12〉 민주시민역량에 대한 효과
(시범운영 참가자 10명 대상 설문조사 결과)

민주시민역량 향상에 도움이 된 이유에 대해서는 먼저 토론 전 진행된 이슈 소개 시간을 통해 이전에는 명확히 알지 못했던 배경 지식을 알 수 있었던 점이 좋았다는 의견이 존재하였다. 또한 고등학생이 관심 있는 이슈에 대한 토론을 진행할 수 있었던 점 자체가 좋았다는 의견이 많았다. 특히 시의성 있는 이슈에 대해 생각해보고, 상대방과 의견을 교환하면서 자신의 생각을 정립해나갈 수 있었던 점을 장점으로 꼽는 학생이 많았다. 동시에 대학생 멘토들의 도움은 토론에 있어 효과적이었다는 의견이 대부분이었다.

"토의에 앞서 해당 이슈가 논란이 된 배경지식을 알려줘서 좋았습니다. 이를 통해서 이슈의 정치적 의미, 이해 관계자의 입장들을 알아보면서 다양한 정보를 얻을 수 있어서 좋았습니다."

– 이화금란고등학교 학생A

"우리끼리 토론할 때는 주제와 관련 없는 논의로 자주 빠졌는데, 대학생 멘토가 일종의 사회자 역할을 해주어서 토론의 진행이 원할하였습니다."

– 이화금란고등학교 학생B

이후 정담이 실제로 진행된다면 참여할 의향이 있는가에 대해 물어본 질문에 10명 중 9명이 긍정적으로 답하면서 정담의 높은 실현 가능성을 다시 한번 확인시켜주었다. 한편 부정적으로 답한 한 명의 학생도 학업적인 이유로 시간을 내기 어렵다는 이유를 든 만큼, 공교육 내에서 정담이 실시된다면 더 많은 학생들이 적극적으로 참여할 것으로 판단할 수 있었다.

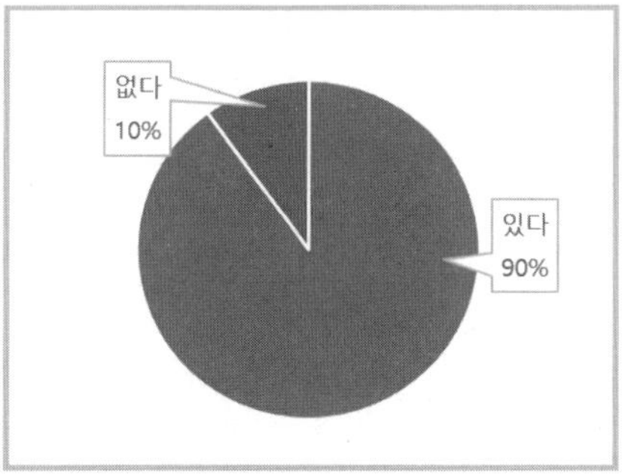

〈그림 13〉 정담 참여 의향
(시범운영 참가자 10명 대상 설문조사 결과)

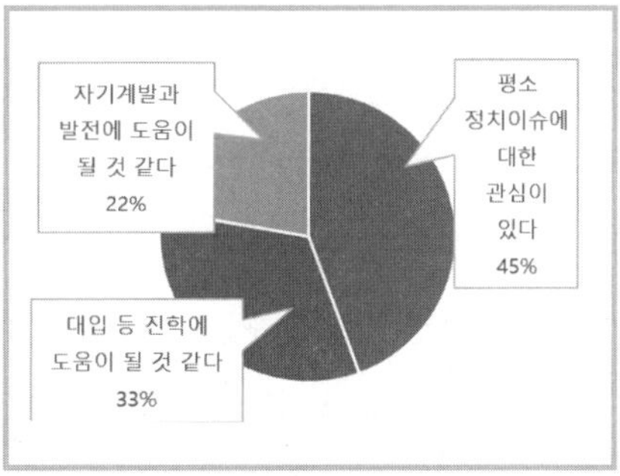

〈그림 14〉 정담 참여 희망 이유
(시범운영 참가자 10명 대상 설문조사 결과)

3. 시범 운영 평가

첫째, 정담 프로그램의 '구성'에 대한 평가이다. 정담은 본래 총 4차시로 기획된 프로그램이지만 학교의 일정 상 1회 운영으로 축소시켜 진행하였다. 이로 인해 청소년 민주시민 공론장의 필요성에 관한 충분한 토의를 진행하기 위한 시간적 여건이 부족하였다. '민주시민 공론장이 무엇인지', '청소년 참여의 역할은 무엇인지'와 같은 논의는 정담이 단순히 쟁점에 대한 토론장이 아닌 발전적인 공론장으로 거듭나기 위해 필수적이다. 따라서 실제 정담의 운영에 있어서는 기존 1차시 오리엔테이션 내용과 더불어 공론화와 청소년 자치의 중요성에 대해 이해하고 직접적으로 체감할 수 있는 충분한 토의 시간을 마련하여 진행하는 것이 필요하다.

둘째, 정담 프로그램의 '참여 학생'에 대한 평가이다. 정담의 시범 운영이 자율형 사립고등학교의 토론 동아리에서 진행되었다는 점을 감안해야 한다. 시범 운영에 참여한 학생들은 정치 사회적 이슈에 지속적인 관심을 가지고 토론을 진행해 온 학생들이다. 따라서 토론 주제에 대한 관련 지식 수준이 높았으며, 자신의 의견을 피력하는 데에 어려움이 없었다. 하지만 이러한 전제 조건들이 청소년들의 자치적인 공론장 형성의 필요성 평가에 있어 큰 영향을 미치지는 않았다. 관련 지식 수준이 높을 것으로 예상되었음에도 불구하고 학생들은 시범 운영 참여 이후 토론 주제에 대한 이해도가 상승하였다고 답하였다. 또한 학생들과 정치 사회적 이슈에 대해 관심을 가지고 지속적으로 논의해봄으로써 공론장의 필요성과 정당성을 발견할 수 있었다. 한편 일반고등학교 및 정치 사회적 이슈에 관심이 없는 고등학생들을 대상으로 정담을 진행하는 등 프로그램을 효과적으로 진행하기 위한 추가적인 사례 연구와 시범 운영 또한 진행될 수 있어야 한다.

셋째, 정담 프로그램의 '진행'에 대한 평가이다. 정담의 시범 운영 진행에 있어서 멘토의 역할은 적절히 이루어졌다. 멘토는 학생들의 자율성을 존중하였고, 토론이 단순히 찬반 논리에 국한되지 않게 다양한 의견을 이끌어내는 역할을 수행하였다. 전체적인 프로그램의 시간 안배 또한 계획대로 잘 이루어졌다. 정담 프로그램을 참여함에 있어 학생들은 지루해하지 않았고, 매 순서에 집중하여 적극적으로 참여하였으며 계획한 시간이 지체되지 않았다. 이외에 숙의자료집은 적절한 내용 구성으로 학생들의 이해를 돕고 토론 참여를 독려하는데 도움을 줄 수 있었다. 시범 운영의 결과는 이후 본래 형태의 정담 프로그램이 효과적으로 진행될 수 있음을 확인시켜 주었다.

4. 지방 선거 후보자 정책 제안 결과: 서울특별시교육감 후보자

청소년들을 위한 효과적인 민주시민교육의 부재에 대한 해결책으로 본고는 마을-대학 연계형의 청소년 민주시민 공론장 정담을 제안하였다. 정담은 본래 서대문구 내에서 시범 운영 차원으로 선 논의 후 서울시 단위로 확대되는 것을 목표로 기획되었다. 하지만 '교육권'의 문제의 경우 '서대문구' 단위가 아닌 '서울시' 교육감과 더욱 밀접한 관련이 있음을 알 수 있었고, 이에 서울특별시교육감 후보자에게 해당 정책을 제안하였다.

1) 조희연 후보

조희연 후보 캠프의 반응은 '매우 긍정적'이었다. 정담은 선거운동본부의 노태훈 기획본부장과의 면담을 통해 제도화에 대한 본고의 입장을 전달하였다. 우선 노태훈 기획본부장은 징검다리 교육 공동체라는 민주시민교육 관련 사단 법인의 사무처장이라는 이력을 가지고 있었으며, 이에 청소년 민주시민교육의 중요성에 대해 매우 공감하였다. 노태훈 기획본부장은 선거가 끝난 이후 해당 시민단체를 통해 본고가 제안한 바와 매우 유사한 학교 밖 공론장 행사를 기획할 예정이었다고 밝히며 상당히 긍정적인 반응을 표했다. 하지만 동시에 본고의 정책 대안이 제도화 되는 것에 대해 다음과 같은 한계를 지적했다. 첫째, 제안한 정책대안을 교육청 주관으로 진행하기에는 교육청의 관할문제에 부딪힐 가능성이 크다. 둘째, 만약 지금 당장 교육청 내에서 논의를 시작한다고 해도 행정적 절차에 의해 앞으로 두 학기 이상은 지나야 제도화될 수 있을 것이다. 따라서 노태훈 기획본부장은 지금 당장 교육청에 정책 제안을 하기 보다 유사한 활동을 하는 비영리 사단 법인 단체들에게 접촉하여 시민 단체 차원에서 정담의 시범운영을 보다 체계적으로 발전시킬 것을 제안하였다. 이후 이것이 어느 정도 성과로 나타나면 그 이후에 교육청의 지원을 받아 학교의 학습 동아리 시간을 활용하여 공교육 내로 진입하는 것이 가장 현실적이고 효과적인 정담의 실현 방안이라 조언하였다. 최종적으로 선거 이후 정담과 본격적으로 협력하여 관련 프로그램을 추진하고 싶다는 의견을 전달받았다.

2) 박선영 후보

박선영 후보 캠프의 반응은 '긍정적'이었다. 사전 연락을 통해 김태민 대변인 및 관련 관계자들과 면담을 진행하였다. 김태민 대변인은 박선영 후보자가 토론식 교육에 큰 관심을 가지고 있다며 정담과 같은 교육 프로그램이 공교육 내에서 활성화 되어야 한다는 점에는 공감하였다. 그러나 대학생이 고등학생에게 민주시민교육을 제공하는 것에 의문을 표했다. 학교 내에서 이뤄지는 교육 자체는 교사나 시간 강사 등 일정한 자격을 갖춘 사람들이 제공해야 하기에, 대학생들이 정담과 같은 교육을 제공하는 것은 전문성이 떨어질까 우려하였다. 따라서 정담을 바탕으로 대학생들은 멘토의 역할만을 수행하고 교육은 교사가 진행하는 방식을 제안하였다. 또한 정담과 같은 프로그램을 제도권 내에 바로 정착시키기에는 시간이 오래 걸리기에, 이미 존재하는 논술, 토론 교육에 민주시민교육 주제를 포함시키는 것이 현실적인 방안이라고 제안하였다.

면담 이후 박선영 후보 캠프 측은 1) 서울시 교육청 차원에서의 민주시민교육 교과서 집필, 2) 보다 구체적인 토론 수업 매뉴얼 제작, 3) 대학생과 고등학생이 함께할 수 있는 공론장 중심 행사 기획을 공약화하였다는 입장을 전하였으며 당선이 된다면 공약을 바탕으로 민주시민교육의 발전에 더욱 힘쓸 것을 약속하였다. 정담의 정책 제안은 열린교육공약 프로젝트 1호 공약으로 선정되어 기사화되었다.[10]

3) 조영달 후보

조영달 후보 캠프의 반응은 '무응답'이었다. 교육의 탈정치화라는 조영달 후보 캠프의 핵심 선거 문구로 추측해 보았을 때, 정치 사회적 이슈에 대해 논하는 정담과 같은 프로그램이 기존의 정책 기조와 맞지 않아 연락에 응답하지 않은 것으로 판단된다.

Ⅳ. 결론 및 제언: 제도화의 필요성

본고는 현행 교육과정에서 시행되고 있는 청소년 민주시민교육이 지식전달 위주의 낮은 참여지향성, 그리고 학생들로부터의 낮은 인지도라는 문제점을 확인하였으며 따라서 이를 보완할 수 있는 정책적 대안으로 정담을 제안하였다. 정담은 청소년들이 주체적으로 발언하고 참여할 수 있는 공론장 형식의 민주시민교육 프로그램이다. 즉 해당 프로그램은 청소년들에게

10 보도자료1: 미래한국. 2018. "박선영 서울교육감 후보, '자유민주시민' 교육 나선다." http://www.futurekorea.co.kr/news/articleView.html?idxno=107222.
보도자료2: 중도일보. 2018. "박선영 서울시교육감 후보, '청소년 자유시민으로서 갖춰야 할 덕목' 교육에 나선다." http://www.joongdo.co.kr/main/view.php?key=20180607010002973.

정치적 이슈에 대한 올바른 정보를 전달하고, 자신의 정치적 의견을 어떻게 표현할 수 있는지 그 과정을 경험하는데 목적이 있다. 정담은 지역 대학과 고등학교의 연계를 통해 진행되는데, 대학에 관련 수업을 개설하여 프로그램에 멘토로 참여할 대학생을 모집하고 한 학기 동안 수업을 들은 대학생들이 정담의 멘토로서 활동하게 된다.

다음으로 본고는 정담의 실현 가능성을 확인하기 위해 정담의 운영에 필요한 인적, 제도적 측면을 검토하였다. 우선 설문조사를 통해 정담 운영의 주체인 고등학생들과 대학생들의 참여 의지를 확인하였으며 고등학교 교사, 대학 교수, 시민단체 인사와의 인터뷰를 통해 정담의 운영에 필요한 인적 자원이 충분히 충족될 수 있음을 확인하였다. 다음으로 대학교 내 관련 기관과의 인터뷰를 통해 정담 운영에 필요한 제도적 기반이 대학교와 마을 내에 충분히 마련되어 있음을 확인하였다.

마지막으로 본고는 정담의 민주시민교육으로서의 효과를 확인하기 위해 이화여자대학교 사범대학 부속 이화금란고등학교 방문하여 자원한 학생들을 대상으로 정담을 시범 운영하였다. 1회 운영이라는 한계에도 불구하고 정담에 참여한 고등학생들의 반응은 매우 긍정적이었으며 대다수의 학생들이 해당 프로그램이 공교육 차원에서 진행될 경우 참여를 원한다는 의사를 보였다. 또한 설문조사와 인터뷰를 통해 정담 프로그램 참여 후 학생들의 민주시민역량이 향상되었음을 확인할 수 있었다.

지금까지 본고는 청소년들을 대상으로 한 민주시민교육의 필요성을 역설하고, 이에 대한 새로운 정책 대안으로 지역 대학이 참여하는 청소년 민주시민 공론장, 정담을 제안하였다. 결론적으로 본고에서 제언하고 싶은 것은 정담의 '제도화'이다. 현재 서울시 금천구는 청소년 참여 예산제가 가장 활성화되어 있는 자치구로 지목되고 있다. 금천구는 청소년 참여 예산제를 발전시킨 형태인 청소년 의회를 4년째 성공적으로 운영하고 있으며 주변 자치구에서는 금천구의 모델을 벤치마킹하고 있다. 금천구의 이러한 성공 요인 중 하나는 금천구 내 청소년 민주시민교육활동이 해당 지역구 의원의 정치성향, 또는 시민단체의 노력에 의한 일회적 운영에 그치는 것이 아니라 제도적 기반을 두고 지속적으로 운영되고 있다는 점이다(윤민종, 2016). 즉 정담이 일회성 이벤트로 끝나지 않고 청소년 민주시민역량 강화에 실질적으로 기여하기 위해서는 교육감뿐만 아니라 지역구, 각 학교장을 비롯한 우리나라 교육 당사자들의 민주시민교육에 대한 필요성 인식과 더불어 제도적 기반의 구축이 반드시 필요하다.

우리나라의 교육기본법 제2조는 '교육은 국민으로 하여금 민주시민으로서 필요한 자질을 갖추게 함으로써 민주국가의 발전과 인류공영의 이상을 실현하는데 이바지함을 목적으로 한다'고 밝히고 있다. 즉 민주시민교육은 공교육이 이행하여야 할 가장 중요한 교육 분야이며 민주시민교육의 활성화를 위해 대한민국의 공교육은 개선되어야 한다. 정담과 같은 민주시민교육의 제도화를 통해 기계적이고 일방적이라는 비판만을 받아 왔던 한국의 공교육이 우리 사회의 건강한 민주주의 기반을 구축하는 역할을 다하고 개선되는 날이 오기를 기대해본다.

참고문헌

- 김성수. 2015. "학교 내 민주시민교육 활성화 방안." 『국가전략 연구소』 64–73.
- 박윤경, 이승연. 2015. "초, 중, 고 학생들의 정치, 사회적 이슈 및 이슈 토론 관련 인식 조사: 학교 시민 교육에의 시사점". 『시민교육연구』. 47(2): 53–84.
- 우혜랑. 2018. "고등학교 법과정치 과목의 연구". 44–47.
- 정준용. 2017. "중 · 고등학교 사회 교과서의 정치참여에 대한 내용 분석". 18–20, 27–29.
- 윤민종. 2016. "청소년 참여예산제 실태 및 발전 방안 연구". 『한국 청소년 정책연구원』. 99–107.

“새로운 마을新村에는 새로운 화폐가 필요하다.”

임지예 · 정겨운 · 양정욱

Ⅰ. 서론 및 문제 인식

지역, 공동체, 정체성. 이 세 가지는 '동네'의 개념을 형성하는 데 필요한 요소들이다. 지역이라는 물리적인 개념에 그치지 않고, 어떤 형태로든 자신이 소속감과 애정을 느끼는 공동체 그리고 이러한 지역, 공동체와 자신의 정체성을 연결하고 있는 사람만이 그 지역을 자신의 '동네'로 여기게 된다. 대학생을 비롯한 생활 주민은 평균적으로 4년 또는 그 이상의 기간 동안 자신이 생활하고 있는 지역을 동네로 삼을 기회를 얻는다. 유권자로서의 정치적 권한이 미약한 생활 주민이 지역에 소속될 수 있는 가장 효과적인 방법은 지역 상점을 이용하는 '경제 활동'이다. 경제 활동은 주거 주민과 생활 주민 모두가 공급자 또는 소비자로서 참여할 수 있어 경계가 없기 때문이다.

그러나 서대문구의 경제 공동체는 매우 미비한 수준이다. 대표적으로 공동체적 경제를 지향하는 사회적 경제 기업 수로 비교하자면, 비슷한 인구규모를 가진 마포구의 사회적 기업의 수가 25개에 달하는 것에 비해 서대문구는 그 절반에도 미치지 못하는 11개 기업이 공식 인정 받았다. 이러한 수치적 환산 외에도, 서대문구 내에서 경제 활동이 가장 활발한 신촌 지역은 서울시 내에서 대표적으로 젠트리피케이션(Gentrification) 현상을 겪고 있다. 이는 지역 공동체의 정기적인 구성원들이 되어야 할 상권의 뿌리가 흔들려 공동체적 유대의 상실을 심화시킨다.

이러한 유대의 단절은 소비자와 상권 간의 문제만이 아니다. 지역 내 공동체가 미약하다는 사실은 그에 따른 지역 상권들의 부실한 기반으로도 이어진다. 가게의 규모가 영세할수록 상인들 개개인이 지역 공동의 문제를 해결하기 위해서는 집단적 목소리를 표출할 수 있는 공동체의 존재가 절실하다. 성동구의 경우를 예로 들면 지역 내의 경제적 상생을 통해 성동구의 지속 가능성을 높인다는 목표하에, 2015년 9월 서울시 최초로 젠트리피케이션 방지 구 조례를 시행하였다. 상생 협약으로 인하여 관내 300개 이상의 건물에 대한 임대료를 동결하였으며 이는 지금까지도 협약 건물 확대 및 강제성 방안을 검토하며 진행 중에 있다. 마포구 역시 젠트리피케이션의 저지를 위한 상생 협약을 논의 중이다. 성동구와 마포구의 공통점은 지역의 예술가, 상권 커뮤니티가 활발하다는 점이며 이들이 공통으로 목소리를 낼 때 구청 또는 건물주들이 그 문제의식을 체감할 가능성은 더욱 증대된다. 서대문구의 영세 상인들 또한 임차인 집단으로서, 지역을 상대로 협상력을 가질 수 있는 수준의 조직적인 공동체를 형성한다면 서대문구청 역시 지역 상권의 문제를 더욱 체감할 것이다.

이처럼 지역 공동체의 부재는 생활 주민인 소비자와 지역 상권 간의 단절을 야기하고 지역 상권의 각자도생을 초래하여 공동체로서 협상력을 지니지 못하게 되는 한계를 유발한다. 이러한 문제의 해결을 위해서는 소비자와 상인들 각자의 사익 추구와 맞물림과 동시에 민관이 함께 지역 경제 활동 전체를 포괄하는 공동체를 형성할 수 있는 '수단'이 필요하다. 그리고 경제 활동을 통해 소비자와 상권을 자연스럽게 묶을 수 있는 매개는 경제 활동 내에서 찾아야 한다는 전제하에 고안하게 된 것이 바로 '지역 화폐'였다. 지역 화폐는 지역 내에서만 통용될 수 있는 화폐로서 자본의 외부 유출을 막아 지역 경제의 선순환을 도모하고 사용자 간의 사회적 관계를 증진하는 데 목표를 둔다. 2018년 제7회 전국동시 지방선거에서는 부산 특별시, 충남 천안시 등을 비롯한 다양한 지역구에서 지역 화폐를 공약으로 발표했다. 그러나 지역 화폐마다 모델이 다양하고 그에 따라 추구 목적 및 기능 또한 상이하기 때문에 서대문구 고유의 지역 화폐 안이 구체적으로 필요하다. 따라서 서울시 내 노원구 및 마포구의 사례와 해외에서 성공적인 지역 화폐로 손꼽히는 영국 '브리스톨 파운드'의 사례를 살펴본 후, 각 지역 화폐의 장단점과 서대문구의 특징을 접목한 지역 화폐('신촌 머니', 가칭) 정책안을 제시하고자 한다.

Ⅱ. 기존 지역 화폐 사례 연구

1. 마포구 '모아'

1) '모아'의 특징 및 사용 현황

마포구 지역 화폐 '모아'는 이윤만을 추구하는 자본주의 경제를 넘어 개인과 공동체의 자립과 연대를 목표로 2015년 12월 민간단체 '마포 공동체 경제 네트워크'가 발행을 시작했다. '모아'는 금전적 이윤이 아닌 소비자와 공동체가 경제행위의 주체가 되어 서로에게 이익이 되는 지속 가능한 공동체를 지향한다.

사용자는 법정화폐를 '모아'로 환전할 시에 환전 금액의 10%를 추가해서 지급받거나 실제 구매 상황에서 '모아'를 사용하면 덤을 제공받는 방식의 인센티브를 얻게 된다. 이로 인해 발생하는 비용은 외부 사회적 경제 지원처와 사회적 경제 공모 사업 등을 통해 충당하고 있다. '모아'는 홍보 또한 전적으로 민간 단위에서 이루어진다. 가맹점은 '모아'의 소간판을 게시하며 망원시장 등에서 '모아' 사용 장려 캠페인을 개최하고 있으며 관리처인 '마포공동체 경제네트워크'에서는 '모아'의 가맹점들이 표시된 지도를 제작 및 배포하고 있다. 이외에도 온라인 뉴스레터, SNS, 인터넷 홈페이지를 통해 '모아' 가맹점 소식 및 공지 사항을 전달하고 있으며 '모아' 카카오톡 플러스 친구 서비스를 통해 사용자와의 소통 또한 용이하게 했다. '모아'는 2018년 5월 10일 기준으로 220명의 회원(약 100명의 정기 회원은 월정액으로 환전)과 가맹점 180개소를 보유 중이며 유통 규모는 발행액 265,292,000원, 판매액 252,335,000원, 사용액 21,023,281원 (전체 발행액의 39.1%)으로 추산된다. 민간 주도로 이루어지는 만큼 빠른 확산은 어렵지만, 발행 초기의 작은 규모에 비해 회원 및 가맹점이 꾸준히 증가하고 있는 추세이다.

2) '모아'의 장점

'모아'의 가장 큰 특징이자 장점은 기존의 지역 운동으로 축적된 사회적 자본을 적극 활용하고 있다는 점이다. 윤성일 마포 공동체 경제네트워크 상임대표는 '모아'가 성미산 지키기 운동(2014), 상암동 이랜드 비정규직 투쟁(2007년) 등을 비롯한 마포구 기반의 지역 운동으로부터 비롯된 것이라고 밝혔다. 당시의 지역운동에 동참했던 이들이 계속해서 마포구 내 민간 단체를 소식하여 활동하고 있는 덕분에 '모아'는 '성미산마을 협동조합'을 비롯한 여러 지역 사회 단체들과 긴밀한 네트워크를 형성할 수 있었다.

또한 '모아'는 지역 화폐를 통한 더 큰 사회적 경제 계획을 추진하고자 한다. 대표적인 예시로 최근 설립된 '공동체 은행'의 사례를 들 수 있는데, 이는 '우리가 모은 돈으로, 우리가 만든 제도로, 우리를 위해 사용되는 은행'을 기조로 하여 지역 주민이 공급자인 동시에 수요자로서의 역할을 수행하는 은행이다. 이 기구는 주민들 간 상호부조와 연대의 원리에 따라 작동하며 풀뿌리 지역 금융 체계를 실현한다. '모아' 사용 시 해당 금액의 5%가 '공동체 은행'의 기금으로 축적되는데, '공동체 은행'은 이에 외부 지원 자금을 보태서 2017년 3월 지역 단체 4곳과 개인 6명에게 총 3,000만 원의 돈을 빌려주는 '상호지지 협약'을 체결하였다. '상호지지 협약'은 지역주민들이 수평적인 공동체 구성원으로서 상생한다는 의미를 담고 있다. 협약 과정에서 기존의 대출 용어 대신 '사용(대출)', '사용 수입(이자)', '반환(상환)', '유용하게 쓰지 팀(심사)', '괜찮아요 팀(추심)' 등 수평적 용어를 사용한다는 점에서도 상호부조의 성격이 드러난다. '공동체 은행'의 확대는 '마포 공동체 경제네트워크'의 활동 외에도 2018년 제7회 전국동시 지방선거 마포구청장 후보자로 출마한 윤성일(現 마포 공동체 경제네트워크 상임대표) 후보자의 공약에서도 살펴볼 수 있다. 그는 민간 단체 차원에서 시행하고 있는 '모아'를 마포구 차원에서 공적으로 발행하고 '마포 공동체 은행'을 설립하는 것을 경제 공약으로 내세웠다. 이러한 정치적 의제화는 '모아'를 비롯한 사회적 경제 확장의 지속적 의지를 보여주는 것이라 할 수 있다.

3) '모아'의 단점

기존의 사회적 자본을 활용한다는 것은 '모아'의 큰 장점인 동시에 참여 주체의 측면에서 높은 진입 장벽을 형성하게 되는 단점이기도 하다. 실제로 '모아' 가맹점의 상당수가 기존에도 공정무역, 생활협동 조합 상품 등의 '좋은 소비'를 지향하는 곳이었다. 기존 마포구 지역 사회 단체인 '성미산 마을 협동조합'의 구성원들이 '모아'의 발행처인 '마포 공동체 경제 네트워크'의 회원이라는 점 또한 참여 주체의 확산이 사회적 경제를 뛰어넘어 이루어질 수 있는지에 대한 우려가 있다. 기존에 공정무역이나 사회적 협동조합 경제 활동에 동참하고 있던 가맹점들과 달리 그렇지 않은 상인들에게는 '모아'가 낯설고, 이에 대한 합의가 확산되지 않는 이상 가맹점의 범위가 기존 사회적 경제 공동체를 벗어나지 못하는 결과를 초래한다. 가맹점의 다양성이 확보되지 못하는 것은 결국 지역화폐의 범용성을 저하시켜 지역 화폐의 원활한 순환이 어려운 악순환으로 이어진다. 올바른 소비, 정치적 올바름을 추구하는 기조는 시민사회가 소비자로서 지향할 방향이지만, 이에 대한 지역 사회 전반의 이해, 합의가 이루어지지 않은 상태라면 가맹점, 소비자 모두의 참여를 어렵게 만든다는 단점이 있다.

2. 노원구 '노원'

1) '노원'의 특징 및 사용 현황

다음으로는 노원구의 지역 화폐인 '노원(No-won, NW)'의 사례를 살펴볼 수 있다. 2018년 1월 18일부터 발행된 암호화폐 '노원'은 자원봉사, 기부, 자원 순환과 같은 사회적 가치에 경제적 가치를 부여하여 사회적 가치를 확산시키고자 한다. 더 나아가 지역 화폐를 통해 마을공동체 형성과 지역경제 활성화를 목표로 삼는다. 사용자는 자신의 법정 화폐를 애플리케이션을 통해 환전하거나, 봉사, 기부와 같은 사회적 가치 창출 활동(시간당 700 NW)을 통해 지급받은 '노원'을 가맹점에서 전용 애플리케이션 및 카드를 통해 사용하게 된다. '노원'의 가맹점 사용기준율은 따로 제한되어 있지 않고 가맹점의 자율적 의사에 따라 설정된다. 소비자는 가맹점 별 기준율에 맞춰 자신의 구매액을 지역 화폐로 대체하여 결제할 수 있다.

'노원'의 회원 수는 전용 애플리케이션 사용률에 따르면 2018년 5월 1일 기준 4,974명으로 추산되며 가맹점은 총 230곳이다. 홍보 방안에 대해서 노원구청 행정지원과 '노원' 담당자인 최성수 주무관은 "현재 노원구는 현수막, 리플릿, 전단지 및 지역 소식지 등을 통해 '노원'에 대한 정보를 제공하고 있으며, 전용 홈페이지와 뉴스레터를 통한 온라인 홍보 역시 활발히 이루어지고 있다. 또한 동 별 지역 화폐 길라잡이(홍보인력)를 양성하여 그를 통해 가맹점을 모집하거나 소상공회 등을 대상으로 방문 교육을 실시하는 등의 대면 홍보를 통해 지역주민들에게 '노원'을 알리려고 노력하고 있다."라고 밝혔다.

2018년 5월 1일 기준 '노원'의 총 발행액은 53,662,905원(단위: NW)으로 사용액은 전체 발행액의 39.1%인 21,023,281원이다. 그 중 공공부문의 사용액은 4,285,593원, 민간부문의 사용액은 437,315원이며 16,300,373원은 지역 화폐 '노원'의 회원 개인들 간의 선물하기 기능을 통해 사용되었다.

2) '노원'의 장점

우선 노원의 가장 두드러지는 장점은 전자 화폐라는 점이다. 지류 형태로 발행되었던 기존 타 지역의 지역 화폐와 달리, '노원'은 블록체인 기술을 활용한 암호화폐 형태로 발행된다. 사회적 가치의 추구라는 '노원'의 목표에 맞춰, 온라인에 입력된 지역주민의 자원봉사 및 기부 명세가 블록체인 네트워크와 자체 검정센터의 상호 검증을 거치면 거래 장부가 형성된다. 각 개인들은 이를 통해 지급된 '노원'을 가맹점에서 자유롭게 사용할 수 있게 된다. 암호화 화폐 시스템을 구축함으로써 '노원'은 발행 및 사용에 대한 정확한 데이터 합산을 용이하게 했으며 지폐 발행 비용을 절감하였다. 더불어 사용자들의 편의와 보안성, 신뢰성 또한 확보할 수 있었다. 다음으로 '노원'에서 주목할 점은 사회적 가치를 경제적 가치를 전환하는 것을 목표로 삼은 점이다. 지역 주민의 봉사활동은 시간당 700 NW의 가치를 지니며, 지역 사회에 기부할 시에는 기부금액의 10%가 다시 '노원'으로 기부자에게 지급된다. 이렇게 사회적 활동을 통해 지급된 '노원'은 다시 지역 내에서 유통되며 지역경제의 선순환을 도모한다. 노원구 지역 화폐 '노원'의 사회적 가치에 대한 지향성은 지역구의 성격을 반영한다. 노원구의 자원봉사 참여율은 23.12%로 전국 평균보다 약 5% 높은 수준이다. 또한 2018년 노원구 전체 세출 예산 중 60%를 '사회복지 분야'에 할당할 정도로 노인, 여성, 장애인을 비롯한 사회적 약자 계층에 대한 지원이 활발하다. 즉, '노원'의 사회적 가치 지향성은 그 목표가 기존 지역구의 성향을 반영하고 있음을 나타낸다고 볼 수 있다.

3) '노원'의 단점

2018년 1월 '노원' 도입 이후 아직 시행 초기 단계임을 고려하더라도 아쉬운 점이 몇 가지 있다. 먼저 '노원'이 관청 주도로 이루어지는 사업이긴 하나 민간 차원의 확산이 현저히 저조한 실정이다. 현재 '노원' 가맹점 5곳 중 1곳은 기존에 구청 산하의 공공시설이거나 복지시설이었다. 민간 부문의 품목 역시 부동산, 학원, 미용실 등 서비스 중심의 가맹점이 상당수이다. 두 번째, 구매 금액의 전액을 '노원'으로 지급할 수 없다. 구매 금액 내에서 가맹점이 자율적으로 사용 기준율을 지정하지만, 대부분의 가맹점들이 구매 금액의 20% 이하만을 '노원'으로 받고 있다. 그 중에서도 민간 가맹점들의 사용 기준율은 5-10%에 머무는 수준이다. 이렇게 낮게 설정된 사용 기준율은 가맹점의 부담은 줄여주지만 소비자의 입장에서는 '노원'으로 결제한 후 다시 법정화폐로 차액을 계산해야 하는 번거로움이 발생한다. 이러한 불편함은 소비자들이 굳이 법정화폐를 '노원'으로 환전해야 할 필요성을 느끼지 못하도록 만든다. 비슷한 맥락에서 '노원'의 공공부문 사용액이 4,285,593원인 것에 비해 민간 부문의 사용액은 437,315원에 그치고 있는 상황 또한 '노원'이 일반 소비자들에게 그리 매력적으로 다가가지 못하고 있음을 보여준다고 할 수 있다.

3. 영국 브리스톨, '브리스톨 파운드(BP)'

1) '브리스톨 파운드(BP)' 특징 및 사용현황

지난 2008년 금융 위기에 대한 문제의식으로부터 비롯한 영국의 '브리스톨 파운드'(Bristol Pound, BP)는 안정적인 지역 경제를 형성하기 위해 지역 자본의 외부 유출을 막는 것을 목표로 한다. 2012년부터 도입된 '브리스톨 파운드'는 주민들이 설립한 공동체 이익 회사(CIC)에서 시작한 이후 브리스톨 시 사무국의 재정적 지원을 받고 있다. 또한 '브리스톨 파운드'로 사업 소득세, 주민세 납부가 가능하다는 점과 죠지 퍼거슨(George Ferguson) 시장의 급여 전액을 지급하고 있다는 점은 관청과의 협력과 지원이 성공적으로 이루어지고 있음을 보여준다.

'브리스톨 파운드'의 사용자는 1:1의 교환 비율로 법정화폐를 '브리스톨 파운드'로 환전하여 사용하게 된다. 공급자인 가맹점은 받은 지역 화폐를 지역에서 그대로 쓰거나 지역 화폐 금액에 3%의 할인율을 적용시켜 법정화폐로 태환할 수 있다. 이는 '브리스톨 파운드'의 공급 사슬을 유지한다. '브리스톨 파운드'의 가장 큰 홍보전략은 편리한 결제 수단이다. 앞선 두 사례가 각각 지류화폐, 암호화폐였던 것과 달리, '브리스톨 파운드'는 두 가지 특징을 모두 지닌 화폐다. 이용자는 지역화폐 거래 시 4가지 종류의 지류 화폐뿐만 아니라 문자를 통해 거래되는 전자화폐인 Text2pay 또는 '브리스톨 파운드' 전용 애플리케이션을 이용할 수 있다. '브리스톨 파운드'의 관리자들은 동영상, SNS 또는 뉴스레터를 통해 사용 방법이나 사업 현황, 가맹점 소식 등의 정보를 공유하며 사용자들과 활발히 소통하고 있다.

유럽에서 가장 성공적인 지역 화폐로 손꼽히는 '브리스톨 파운드'는 2012년 발행 이후 지난 7년간 약 5,000,000£(한화 약 71억 원)에 이르는 거래를 달성하였다. 가맹점은 2018년 5월 기준 665개소를 보유하고 있으며, 온라인 거래 수단 확장 이후 주당 200회 이상의 거래가 이루어지고 있다. 최근에는 지류 화폐 또한 1가지 종류가 추가되어 총 5가지가 되었다. 온라인 결제 수단 도입 이후 초기 도입 단계에 비해 성장률이 급격하게 상승하고 있는 추세이며, 앞으로 더욱 다양한 가맹점이 확보된다면 모든 지역에 걸친 안정적인 보급화가 이루어질 수 있을 것으로 기대된다.

2) '브리스톨 파운드'의 장점

첫 번째로 '브리스톨 파운드'의 가장 큰 장점은 민관 협업과 더불어 민간 내의 협업 역시 원활하다는 점이다. 이는 '브리스톨 파운드'의 전자화폐 시스템 제작 당시 지역 신협(Bristol Credit-Union)이 전자 시스템 운영을 담당했다는 점과 지역 자선 단체들이 재정적 지원을 제공했다는 점 등에서 확연히 드러난다. 이외에도 '브리스톨 파운드'는 브리스톨시 내의 1천 개 이상의 사회적 기업, 사회적 경제 조직들과 함께 지역 경제의 허브(hub) 역할을 하고 있다. 두 번째는 지역 화폐를 통해 얻고자 하는 경제적 목표에 대한 합의가 뚜렷하다는 점이다. 지역 화폐를 실패로 이끄는 가장 큰 요소 중 하나는 지역 화폐의 목표에 관한 인식의 부재이다. 이러한 차원에서 '지역 경제 내 자본의 선순환이 다시 지역 주민인 우리에게 돌아온다.'라는 '브리스톨 파운드'의 목표는 매우 간단하지만 중요한 스토리텔링 요소로서 작동한다. 마지막으로 지역 친화적 성격이다. 최근 진행한 지류 화폐 디자인은 주민들이 직접 참여한 그림 공모전으로 제작되었다. 이 외에도 기존의 화폐에는 지역 활동가 얼굴들이 새겨져 있어서 사용자들에게 브리스톨 시의 존재를 끊임없이 인지하도록 만든다. 이 외에도 다양한 SNS 활동을 통해, 사업 내용을 즉각적으로 공유하여 '브리스톨 파운드'가 언제나 주민들에게 열린 문임을 강조한다. 이러한 지역 친화성은 사용자들에게 지역 주민으로서의 정체성을 부여하고 그들의 경제 행위가 지역 경제에 환원되는 보람찬 행위로 느껴지도록 만든다.

3) '브리스톨 파운드'의 단점

다른 지역 화폐들보다 가장 성공적인 화폐 임에도 불구하고 '브리스톨 파운드' 역시 아쉬운 점이 있다. 첫 번째로 가맹점 수(2018년 5월 665개소)가 다른 지역 화폐보다 절대적 수치로 많은 편이지만, 화폐 도입 7년 차 임을 고려한다면 부족하다고 여겨진다. 이는 지역화폐의 본질적 한계일 수도 있고, 또는 법정화폐에서 지역화폐로 가맹점에서 교환할 때 태환율에 할인이 적용되는 것에 여전히 가맹점들의 부담이 있다는 것으로 해석된다. 두 번째, 브리스톨 인구가 약 30만 명 임을 고려한다면 인근 지역으로의 확장이 이루어지지 않아 지리적 한계성은 여전히 존재한다. 한 지역으로 한정 짓는 것이 화폐 관리에 용이하지만, 사용자 입장에서 브리스톨 시를 비롯한 주변 생활권과의 연계는 범용성 확대에 효과적이다. 마지막으로 지류화폐와 온라인 화폐를 겸용함으로써 이중 비용을 발생시킨다. 앞서 언급한 올해 발행된 화폐 역시 지류 화폐로, '브리스톨 파운드'는 당분간 지류화폐를 소멸시키지 않을 예정이다. 그러나 이는 지류 화폐의 발행 비용과 전자화폐 시스템 관리 비용을 양쪽에서 발생시키는 형태다. 경제적 비효율성에도 불구하고, '브리스톨 파운드'가 전자화폐로 전면 교체되지 않는 이유는 2가지로 추측된다. 우선 전 계층의 스마트폰 보급률이 100%에 수렴하지 않는다. 이는 경제적 약자 또는 스마트폰에 능숙하지 못한 고령인구의 소외를 가져올 수 있다. 다음은 전자화폐 시스 상 오류는 완벽하게 차단할 수 없기 때문이다. '브리스톨 파운드' 공동체 이익 회사(CIC) 역시 이와 같은 불안정한 시스템의 문제점을 인지하고 최대한 보완하고자 하지만, 시스템 오류를 완벽히 차단하는 것은 현재 기술로서 불가능하다. 그렇기 때문에 현재 시스템 하의 전면 암호화폐 교체는 시스템 오류 시 모든 거래를 마비시킬 것이다. 그러나 장기적인 관점에서 전자 화폐 시스템을 안정화하여 지류화폐를 점차 줄여 나가는 것이, 소비자의 편리성과 관리 및 발행 비용 절감의 측면 모두에서 바람직할 것이다.

Ⅲ. 어떤 정책 대안이 있는가?

1. 새로운 마을(新村)의 새로운 화폐, '신촌 머니'

서대문구의 지역 화폐 '신촌 머니'를 구상하는 과정에서의 목표는 지역 경제 활동을 화폐 애플리케이션으로 묶어, 유동인구를 비롯한 모든 생활인구의 접근성을 증대시킨 지역 공동체를 형성하는 것이었다. 이는 서울시 통계자료에 따르면 약 13만 명의 유동인구를 지닌 서대문구의 지역 특성을 고려한 것이다. 이는 기존에 사회적 가치 또는 지역에 관심 있는 주민들만이 지역 화폐에 참여하던 '모아'의 문제점을 보완하고자 하였다. 앞서 살펴본 세 가지 지역 화폐의 장 · 단점과 비교하여 '신촌 머니'의 특징을 살펴보면 다음과 같다.

우선 사회적 기반이 부실한 서대문구에서 '브리스톨 파운드'와 같은 민관 협업체계를 갖추기 위해서는 도입 초기 단계에서의 관청 주도가 필수적으로 요구된다. 처음부터 민간 주도로 시행하게 될 시, 활성화 단계부터 어려움을 겪을 수 있으므로 초기에는 관청 발주의 협동조합으로 진행하되

차후 신용 협동조합으로서 독립할 수 있는 기반을 마련해야 한다. 또한 '노원'과 같이 블록체인 기술을 결합한 암호화폐의 모델을 차용했다. 이를 통해 발행 및 운영비용의 절감과 사용자의 편의 증대 및 다른 기능의 첨부가 용이해진다. 마지막으로, 참여 주체가 기존 사회적 활동 인원들에 한정되어 확장에 어려움을 겪고 있는 '모아'와 달리, '신촌 머니'는 소비자 지향 모델로서 소셜커머스 기능을 추가하였다. 이는 상대적으로 젊은 소비인구가 왕성한 활동을 하고 있는 서대문구의 특성을 기반으로 하여, 애플리케이션으로 모든 소비자 지역 상권과의 교류의 접근성을 높이도록 고안되었다. 이는 소비자 뿐만 아니라, 서대문구 지역 상권의 홍보 효과 차원을 기대하여 가맹점 확보의 유도 수단이 되기도 한다.

2. '신촌 머니', 애플리케이션 가상 모델

다음은 '노원' 애플리케이션을 참고하여 제작한 '신촌 머니' 애플리케이션의 가상 모델이다. 애플리케이션을 통해 소비자들은 자신의 법정화폐를 지역 화폐로 전환하고, 애플리케이션 내에서 각자 부여 받은 QR코드를 활용해 현장에서 QR코드 제시함으로써 지역 화폐를 사용하게 된다. 지역 화폐의 사용 내역은 애플리케이션 거래내역란에 저장되어 소비 내역을 한눈에 파악할 수 있다. 또한 이 데이터는 관청이 추가적 상품, 서비스 개발에 필요한 데이터를 집계하는데 활용할 자료가 된다. 그 뿐만 아니라 사용자는 애플리케이션 내의 공지사항란에서 지역 화폐 및 구청, 가맹점 소식을 쉽게 접할 수 있다.

다음은 가맹점란을 통해 사용자들이 지역 화폐를 사용하고자 할 때, 위치기반서비스를 통해 사용자 주변의 가맹점 위치를 파악하도록 한다. 이외에도 집계 상으로 지역에 따른 가맹점 분포를 확인할 수 있도록 해준다. 이 때 사용자는 가맹점란에서 찾은 가맹점의 전화번호와 영업시간, 메뉴

〈그림 1〉 '신촌 머니' 애플리케이션 예시

(사진 출처: 에올라타, 위샐러듀, 징기라벨 인스타그램)

등 간단한 정보와 다른 이용자들의 리뷰를 열람할 수 있다.

가맹점은 애플리케이션 내의 상권 공론장 메뉴를 통해 의견을 교류하고 지역 상권 공동체를 형성에 참여하게 된다. 이는 개별화 된 지역 상권을 지역 화폐라는 공통된 의제를 통해 한곳으로 모으고, 이 안에서 상권 간의 교류와 지역 화폐 담당자인 구청에 대한 의견 개진 및 상호 교류를 통해 지역 공동체 회복의 장으로 작용한다.

3. '신촌 머니', 소셜커머스

'신촌 머니'의 가장 큰 특징 중 하나는 소셜커머스를 도입한 지역 화폐라는 것이다. 소셜커머스 기능은 서대문구의 지역 상권의 다양한 상권들이 소비자와 더욱 친숙한 관계를 맺을 수 있도록 돕고, 지역 상권들 간의 종합 커뮤니티 형성을 돕는다.

〈그림 2〉 '신촌 머니' 애플리케이션 예시

(사진 출처: 에올라타, 위샐러듀, 징기라벨 인스타그램)

운영 방법은 판매자가 제안한 일정한 참여 인원수를 달성하면, 도매가로 할인 혜택을 제공하는 크라우드 펀딩을 접목한 공동구매형 소셜커머스 모델이다. 이 구매의 가장 큰 특징은 일정 참여 인원수에 도달하지 못했다면, 딜은 무산되어 상권의 리스크를 덜어준다는 점이다. 다시 말해, 가맹점이 소비자의 유입이 보장되지 않은 상태에서 할인, 사은품 제공을 하는 것에 대한 부담을 없애고, 가맹점들이 할인 제공 정도를 애플리케이션을 통해 자율적으로 제시하도록 구상하였다.

소셜커머스의 품목은 재화와 서비스로 구분되는데 그 중 할인 및 사은 혜택을 제공했을 때 가맹점의 이윤에 큰 피해를 주지 않는 재화의 경우 단독으로 딜(deal)을 진행하게 된다. 그렇지 않은 재화 또는 서비스의 경우 소셜커머스에서 기프티콘과 같이 해당 가맹점의 메뉴 이용권을 구매하는 형식으로 소비가 이루어진다.

소비자들이 애플리케이션 내 소셜커머스 페이지에서 자신에게 필요한 물품과 저렴한 가격의 재화를 발견한다면 구매에 동참하게 된다. 이때 지정한 참여 인원수 미달로 딜이 취소되는 것을 막기 위해 소비자들은 주변 지인과 다양한 SNS를 통해 자발적으로 지역 가맹점 및 상품을 홍보하는 주체로서 역할을 수행한다. 이처럼 소셜커머스를 통해 홍보에 참여한 소비자들은 지역 상권과 더욱 긴밀한 유대감을 형성한다. 또한 가맹점들은 단순히 상품을 홍보하는데 그치지 않고, 애플리케이션 정보란에 상권의 블로그, 지역 웹진에 실린 가게의 이야기 또는 상품 제작 배경을 추가로 개시할 수 있다. 이는 스토리텔링으로 투자자와 유대감을 조성하는 크라우드 펀딩과 마찬가지로 차별화된 홍보 효과를 얻을 수 있다. 지역 화폐 소셜커머스를 통한 이러한 상호작용은 지역 상권 자체를 활성화할 수 있을 뿐만 아니라 소비자와 가맹점이 주도적으로 참여하는 지역상권 체계를 형성하게 된다.

Ⅳ. 정책은 실현 가능한가?

지금까지 기존 지역 화폐의 사례와 그를 통해 구상한 소셜커머스형 '신촌 머니' 정책안을 살펴보았다. 그러나 '신촌 머니'의 구상안이 어디까지나 가상 모델이라는 점에서 전문성 및 현실성 차원의 보완이 필요했다. 따라서 실제 해당 분야와 관련된 전문가와 수요자, 공급자의 의견을 들어보았다.

1. 전문가의 의견

우선 전문가의 의견을 듣기 위해 서대문구 '사회적 경제 마을 센터' 강선규 소장과의 면담을 진행했다. 최근 지역 화폐 도입안이 사회적 경제 정책안으로 주목 받고 있는 추세에 따라 강 센터장 역시 지역 화폐에 대한 흥미를 가지고 있었다. 강 센터장은 '모아'를 비롯한 마포구의 활발한 사회적 경제 활동에 대하여 "마포구는 서울시 25개 자치구 중에서도 민간단체와 마을공동체가 가장 활발하게 활동하고 있는 곳이다."라고 칭찬하였다. 반면 "서대문구는 지역기반 민간단체들이 시민단체, 사회적 경제 단체 모두 아직 뿌리가 깊지 못한 상황이다."라고 밝히며 지역 공동체 형성의 필요성을 강조했다. 지역 화폐 전반에 대해서는 "지역 화폐가 실효성 있게 사용되기 위해서는 가치 지향적 소비를 추구하는 소비자들의 저변이 확보되고 지역 중심 소비자 서비스를 제공하는 사회적 경제 기업이나 의식 있는 업체들이 어느 정도 규모로 밀집되어 있어야 한다. 이에 협동조합 협의회나 사회적 경제 네트워크, 주민자치회 등이 당사자로서 함께 관여하는 것이 효율적일 것이다."라며 서대문구의 현실에 입각한 조언을 남겼다.

실제 관련 업무를 수행 중인 전문가의 의견을 듣기 위해서 노원구 지역 화폐 '노원'의 담당자인 노원구청 행정지원과 최성수 주무관과와의 인터뷰도 진행하였다. 최 주무관은 특히 소셜커머스 모델의 실현 가능성에 대해서 "현재 '노원' 시스템에의 적용은 민간 가맹점보다는 '품/물품거래(주민 중고 벼룩시장)' 거래에 적합할 것으로 보인다."라는 의견을 밝혔다. 또한 지역 화폐 연계 소셜커머스를 민간 차원으로 확대 시행하는 것에 관해서는 플랫폼 마련 비용 및 가맹점의 참여 의사를 더 고려해보아야 한다는 현실적인 답변을 제시하였다.

2. 소비자의 의견

지역 화폐에 대한 수요자의 반응을 살펴보기 위해 일반인 100명을 대상으로 설문조사를 시행하였다. 설문조사는 구글독스를 이용하여 온라인으로 진행되었으며, 기존 소셜커머스 이용 경험과 '신촌 머니' 애플리케이션, 지역화폐 연계 소셜커머스 사용 선호 등에 관한 총 4가지 질문으로 구성하였다. 설문 조사 결과 '실제 현장 구매액보다 애플리케이션을 통한 지역 화폐 구매가가 더 저렴하다면 이용할 의향이 있는가?'라는 질문에 대한 긍정적인 답변은 전체의 93%를 차지하였다. '어떤 품목을 가장 선호하는가?'라는 질문에 대한 응답은 다음과 같다.

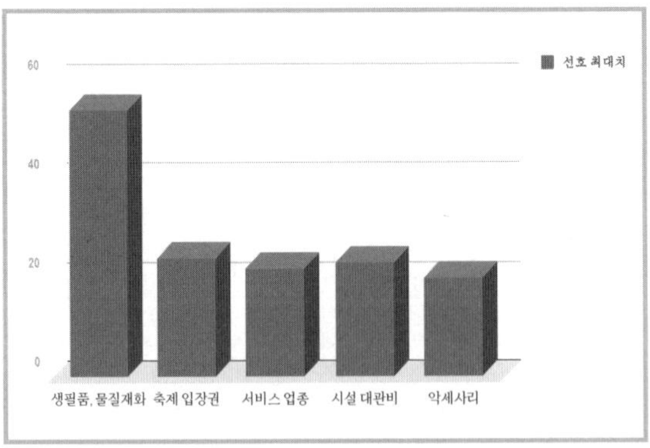

〈그림 3〉 선호도 조합 시 각 항목별 최대 수치

먼저 54%의 가장 높은 응답률은 기록한 품목은 식사 메뉴권 및 생수를 비롯한 생필품이었다. 다음으로는 축제 입장권이 24%, 서비스 업종(미용실, 당구장, 피시방 등)이 22%로 그 뒤를 이었으며 스터디 룸 및 술집 대관은 23%, 악세사리는 20%로 각각 4위와 5위를 차지 하였다. 선호도가 가장 높은 생필품을 제외했을 때 나머지 품목에 관한 선호도의 편차가 크지 않은 것으로 보아 소셜커머스 도입 품목의 다양성 확보가 소비자의 유입에 중요한 요소가 될 것으로 예상된다.

3. 공급자의 의견

마지막으로 공급자의 관점에서 서대문구 가좌동에 위치한 '서대문구 사회적 경제 마을센터' 입주 상권과 신촌 지역 상권을 대상으로 설문조사 및 인터뷰를 시행하였다. 먼저 가좌 지역은 애플리케이션을 통한 홍보 효과에 대해 전반적으로 긍정적인 반응을 보였다. 베이커리 샵 '삐삐롱스'의 사장님은 지역 화폐 도입을 통한 지역공동체 활동 참여에 호의적인 반응을 보이며, 인센티브 지급방식에 대해서는 판매 물품을 고려할 필요가 있다며 원가 및 수수료(택배비 등) 부담의 문제로 가격 할인보다는 사은품 증정 방식으로 소셜커머스가 시행되는 편이 가맹점의 참여를 유도하는데 훨씬 효과적일 것이라는 의견을 제시하였다. 애견용품 가게 '로렌츠' 사장님 또한 지역 화폐를 통한 지역 공동체 형성에는 긍정적인 태도를 보였으나 외부 공장에서 물건을 가져오는 사업 모델의 경우 가격 할인 혜택 제공은 어려우며, 가게만의 특별한 콘텐츠를 담은 홍보나 바자회를 통한 오프라인 상의 홍보가 이루어지면 좋겠다는 의견을 제시했다. 이처럼 사업 품목이나 가게 사정에 따라 가격 할인 혜택의 가능성에 대한 의견은 반응이 조금씩 상이했지만, 전반적으로 가좌 지역 상권은 지역 화폐 애플리케이션에 대해 긍정적인 반응을 보였다.

가좌 지역과 달리 신촌 지역의 상권에서는 지역 화폐 애플리케이션을 통한 홍보에 대한 기대가 크지 않았다. 이는 신촌 지역 상권의 해체가 홍보의 부족으로부터 기인한 문제가 아니었기 때문인데, 카페 '콩'의 사장님의 말에 따르면 그 원인을 크게 3가지로 나눌 수 있다. 첫 번째는 지역 상권 매출의 가장 큰 비중을 차지하는 고객층이었던 연세대학교 1학년 학생들이 송도 캠퍼스에서 생활하게 되었다는 것이고 두 번째는 연세로 '차 없는 거리' 정책의 시행으로 승용차 이용객들의 이용이 감소했다는 것이었다. 사장님이 신촌 지역 상권 몰락의 가장 주된 원인으로 꼽은 것은 건물 임대료의 상승이었는데, "건물 임대료가 지속적으로 상승하는 한 홍보를 통해 매장의 매출이 오르더라도 그 이윤은 상권들이 아닌 건물주에게 돌아가게 되는 상황 속에서 영세 상인으로서 매출이 오르는 게 무섭기까지 하다."라며 씁쓸함을 내비쳤다. 그러나 지역 화폐를 중심으로 지역 상권 간 네트워크가 형성된다면 임대료 상승 등의 공동의 문제에 대해 집단적 협상력을 가질 수 있을 것이라 기대한다. 공동체의 형성이 젠트리피케이션에 대한 무조건적인 해결책은 아니지만, 적어도 필요 조건으로서 그 효과를 예상하는 바다.

Ⅴ. 실현하기 위해 필요한 자원은 무엇인가?

지역 화폐 '신촌 머니'가 탄생하여 제 역할을 하기 위해서는 지방 자치단체의 초기 투자 비용과 같은 물질적 비용, 참여자들의 지속적 관심과 신뢰, 공동체적 경험에서 나오는 사회적 자본과 같은 비물질적 비용이 요구된다.

우선 물질적 비용부터 본다면, 가상 화폐 애플리케이션 개발 비용 및 시스템 마련(2017년, 2018년 노원지역 화폐 (NW) 애플리케이션 개발 예산 및 시스템 정교화 연구비용 총합 '7천 4백만 원'), 관청의 홍보 운영 비용(2018년 운영 및 홍보 예상비용 1천 8백만 원 – 행사 운영비 및 기타 비용 총괄) 등이 기본 예상으로 배정된다. 추가로 소셜커머스 제도 도입 후 서비스 업체 또는 위탁 업체에 지급할 운영비(초기 투자 비용 약 300만 원, 월 100만 원 정도의 운영비 – 위탁업체 '플레이오토', '엔포 소셜커머스 솔루션' 기준)가 필요할 것으로 예상한다. 이러한 예산 배당은 서대문구 2018년 전체 예산 4772억 원에 높은 비중으로 주민 참여 예산이 배성되었음을 고려할 때, 주민 경세 활동을 윤활 시키는 정책으로서 충분히 청구 가능한 수준이다.

비물질적 비용으로는, 각기 계층의 이해 관계자가 모인 공론장, 민관이 충분히 대화를 나눌 수 있는 시간 그리고 사회적 자본으로써 구성원 간의 상호 신뢰가 요구된다. '노원(NW)' 사례로 살펴본다면, 2016년 9월 김성환 구청장이 지역 화폐를 예고하고 그사이 민관이 함께 의견을 나누는 여러 번의 공청회 끝에, 2017년 6월부터 일부 공기관 및 자원봉사 단체부터 시범 운영을 진행하였다. 최종적으로 2018년 2월 가맹점 90곳으로 전면 확대(가맹점 2018년 5월 1일 기준 230곳)함으로써, 노원구는 약 2년에 걸쳐 지역 화폐 도입을 매우 점진적으로 추진해왔다. 노원구 사례에서 볼 수 있듯이, 일반 지역 화폐보다 애플리케이션을 이용한 전자화폐일수록 민관 모두의 시범적 적응 기간은 필요하다. 더불어 관청이 정책을 이행함에 앞서, 그리고 진행 중에도 각기 계층의 시민들이 의견을 개진하도록 여러 차례의 공론장을 반드시 마련해야 할 것이다.

비물질적 비용에 있어 가장 부족하다 여겨지는 것은 바로 미약한 서대문구의 사회적 자본이다. 마포구의 경우, 성미산 지키기 운동(2014)을 비롯해 상암동 이랜드 비정규직 투쟁(2007년), 홍익대 앞 두리반 싸움(2009년), 합정동 홈플러스 입점 저지 운동(2012년) 등 굵직한 지역 연대투쟁이 있었다. 윤성일 '마포 공동체 경제 네트워크' 상임대표는 이런 지역 운동의 물줄기가 '모아'로 모아진 것이라고 밝혔다. 이러한 지역 운동의 뿌리는 '마포

공동체 경제 네트워크'를 비롯한 많은 민간 주도의 공동체를 탄생시켰다. 사회적 자본이 풍부한 마포구와 비교해, 서대문구는 확연히 민간 주도의 사회적 자본이 부족하다. 그러나 좌절할 것은 아니다. 마중물로서 서대문구청이 마련하는 공론장 형성, 예를 들면 '도시재생 아카데미', '도시재생 주민공모사업' 등이 간접적으로 사회적 자본의 형성에 도움을 준다. 이 외에도 사회적 경제 마을 센터 설립, 주민 협의회 활성화 등 최근 몇 년간 진행되고 있는 청년 및 주민과의 관계 형성, 소통 지향의 정책은 서대문구만의 사회적 자본을 형성할 수 있을 것이라 기대된다.

Ⅵ. 정책 결정자는 제안된 정책에 어떻게 반응하는가?

본 정책안의 정책 결정자는 서대문구청장과 정책 시행 이후의 구 조례 제정을 진행할 서대문구의회 의원이다. 서대문구 지역 화폐 안을 문석진 서대문구청장(당시 후보자)에게 직접 제안하고자 했으나 선거 준비 기간의 촉박한 일정으로 인하여 접촉이 어려웠다. 또한 지역 화폐가 서대문구에서 기존에 논의된 바 없는 새로운 정책안인 만큼 후보자들이 선거 기간 내에 안정적으로 구체화된 공약을 내세우기는 어려울 것으로 판단하였다. 따라서 지방 선거 공약보다는 주민 정책 발의 공모 사업 등을 통해 충분한 논의를 거친 후 시행될 수 있도록 하는 것이 바람직할 것이라는 결론에 도달하였다. 현재 문석진 구청장 당선 이후 서대문구청에 '지역 경제 커뮤니티' 조성에 대해 건의한 상태다.

그러나 서대문구에 지역 화폐가 도입될 날이 그리 멀지 않았다. 2018년 4월, 박원순 서울시장은 한겨레 신문사와의 인터뷰에서 서울시 지역 화폐 '서울페이(Seoul Pay)'를 구상 중이라는 계획을 밝혔다. 인터뷰에서 그는 2017년 11월 서울시 차원에서 삼성 SDS에 '서울시 블록체인 기반 시정 혁신을 위한 정보화 전략 계획 수립 사업'을 맡겼다고 밝혔다. '서울페이'는 대중교통 시스템 요금 체계를 비롯해 에너지 절약에 대한 보상으로서 경제적 혜택을 제공하는 '에코마일리지', 청년들의 구직 활동을 지원하는 '청년수당', 서울시 발주 사업의 대금을 지급하는 '대금e바로 시스템' 및 공무원 복지 등 서울시의 다양한 정책에 도입할 수 있도록 구상 중에 있다. '카드 수수료 없는 간편한 암호화폐'와 소비자 인센티브로 할인을 제공하는 장점을 통해 공공 부문 뿐만 아니라 민간 부문의 확산에도 주목하고 있는 '서울페이'는 서울시 조례 마련 등 제도적 · 법적 정비 후, 빠르면 2018년 하반기부터 광역 자치 단체의 지휘하에 서대문구를 비롯한 25개 자치구에서 실행될 예정이다.

서대문구에 서울시 차원의 지역 화폐가 도입되면 본 정책안의 핵심 과제였던 화폐의 범용성 확보 측면에서도 훨씬 수월하게 확보될 수 있을 것이다. 그러나 '서울페이'가 공동체 형성이 아닌 지류 화폐 발행 비용 및 개인 영세 상권의 카드 수수료 부담 절감에 목표를 둔다는 점에서 본 안에서 제시한 '신촌머니'와는 본질적인 차이가 있다. 한편 서울시 차원에서는 '서울페이'를 보다 광범위한 경제적 목표 달성을 위해 고려해야 하지만, 시민과 가장 맞닿은 지방 정부로서 서대문구는 '서울페이'가 시민들과 어떻게 교류해야 할 지 고민해야 한다. 이러한 노력은 전적으로 기초 지방 자치 단체의 의지에 달려 있다. 민선 7기의 4년이 '서울페이'와 그를 활용한 서대문구 공동체의 자리매김을 고민하는 시간이 되기를 기대한다.

논문

- 이창우. 2013. “지역 화폐를 활용한 서울시 마을공동체 강화 방안”. 『서울연구원』. PR-65.

기사

- 유신재. 2018. “박원순 시장 “서울시 암호화폐 S코인 만들겠다.””. 『한겨레』. (3월 30일).
- 신선영, 김영화(한국정보화진흥원). 2018. “지역경제, 공유경제로 풀다”. 『Hot issue report』 1호.
- 문진수. 2014. “이 돈으로 세금을? 살짝 미쳤다고들 했죠”. 『오마이뉴스』(7월 7일).
- 정재훈. 2018. “글로스퍼, 블록체인 기반 지역 화폐 ‘노원’ 소개”. 『뉴스웨이』(5월 25일).
- Shane Hickey. 2015. “The innovators: the Bristol pound is giving sterling a run for its money.” 『The Guardian』(3월 15일).
- 이화영. 2018. “‘지역 화폐’ 뜨니 지역도 뜨네”. 『머니투데이』(3월 10일).
- 박태정. 2011. “마을공동체 복원사업의 표본 ‘성미산 마을’”(11월 18일).
- 강성만. 2016. “10년 뒤 마포는 ‘한국의 몬드라곤’ 될 겁니다”(6월 23일).

기타

- 고성훈. 2015. 〈화폐를 점령하라 세미나 2주차. 99%를 위한 화폐 시스템: 대안 제시하기〉.
- 마포공동체경제 네트워크. 2017. 〈우리를 위한 은행은 있다〉.
- 서울혁신파크. 2016. 〈단단한 공동체로 든든한 대안경제 만들기〉.
- 라이프 인사이드. 2013. 〈삭막한 도심 속 성미산 마을 공동체, 어떤 곳일까요?〉.
- 새로운 사회를 여는 연구원. 2014. 〈지역 화폐의 유형과 특징〉.

서대문구 에너지 독립! 영천시장

이영찬 · 이성훈 · 유현우

Ⅰ. 서론

1996년 국내 유통시장이 개방된 이후로, 전통시장은 점점 활기를 잃어가고 있다. 1996년 이후로 막대한 자본력을 가진 국내 및 해외 유통업체들이 국내시장에 자유롭게 참여하면서 손님들은 훨씬 더 편리한 대형마트를 찾기 시작했다. 이에 더해 도심으로의 인구집중과 교통의 편리화는 재래시장의 침체를 더욱 가속화하는 원인이 되었다.

따라서 2000년대 중반 시장 현대화 사업을 시작으로 정부와 각 지자체에서는 여러 전통시장 활성화 정책을 시도해왔다. 그 중 2014년에 출범한 '소상공인시장진흥공단'은 전통시장 활성화를 위해 '특성화 시장 육성', '청년상인 육성' 등 다양한 지원사업을 실행하고 있다. 소상공인시장진흥공단의 전통시장 활성화 정책에는 2017년에는 3,462억 원이, 2018년에는 전년보다 128억 원이 증가한 3,591억 원이 예산으로 책정되었다.[1] 이는 소상공인시장진흥공단이 시행하고 있는 여러 사업 중에서도 많은 예산을 투자하고 있는 사업이다.

그러나 이러한 정부의 많은 예산에도 불구하고 전통시장은 쉽게 예전의 활발한 모습을 찾지 못하고 있다. 많은 활성화 정책이 별 효과 없는 보여주기 식의 시도로 그치는 경우도 비일비재하다.[2] 시장 내 청년몰 육성 사업의 성공 사례가 거의 없는 현실에서 볼 수 있듯이 지원이 중단되면 더 이상의 효과를 발휘하지 못하는 정책 역시 많다. 3000억 원이 넘는 예산을 투자함에도 별 효과가 없는, 현재의 전통시장 활성화 정책은 Input 대비

1 대한민국 중소벤처기업부. 2017. "중소벤처기업부 2018년 분야별 예산." https://www.facebook.com/bizinfo1357/photos/pcb.1780105808689671/1780104925356426/?type=3&theater (검색일: 2018. 04. 13).

2 윤형준 백수진. 2016. "'청년 상인을 위한 市場은 없다." http://news.chosun.com/site/data/html_dir/2016/04/05/2016040500293.html (검색일: 2018. 04. 14).

Output이 떨어지는 비효율적인 정책이다. 과감한 정책 시행 방향의 전환이 필요하다. 우리 팀은 시장 상인과 고객의 필요를 해결해주려는 시도가 선행되어야 한다는 판단 하에, 서대문구 내 시장 3곳(영천시장, 인왕시장, 포방터시장)을 주요 타겟으로 삼고 각 시장의 상인과 고객을 인터뷰했다.

많은 시장 상인들과 고객들은 냉난방과 환풍 등의 시장 환경 개선이 다른 전통시장 활성화 정책 보다 훨씬 가시적이고 효과적이라는 의견을 내비쳤다. 특히 영천시장의 상인들의 경우 환풍, 냉난방 시설과 가로등의 설지가 시급하다고 밝혔다. 그러나 냉난방과 환풍 시설을 운영하기 위해서는 무엇보다 전기료가 비싸기 때문에 무리라는 영천시장 상인회 총무님의 의견이 있었다. 시장 내 가로등을 시간대별로 나누어 운영하고 설치한 대형 LED 등 2개는 아예 운영도 못하는 상황에서 월 40만~50만 원 정도의 전기료가 지출되기 때문에, 공공시설을 더 설치한다 해도 운영하는 데 부담이 된다는 의견도 주셨다. 영천시장, 인왕시장, 포방터시장 등 전통시장 3곳의 상인과 고객들의 인터뷰를 통해 필요를 파악한 결과, 영천시장의 전기료 과중으로 인한 공공시설 이용의 한계가 가장 시급한 문제라고 판단을 내려 이 문제에 집중하기로 결정했다.

우리 팀은 전기료가 많이 든다면 아예 시장에서 공공 시설에 쓰이는 전기를 생산하는 방향이 오히려 더 효율적이고 현실적일 수 있음에 착안했다. 그러한 판단 아래 현재 정부와 지자체에서 시행하고 있는 에너지 관련 정책을 조사한 결과, 서울시와 서대문구가 '원전 하나 줄이기 정책'과 '에너지 자립 마을 정책'을 적극적으로 추진하고 있음을 파악했다. 이 두 정책의 병행 하에, 단계적으로 태양광 패널을 설치하고 가전제품의 효율성을 높이는 '서대문구 에너지 독립 시장 만들기 프로젝트: #1 영천시장(시범사업)'을 구상해 현실화하려 한다.

위 정책을 통해 전기료 문제로 기존의 시설마저 제대로 이용하지 못하는 사태를 방지하고, 공공시설을 운영비 부담 없이 설치해 시장의 시설을 개선하고자 한다. 기존 정책과 병행할 수 있어 재정적 지원을 받을 수 있으며, 4년 간의 정책 시행으로 경험을 축적한 서대문구가 정책을 주도하므로 실현 가능성 역시 높다. 영천시장을 시작으로 서대문구(혹은 서울시) 내 타 전통시장까지 정책 대상을 확장하여 1) 전통시장의 활성화와 그를 통한 마을의 형성과 2) 전통시장의 새로운 에너지 생산 플랫폼으로의 변화를 달성하고자 한다.

Ⅱ. 본론

1. 문제제기 및 정책 제안 대상

전통시장은 '전통시장 및 상점가 육성을 위한 특별법'에 따르면 '자연발생적으로 또는 사회적 · 경제적 필요에 의하여 조성되고, 상품이나 용역의 거래가 상호신뢰에 기초하여 주로 전통적 방식으로 이루어지는 장소'라는 사전적 의미를 갖고 있다. 전통시장 곳곳에는 역사적 · 문화적 가치가 담겨 있다. 전통시장에는 시장을 거쳐간 수많은 사람들의 흔적과 추억이 담겨있다. 그러나 끊임없이 발생하는 안전사고와 대형마트의 등장, 건물의 노후화, 경쟁력 부재 등으로 인해 전통시장은 점점 활기를 잃어가고 있다.[3]

이러한 전통시장의 위기를 정부 역시 인식했다. 정부는 지난 2004년 〈전통시장 및 상점가 육성을 위한 특별법〉(당시 〈재래시장육성을 위한 특별법〉)을 제정해 전통시장 활성화를 위한 각종 정책들을 마련해왔다. 또 각 지방

3 보험연구원. 2017. "정책토론회 전통시장 화재위험 관리 방안." http://www.kiri.or.kr/pdf/%C0%FC%B9%AE%C0%DA%B7%E1/KIRI_20170315_114243.pdf (검색일: 2018. 04. 12)

〈표 1〉 전통시장 점포 및 종사자 수(2006년~2015년)

(단위: 개, 명)

구분	2006년	2008년	2010년	2012년	2013년	2014년	2015년
시장 수	1,610	1,550	1,517	1,511	1,502	1,536	1,439
점포 수	225,725	207,329	201,358	204,237	210,433	209,493	207,083
종사자 수	353,646	362,960	359,375	354,146	351,240	367,692	356,176
대형마트 종사자 수	55,176	70,944	59,781	61,128	72,648	75,173	–

※주 1) 2006~2014년 기간 동안 전통시장 값은 등록시장, 인정시장, 무등록시장의 값을 모두 합한 것이며, 2015년 값은 무등록시장의 값을 제한 값임.

※주 2) 종사자는 점포 상인, 종업원, 노점 상인을 포함함

자료: 소상공인시장진흥공단, 전통시장 및 상점가 점포경영 실태조사 각 연도: 통계청 통계포털 대형종합소매업 현황.

- 전통시장은 2006년 1,610개에서 2015년 1,439개로 감소하였고, 점포 수 역시 2006년 225,725개에서 207,083개로 감소하였다.

〈표 2〉 경쟁 유통업태별 매출액 추이(2010~2015년)

(단위: 조 원, %)

구분	2010년	2011년	2012년	2013년	2014년	2015년
대형마트	38.1	42.2	44.8	45.9	47.5	48.6
기업형 슈퍼마켓	29.9	32.5	34.0	35.1	35.9	36.7
전통시장 (비중)	24.0 (19.8)	22.1 (17.1)	21.1 (15.5)	20.7 (14.8)	20.9 (14.3)	21.1 (13.9)
무점포소매	29.2	32.3	35.9	38.4	41.5	45.6
계	121.2	129.1	135.8	140.1	145.8	152

※주 1) 2010~2014년 기간 동안 전통시장 매출액은 등록시장, 인정시장, 무등록시장의 매출액을 모두 합한 것이며, 2015년 매출액은 무등록시장의 매출액을 제한 값임

※주 2) 대형마트는 대형매장(백화점 제외)을 갖추고 식료품, 의류 등 각종 유형의 상품을 판매하는 매장면적 3,000㎡ 이상 종합소매점.

※주 3) 기업형 슈퍼마켓은 단일경영체제하에서 음식료품, 각종 생활잡화 등을 판매하는 매장면적 3,000㎡ 미만 소매점

※주 4) 무점포소매는 통신판매(인터넷쇼핑몰, TV홈쇼핑, 카탈로그판매)와 방문판매(직접판매, 다단계판매)를 의미함.

자료: 소상공인시장진흥공단, 2015년 전통시장 및 상점가 점포경영 실태조사: 통계청 통계포털.

- 2015년 전통시장 매출 추정규모는 21조 원으로, 관찰기간동안 그 비중이 점차 감소하고 있다.

자치단체 역시 전통시장 관련 조례를 제정해 활성화 정책을 시행하고 있다. 서울특별시의 경우 지난 2017년 〈서울특별시 전통시장 및 상점가 육성에 관한 조례〉를 제정해 자체적으로 활성화 정책을 펼치고 있다.

전통시장 활성화 정책은 크게 1. 상권활성화사업 2. 시설현대화사업 3. 경영현대화사업 4. 청년상인의 육성사업으로 구성된다. 먼저 2000년대 중반부터 중소벤처기업부와 소상공인시장진흥공단은 아케이드(지붕)를 설치하고 화장실 시설을 개선하는 등의 전통시장 시설현대화사업을 펼치고 있다. 또 상인대학을 통해 SNS 활용법, 마케팅법 등을 교육하는 경영현대화 프로그램을 제공하고 있으며, 전통시장의 활력을 불어넣고 청년실업문제를 해결하기 위해 전통시장 청년창업지원사업 역시 진행하고 있다. 이렇게 다양하고 정책들이 시장 활성화를 위해 시행되고 있고, 실제로 성공 사례 역시 존재한다. 전주시 남부시장 2층에 위치한 청년몰은 전통시장 활성화 정책의 대표적인 성공 사례이다. 그럼에도 불구하고 여전히 연간 3,000억 원을 훌쩍 상회하는 막대한 예산이 투입되는 데에 비해서, 전국의 많은 시장은 그 효과는 체감하지 못하고 있다. 전통시장 매출 추이를 보면 전통시장 활성화 정책의 효과 여부가 드러난다.

지난 2014년 김한표 의원(당시 새누리당)이 중소기업청으로부터 제출 받

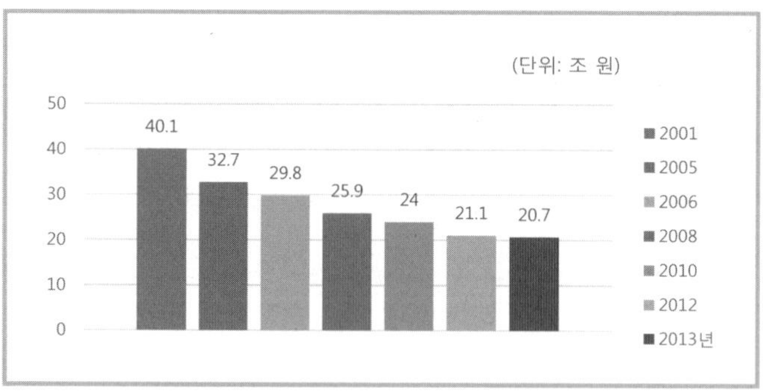

〈그림 1〉 전통시장 총매출액 추이

(출처: 연합뉴스)

은 자료에 의하면, 전국 전통시장의 총매출이 정부의 본격적인 지원이 이뤄진 12년 동안 오히려 반토막 수준으로 떨어졌다. 정부가 이 기간 동안 전통시장에 투입한 예산은 3조 5000억원이 넘는다.[4]

과연 전통시장 현장에서도 활성화 정책이 효과가 없다고 생각할까? 만약 효과가 없다면 현장은 어떤 활성화 정책을 필요로 하는가? 이러한 문제의식에 착안해서 우리는 직접 가까운 서대문구의 전통시장 3곳, 영천시장, 인왕시장, 포방터시장으로 나가 현장의 목소리를 들었다. 전통시장의 다양한 구성원 중, 시장에서 상주하며 대부분의 시간을 보내는 시장상인과 시장을 이용하는 고객을 중심으로 인터뷰를 진행했다. 시장으로 나가 상인회 총무 및 상인들, 그리고 고객들을 만나며 기존의 전통시장 관련 정책들에 대한 체감 평가와 현재 상인들이 직면한 문제들, 그리고 이를 해결할 수 있는 대책 등을 중심으로 인터뷰를 진행했다.

먼저 기존 전통시장 정책들에 대해서 세 시장의 상인들과 고객들은 모두 부정적인 인식을 가지고 있었다. 현장 역시 전통시장 활성화 정책의 실효성을 체감하지 못하고 있었다. 인터뷰한 53분의 시장상인들과 37분의 고객들의 대부분은 부정적으로 생각하는 이유로 '현장과 괴리된 정책이 많다', '정책이 일회성에 그치고 있다', '정책에 대한 교육이 부족해서 잘 활용하지 못하겠다', '정책이 많아 보여도 실제로 혜택을 볼 수 있는 것은 별로 없다' 등을 제시했다.

다음으로 현재 시장이 직면하고 있는 문제 및 해결방안에 대해서, 세 시장의 상인들은 공통적으로 '냉·난방 설비 설치', '환풍기 설치' 등이 시급하다고 응답했다. 영천시장의 상인들과 고객의 경우, 시장 옆이 대부분 주거지다 보니 오전과 밤에 시장을 통행하는 사람이 많은 데도 불구하고 가

4 연합뉴스. 2014. "전통시장 매출, 12년 만에 40조→20조로 '반토막'". http://news.kbs.co.kr/news/view.do?ref=N&ncd=2925059(검색일: 2018.04.22).

로등이 적다고 답변하기도 했다. 이에 대한 해결방안으로 '보행자들을 위한 가로등 설치'를 제안했다. 하지만 어떤 상인들은 '시설을 설치해도 결국 유지 부담은 상인들의 몫'이라며 설치를 반대했다. 영천시장 상인회 총무님은 시설현대화사업으로 설치한 시장 내의 홍보용 LED 등 2개는 전기료 부담으로 아예 사용도 못하고 있으며, 가로등 역시 전기료가 부담되어 시간을 나누어 운영하고 있다고 응답했다. 전통시장 활성화 정책이 15년 넘게 시행되고 있음에도, 정작 현장의 필요를 해결하지 못하고 지원이 끊기면 제자리로 돌아가는 악순환을 해결하지 못하고 있었다.

우리 팀은 위와 같은 현장의 목소리와 현 정부의 정책을 어떻게 연결할 수 있을지 고민했다. 우리는 시장 상인과 고객이 요구한 설비를 설치해도, 결국 그 부담은 시장상인에게 고스란히 넘어가는 구조에 초점을 맞췄다. 지원이 끊기면 결국 제자리로 돌아가는 악순환을 끊기 위해서는 가장 먼저 상인의 유지 부담을 줄여야 했다. 결국 유지 부담의 대부분은 전기료인 만큼, 전기료에 대한 해결방안을 찾기 시작했다. 그 결과 전통시장 내에 태양광 패널을 설치해 에너지 자립을 달성하는 '에너지 독립 시장 만들기 프로젝트'를 구상했다. 시장에 설치된 지붕 또는 유휴공간을 활용해서 태양광 패널을 설치한다면 상인들이 겪고 있는 주요 문제 중 하나인 전기료 문제를 해결할 수 있다. 뿐만 아니라 현재 정부와 서울시에서 시행하는 정책을 통해 지속적인 효과를 낼 수 있으며, 초기비용 역시 지원을 통해 많은 부분을 확보할 수 있다. 현재 서울시에서는 '원전 하나 줄이기' 정책과 '에너지 자립 마을' 정책을 통해 정책적으로 재생에너지를 활성화시키기 위해 적극적으로 움직이고 있다. 서대문구에서도 〈서대문구 에너지 조례〉를 통해서 각종 에너지 관련 지원을 이어가고 있다. 서대문구는 2018년 현재 17개의 에너지 자립 마을을 지원하고 있으며, 이는 서울시 내 25개 자치구 중 가장 많은 수이다. 또한 '에너지 독립 시장 프로젝트'는 서대문구에 있는 문화재 독립문에서 이름을 따왔기 때문에 정책의 개성과 홍보효과 역시

5 6

〈그림 2〉 서울시의 '원전 하나 줄이기' 정책과 '에너지 자립 마을' 정책

확보할 수 있다. 이러한 지원과 배경 속에서라면 '에너지 독립 시장 프로젝트'는 충분히 성공할 수 있다는 확신이 있었다.

이상의 효과 및 기존에 마련된 정책들이 있다고 하더라도 당장 서대문구 내에 있는 모든 전통시장에 전면적으로 설치하는 것은 무리다. 각 시장이 처한 환경이 다르고 만에 하나 태양광 패널 설치에 부작용이 있을 수도 있기 때문에, 시범적으로 특정 시장에 설치하고 운영상황을 검토해 점진적으로 확장해가는 계획을 구상했다. 그래서 서대문구에 있는 8개 시장 중, 정책 시범 사업 대상으로 영천시장을 선정했다. 영천시장은 다른 시장에 비해 태양광 패널을 도입할 수 있는 공간이 많다. 또 시장 바로 옆에 '독립문'이 있으며, 시장 주변에 주거공간이 많아 유동인구가 많기 때문에 에너지 독립 시장으로의 홍보효과를 극대화할 수 있다. 결정적으로 다른 시장들과 비교해서 영천시장 상인회에서는 매년 태양광 패널 설치에 대해 긍정적으로 검토하고 있었다. 다만 비용이 만만치가 않아 설치하지 못하고 있었다. 영천시장 상인회 회장님은 인터뷰 중, 시장 내 태양광 설치가 본인의 숙원사업임을 강조했다. 이와 같은 점을 고려해 영천시장을 중심으로

5 http://energy.seoul.go.kr/seoul/
6 https://blog.naver.com/jongno0401/221207770656

태양광 패널을 부분적으로 설치하고 효과를 눈으로 확인하면서, 점진적으로 인왕시장이나 포방터시장 등 서대문구 내 다른 시장들로 확장해 나가는 방향을 채택했다.

2. 정책 대안

1) 정책 개요

'서대문구 에너지 독립 시장 만들기 프로젝트: #1 영천시장(시범사업)' 정책은 서대문구가 구내 전통시장의 자발적 신재생에너지 사업을 지원하고, 에너지 독립 시장 이미지를 시장이 활용하고 홍보할 수 있도록 협력하는 정책이다. 이를 통해 1차적으로는 전통시장의 전기료 문제를 해결하고, 2차적으로는 지속가능성을 확보하여 진정한 에너지 독립(시장 내 에너지 생산 및 소비 과정의 완전한 자립)을 달성하며, 최종적으로는 영천시장 사례를 바탕으로 타 시장과 전기료 문제를 겪는 다른 마을까지 정책 대상을 확장하고자 한다.

구 차원에서 비용이 많이 드는 신재생에너지 사업을 단독으로 진행하는 데에는 재정과 행정력 차원에서 여러 어려움이 있다. 따라서 우리는 시장 현대화 사업, 에너지자립마을 정책과 에너지독립시장 정책의 병행으로 '전통시장'을 활성화함으로써 전통시장이 단순히 물건을 사고 파는 곳이 아닌 사람이 모이고 소통하는 '마을'로, 또 새로운 '에너지 생산 플랫폼'으로 발전하는 데 기여하고자 한다.

2) 정책 목적

1. 전기료 문제 해결을 통한 상인 및 고객 활동 여건 개선(냉난방, LED 등 점등, 가로등 확보)
2. 전통시장의 전력 생산 플랫폼으로의 발전
3. 1. 2.를 통한 전통시장 활성화와 마을 형성

3) 현재 정책과 사례 중심의 정책 실현가능성 분석

(1) 서울시와의 연계

서울특별시 에너지 조례 및 원전하나 줄이기 정책과 전통시장 활성화

(2) 서울특별시 에너지 조례[7]

서울특별시는 '서울특별시 에너지 조례'를 제정하여 에너지 절약과 신에너지 및 재생에너지의 개발, 이용, 보급 촉진으로 온실가스 배출을 절감하는 에너지 정책을 시행하고 있다. 이는 단순히 신재생 에너지의 개발뿐 아니라, 일상 생활 속에서의 에너지 절약과 합리적 이용에까지 걸쳐 있는 광범위한 정책이다. 그 구체적 시행정책으로는 에너지정책 위원회 설치, 기존 건축물의 에너지 합리화, 신축 건축물 등의 에너지 성능 확보, 공공부문 에너지절약, 건축물의 냉난방 온도 관리 등의 세부 정책 등이 있다. 서울특별시 에너지 조례는 서울특별시의 에너지 정책의 근간이 되는 법적 근거로서, 전통시장에서의 에너지 자립과도 연관이 깊다.

(3) 원전하나 줄이기와 솔라 시티 선언[8]

서울특별시는 위의 에너지 조례의 구체적 실천방안으로 '원전하나 줄이기' 정책을 추진하고 있다. 서울특별시의 원전하나 줄이기 정책은 신재생에너지 개발, 에너지 효율화, 에너지 절약의 세 부분으로 구성된다. 태양광, 풍력, 폐열 등의 신재생 에너지를 개발하고, 건물에서의 에너지 효율화와 LED조명 사업, 에코마일리지제와 에너지 절약 실천운동 등을 통해

---

7 서울특별시 에너지 조례. [시행 2011.3.17] [서울특별시조례 제4955호, 2011.3.17., 일부개정].

8 서울특별시 원전하나줄이기 누리집. https://energy.seoul.go.kr/seoul/index.jsp.

에너지 자립도시, 에너지 살림도시를 만들겠다는 최종 목적을 가지고 있다. 서울특별시의 원전하나 줄이기 정책은 시민들의 적극적인 참여를 통해 공공과 민간의 협력으로 추진되고 있다. 그 결과 363만 TOE의 에너지 생산, 절감 효과가 발생하였으며, 이는 원전 1.83기, 석탄화력발전소 4기를 줄인 대체효과이다. 또한 매년 819만 톤의 이산화탄소 감축 효과가 있다. 원전하나 줄이기 정책은 실천적 정책의 시행을 통한 높은 정책효과가 발생하였다는 점과 시민들의 적극적 참여를 통한 민관의 협력의 관점에서 전통시장의 에너지 자립 정책의 기본 방향이 될 수 있다.

서울특별시는 '원전하나 줄이기'와 같은 에너지 정책을 넘어 2017년 '태양의 도시, 서울' 종합계획을 발표하였다. 이는 에너지 소비 줄이기에 중점을 뒀던 정책을 에너지 생산으로 방향을 바꾸는 것으로, 2022년까지 5년 동안 원자력발전소 1기 설비용량에 해당하는 1GW 규모로 태양광을 보급한다는 목표이다. 또한 그 세부 사업으로 정부지원금과 서울특별시 지원금을 통해 집집마다 베란다나 옥상에 설치하는 태양광 미니발전소를 100만 가구까지 늘리는 적극적인 '리빙 랩(Living Lab)'정책을 계획하였다.

서울특별시의 정책과 같이 도시가 에너지 문제에 집중하는 것은 몇 년 전부터 계속 되어 왔다. OECD 산하 국제 에너지 기구(International Energy Agency, IEA)는 도시의 온실가스 배출을 줄이고 전 세계도시를 대상으로 지속가능한 에너지기술을 발전시키기 위해 '솔라 시티' 사업을 추진하고 있다. 지난 2004년 대구에서 개최된 제1회 세계솔라시티총회는 그 대표적인 예로, 지구의 환경 보전과 신재생에너지 보급확산을 위한 도시차원의 협력 방안을 모색하기 위한 자리였다. 일본의 삿포로시, 네덜란드 헤이그시, 스웨덴 요테보리시, 오스트리아 린츠시, 중국 심양시, 독일 켈젠키르헨시, 스페인 바르셀로나시, 중국 항조우시, 북경시, 하남성시 등이 참석하여 글로벌 이슈로서의 '솔라 시티 선언'을 이끌어내었다. 우리나라에서는 광주가 대표적인 '솔라 시티'로, 지난 2000년부터 추진해 온 '태양도시 광주프로젝트'를 지속적으로 이행해 오고 있다. 또한 광주광역시는 '태양에너지 도시 조례'를 제정하여 대안 에너지와 신재생 에너지의 개발에 적극적인 지원을 하고 있다. 이렇게 도시들의 태양광 에너지에 대한 적극적인 정책 추진은 시민들로 하여금 생활 속에서 에너지의 중요성을 알게 하며, 그에 대한 효과가 크다는 장점이 있다. 서울특별시의 적극적인 태양 에너지 정책은 시민들의 참여를 통해 시너지 효과를 불러일으킬 수 있다.

(4) 전통시장 활성화(및 시장 현대화 사업)

서울특별시는 활력과 매력이 넘치는 전통시장 육성을 위한 지원정책을 시행하고 있다. 서울특별시의 전통시장 정책은 전통시장을 지역공동체의 핵심공간으로 만드는 것을 목적으로 하여, 체계적인 지원체계 확립을 핵심으로 하고 있다. 전통시장 시설현대화 사업, 신시장 모델 육성, 특화시장 육성, 전통시장 청년 상인 육성 등의 세부 사업들이 있다. 체계적인 지원이라는 서울특별시의 전통시장 정책 방향은 전통시장의 에너지 자립을 위한 가장 기초적인 것이다. 전통시장 상인회를 비롯하여, 구청, 시청, 그리고 관계 기관과의 조직적 협의 체계 구축과 예산 지원을 통해 에너지 자립 정책의 안정성을 추구할 수 있다.

(5) 서대문구의 경험과 기존 정책 – 전통시장 살리기 정책과 에너지 자립 마을 사업 정책의 융합

① 전통시장 활성화 정책

서대문구는 구 내에 8개의 전통시장을 가지고 있다. 전통시장의 자생력 증진과 경쟁력 향상을 위해 시장 별 특성과 장단점 파악, 특화 아이디어 발굴, 시장 홍보 극대화 등의 업무를 맡는 전통시장 매니저를 배치하고 있다. 또한 전통시장 내의 청년 창업 지원, 명절 맞이 행사 등을 기획하여 전통시장의 활성화를 위한 지속적인 정책을 추진하고 있다.

② 에너지 자립마을 정책

– 에너지 자립 마을 사업 소개[9]

서대문구는 서울특별시의 에너지 정책과 연계하여 에너지 자립 마을 사업을 진행하고 있다. 에너지 자립 마을은 주민의 자발적인 참여로 에너지 절약과 효율화 향상, 지역에서 활용 가능한 신재생 에너지 생산 확대를 통하여 마을공동체의 에너지 자립 기반을 조성하는 것을 목표로 한다. 에너지 자립 마을은 마을 공동체가 스스로 마을 특성에 맞게 에너지 절감 목표를 설정하고, 에너지 자립 기반 유지를 위해 마을 공동체가 스스로 실천하는 방식으로 추진된다. 주민이 직접 마을 공동체의 에너지 자립 방향을 계획하여 이를 실천하고, 지방자치단체는 주민 주도 에너지 자립 활동에 대한 컨설팅과 보조금 재정을 지원함으로써 민관이 협력하는 거버넌스가 이 사업의 가장 큰 특징이다.

– 서대문구의 에너지 자립 마을 현황[10]

서대문구에는 2018년 5월 현재 17개의 에너지 자립 마을이 활발히 운영되고 있다. 그 중 돈의문 센트레빌 에너지 자립 마을은 '에너지지킴이'로 우수 사례로 평가된다. 에너지지킴이는 아파트에 새고 있는 전기를 잡기 위해서 세대별 에너지 컨설팅, 공동구역의 불필요한 전등을 소등하여 절감하는 운동으로, 현재 17명이 활동하고 있다. 돈의문 센트레빌 에너지 자립 마을은 에너지 사랑방을 운영해 에너지지킴이들이 모여서 현안들을 서로 나누고 아파트의 문제점을 서로 공유하며 한 달에 두 번씩 정기적으로 모임을 갖는다. 또한 지킴이들이 아파트에 있는 지하주차장을 조 별로 돌아보면서 필요 없는 불을 점검하여 끄고, 아파트 주민들의 건의를 취합해서

9 서대문구청 누리집. http://www.sdm.go.kr/index.do.

10 관악FM. http://www.radiogfm.net/news/13357.

관리실에 전달하는 역할을 한다. 돈의문 센트레빌 에너지 자립 마을의 박진근 대표는 초창기에는 다른 분들이 냉담했지만, 지속적인 활동과 에너지 절약에 대한 주민 대상의 교육을 통해 에너지 절약에 주민들의 참여가 증가했다고 밝혔다.

– 전통시장 살리기 정책과의 연계

현재까지의 에너지 자립 마을 정책의 대상은 주로 아파트의 거주민들, 혹은 정부 기관 및 지방자치단체 기관 클러스터였다. 우리는 시장 또한 마을이라는 점에 주목하였다. 시장이 살아나기 위해서는 마을 공동체가 회복되어야 한다. 사람이 서로 더불어 사는 공간과 사회가 마을 공동체이고, 이들이 오고 가며 모이는 공간이 바로 시장이다. 우리는 시장에서 에너지 문제를 발견하였고, 이 문제를 풀기 위해 시장이 어떤 곳인지를 생각해보았다. 우리의 답은 시장은 마을이라는 것이다. 그래서 우리는 에너지 자립 마을 사업이 목표로 하는 자발적인 마을 공동체의 참여를 통한 에너지 자립이 이 문제의 해결책이라 생각하게 되었다.

서대문구청 내의 조직을 보았을 때, 전통시장 살리기 정책은 일자리경제과의 생활경제팀에서, 에너지 자립 마을 사업은 환경과의 에너지관리팀에서 담당하고 있다. 우리가 찾은 이 두 정책의 공통점은 '거버넌스'이다. 전통시장을 살리기 위해서는 시장 상인회와 지방자치단체, 그리고 다른 기관과의 협력이 필요하다. 에너지 자립 마을 사업 또한 마을 공동체와 지방자치단체간의 협력이 핵심이었다. 우리는 서대문구청 내의 두 부서가 소속이 다르고 전담하는 업무가 다르지만, 거버넌스를 통해 시너지 효과를 낼 수 있다고 생각하였다. 거버넌스를 통하여 전통시장을 에너지 자립 마을로 선정하여 전통시장이 살아나는 것이 우리 프로젝트의 목표이다.

③ 기타 기관과의 협력 거버넌스

전통시장의 에너지 자립은 서울특별시와 서대문구 이외에 시민단체와도 협력할 수 있다. 시장 상인회와 지방자치단체 간의 협력에 에너지 자립을 목적으로 하는 시민단체의 협력이 이루어진다면 보다 체계적인 정책이 추진될 수 있다. 대표적인 에너지 시민단체로는 태양광 협동 조합이 있다. 서울시민햇빛발전협동조합인 '햇빛발전'은 협동조합의 방식으로 운영되고 있으며, 마을 공동체를 통한 에너지 자립을 목표로 하고 있다. 서울특별시와 서대문구의 에너지 자립마을 정책의 방향 속에서, 시민단체와의 거버넌스는 더욱 큰 효과를 발휘할 수 있다.

(6) 다른 전통시장의 사례

① 청주 육거리 시장[11]

청주 육거리 시장은 청주의 대표적인 시장으로, 조선시대 무심천제방변 청주 장으로 시작하여 1973년부터 육거리시장으로 불리우는 오랜 역사를 자랑하는 시장이다. 1,200여 개의 점포가 있는 3만 평 규모의 시장으로, 3,280여 명의 종사자가 근무하는 대형 시장이다. 전국에서 최초로 재래시장상품권을 발행하고, 상인조직이 활성화되어 있으며, 상인대학이 활발하다는 특징이 있는 전통시장이다. 특별히 육거리 시장은 2008년 3kW 규모의 태양광발전소를 시장에 설치하여 녹색클린시장으로 주목받기도 하였다.

시장 내의 태양광 발전에 대한 내용을 듣기 위해 시장 상인회 대표님과 전화 인터뷰를 진행하여 여러 정보를 얻을 수 있었다. 먼저 태양광 설치 사업은 정부의 시범 사업의 일환인 관계로 전액 국비로 진행하였기 때문에 상인회의 부담 비용은 없었다. 또한 시장 내의 도로나 지붕 소유권의 문제

11 육거리 시장 누리집. 2014. yukgeori.com.

는 시장을 시에서 관할하고 있으므로 복잡한 행정 문제는 역시 발생하지 않았다. 아케이드 지붕에 태양광 패널을 설치하는 기술적인 문제에 있어서는 태양광을 가장 잘 받아들일 수 있는 각도로 패널을 설치하였다.

청주 육거리 시장은 여러 모로 영천시장과 닮아 있는 만큼, 훌륭한 선행 모델을 제공한다. 영천시장은 가운데 골목을 중심으로 양 쪽에 점포들이 위치하고 있다. 육거리 시장 역시 골목 중심으로 양 쪽에 점포가 위치하고 있는 형태이며, 이러한 구조를 활용해 아케이드 위에 패널을 설치하였다. 육거리 시장의 사례를 참고하면 영천시장 역시 가운데 골목에 설치된 아케이드 위에 태양광 패널을 설치하는 방안이 가장 적절해 보인다. 또, 육거리 시장의 경우 태양광 패널을 설치하여 발생한 잉여전력을 한국전력에 판매함으로써 또 다른 수익을 내고 있다. 성공적인 모델인 육거리 시장을 참고해볼 때, 영천 시장 또한 충분한 정책의 실현 가능성과 성공 가능성을 가지고 있음을 확인할 수 있다.

② 무안 시장[12]

무안 시장은 2016년 12월 예산 2억 6000만 원을 들여 무안전통시장 1 · 2동 건물 옥상에 태양광 발전설비(순간최대전력 70kW)를 설치했다. 이 태양광 발전설비를 통해 생산되는 하루 평균 발전량은 대략 200kWh 이상으로, 이는 전통시장 하루 평균 26가구가 하루 종일 사용할 수 있는 전력량이다. 시장 내의 점포들은 생산된 전기를 점포 내에서 사용하고, 남은 잉여전력을 한전에 송전하여 그만큼 전기요금에서 차감 받아 경제적인 이익을 얻을 수 있다. 하지만 무안시장은 이러한 혜택을 누리지 못하고 있다.

태양광 발전소는 한전과 전력구매계약(PPA)을 맺어야만 잉여 전력을 한

12 이종행 기자, 2018. "버려지는 무안 전통시장 태양광 전력…상인들 "사용 못해"". http://m.news1.kr/articles/?3297249.

전과 거래할 수 있다. 하지만 군청이 이 계약을 맺지 않아 상인들이 전기를 모두 다 활용하지 못하고 있다. 상인회는 이를 해결하기 위해서는 군청이 조속히 한전과의 PPA를 체결하는 등의 대책을 마련을 해야 한다고 주장한다. 반면 군 관계자는 상인회 측이 정한 전기요금 균등분할체계에 불만을 가진 상인들이 각자 한전 계량기를 설치하면서 태양광 전력을 못 쓰게 됐다고 설명하며, 상인회 측에 그 책임이 있다고 주장한다. 쉽게 얘기하면, 전통시장의 각 점포에서 쓰는 모든 전기를 공용으로 계산해 n분의 1할 경우, 전력을 거의 쓰지 않는 점포는 전력을 많이 쓰는 점포의 전기료까지 지불해야 하는 상황이 발생한다. 이러한 상황에서는 결국 너도 나도 전력을 과도하게 사용할 수 있다. 동아리 회식 자리에서 모든 테이블 당 먹은 비용을 합쳐 전체 인원의 수대로 나눌 경우 사람들이 최대한 많이 먹으려 하는 상황과 같은 맥락이다. 따라서 시장 상인들은 각 점포가 개별적으로 사용한 전력은 각 점포가 지불해야 한다고 합의했고, PPA를 체결하지 않은 무안시장은 태양광 패널로 발생한 전력을 공용 전기에만 사용하고 있다. 결국 남은 전력은 모두 버려지게 되는 안타까운 상황이 벌어지고 있다.

이와 같은 무안시장의 사례를 영천시장에 대입하여 볼 때, 전기의 효율적 사용을 위한 한전과의 PPA를 체결하고, 전기 요금을 점포마다의 사용량만큼 비례하게 책정한다면 상인들에게 큰 경제적 도움이 될 것이라 생각한다. 또한 무안시장의 사례가 주는 시사점은, 사업 이전 반드시 상인과 사업의 규모와 시기, 지원 정도와 운영 방침에 대해서 합의가 이뤄져야 한다는 점이다. 무안시장의 사례는 영천시장이 반면교사로 삼을 수 있는 사례이다.

4. 정책의 내용

정책 시행은 총 4단계로 이뤄진다. 정책의 세부 내용과 계획은 서대문구와 영천시장 상인의 협의를 통해 얼마든지 바뀔 수 있다. 에너지자립마을과 마찬가지로 에너지독립시장 역시 시장 상인의 의지와 자율성이 가장 중요하다. 우리는 영천시장의 상황과 여러 선행사례에 비춰 봤을 때 가장 바람직하다고 판단한 방향을 제시하고자 한다.

1단계: 에너지 독립 시장 시범사업장으로 선정, 에너지자립마을 지원 준비 (2018.05~2019.02)

영천시장 상인과의 협의 및 의견 수렴

모든 정책이 그러하듯, 본 정책 역시 시행하기 전 가장 먼저 이루어져야 할 순서는 영천시장 상인과의 협의 및 의견 수렴이다. 상인회는 몇 년 전부터 설치를 검토했으나 번번이 비용 문제에 부닥쳤다. LED 등과 가로등 사례에서 볼 수 있듯, 유지 및 관리에 대해 상인들이 느끼는 부담 역시 매우 큰 편이다. 또한 에너지 자립 마을 등의 정책과 병행하고 지속가능성을 확보하기 위해서는 정책 당사자인 영천시장 상인들의 의견이 가장 중요하다. 따라서 에너지 독립 시장 정책에 대해 충분히 공론화를 진행한 후, 지원 규모와 기간을 면밀히 협의하는 것이 첫 번째 순서이다.

시장 아케이드의 소유권 등록

현재 영천시장 주변에 태양광 패널이 설치가 가능한 장소는 1) 시장 아케이드(지붕) 2) 고객 쉼터 지붕 3) 시장 정문 앞 공터 4) 시장 정문 앞 공용화장실 이렇게 총 4군데이다. 시장 앞 공터와 화장실의 경우 서울시 소유이며 고객 쉼터의 경우 공간이 충분하지 않기 때문에, 행정 절차와 설치 및 관리의 효율성을 고려했을 때 서대문구청에게 가장 적합한 장소는, 공간이 충분하며 아직 소유 기관이 정해지지 않은 시장 아케이드(지붕)이다.

서울시가 선정한 태양광업체에 문의한 결과(서울시 선정 업체를 통해서만

〈그림 3〉 영천시장의 아케이드(지붕)

지원금 확보가 가능함), 설치 공간의 소유주가 명확해야 시공 및 설치가 가능하다. 아케이드는 2년 전, 중소벤처기업부와 소상공인시장진흥공단의 지원으로 지어졌다. 조사 결과 시장 아케이드는 토지대장에 기록되지 않은 상태이기 때문에 중소벤처기업부, 소상공인시장진흥공단, 서대문구청에 문의했다. 세 기관 모두 명확한 답을 내놓지 못했으며 통상적으로 구청에서 관리한다는 구청 담당자의 답변이 있었다. 따라서 태양광패널 설치 이전에 시장 아케이드의 소유권 등록이 이뤄져야 한다.

태양광패널 시범 설치

에너지자립마을 선정 심사기준에는 사업 현실성과 마을의 의지 및 추진력이 주요 기준으로 포함되어 있다. 따라서 선정 전 태양광패널을 시범 설치 및 운영하면서 시장 상인들의 지지를 이끌어내는 동시에, 사업 현실성을 끌어올려야 한다.

전문 업체의 견적을 받지 않아 정확한 수치는 아니지만, 시장 공공 전기료가 월 40~50만 원 정도 나온다는 상인회 총무님의 인터뷰를 따라 추정해보면 260W 패널이 9장이 필요하다. 서대문구청 태양광 미니발전소 담당 주무관에 따르면, 1kW 당 60만 원이 서울시에서 지원되므로 260W 9장을 설치하면 지원금은 120만 원 + a, 자부담비는 330만 원 + a(지지대 등 추가 건축물 시공 시 추가 부담) 정도이다. 330만 원이라는 금액이 결코 작은 금액이 아닌 만큼, 상인과의 협의를 통해 상인회가 부담할 수 있는 선에서 태양광패널을 설치해야 한다. '에너지 독립 시장 지원금'을 구청 차원에서 추가로 지원할 수 있다면 태양광패널을 설치하는 데 큰 도움이 될 수 있을 것이다. 태양광패널의 효용성을 상인 분들이 눈으로 확인할 때, 에너지자립마을 추진 역시 큰 탄력을 받을 수 있다.

2단계: 에너지 자립 마을 선정 및 사업 지속가능성 확보(2019.03~)

2018년 에너지 자립 마을 선정 심사기준은 1) 사업의 필요성 2) 사업의 공익성 3) 사업 현실성 4) 자발적 주민 참여 5) 예산 현실성 6) 민관 파트너십 7) 총괄(사업추진에 대한 마을의 의지 및 추진력)으로 이루어져 있다. 서울시 에너지시민협력과에 문의 결과, 에너지 자립 마을 평가 기준은 매년 크게 바뀌지 않았다. 2019년 평가 기준 역시 위의 내용과 비슷할 가능성이 크다. 평가 기준의 구체적인 내용을 따져보면, 마을 주민의 참여의지와 지속 가능성이 가장 중요한 요소임을 알 수 있다. 따라서 먼저 태양광패널 시범 운영을 통해 태양광 패널의 효용성을 상인들에게 보여줌으로써 상인들의 의지를 이끌어내야 한다. 이를 바탕으로 에너지 자립 마을에 선정된 이후, 태양광패널의 추가 설치와 한국전력공사와의 생산 에너지의 거래, 시장 내 가전제품 에너지 효율성 확보, 에너지 독립 시장 홍보로 지속 가능성을 확보해야 한다.

에너지자립마을 선정

2015년 5곳, 2016년 3곳, 2017년 3곳이 에너지자립마을 조성 사업에 선정된 데에 이어, 2018 에너지자립마을 조성 사업에서도 역시 서대문구 지원 마을 6곳이 선정되었다. 이 마을들 중 돈의문센트레빌아파트와 북가좌신일해피트리아파트는 서울시 에너지절약경진대회에서 각각 대상과 최우수상을 수상하기도 하였다. 총 17곳의 에너지자립마을이 사업에 참여하고 있는 서대문구는 서울시 자치구 중 가장 많은 에너지자립마을을 자랑하며 그 성과 역시 눈에 띈다. 이러한 서대문구의 경험과 노하우는 영천시장과 충분한 시너지효과를 낼 수 있다.

위에 언급 했듯, 한국전력공사와의 전력수급계약(PPA)은 마을이 지속되는 데 크게 기여할 수 있다. 위에 대한 내용은 밑에서 좀 더 자세하게 설명하겠다.

태양광패널 추가 설치 및 한국전력공사와의 PPA 체결

에너지자립마을에 선정되면 총 사업비의 10% 이상을 자부담으로 편성하는 조건으로 서울시는 최소 500만 원에서 800만 원의 사업비를 지원한다. 이 사업비로 가장 먼저 태양광패널을 추가 설치해야 한다. 태양광패널의 추가 설치를 통해 시장 공공 전기의 완전 수급을 1차적으로 달성해야 하며, 2차적으로 태양광발전의 수익 구조를 만들어야 한다.

현재 한국전력공사는 PPA 체결을 통해 태양광 발전을 확대하고자 한다. PPA를 통해 시장은 잉여 전력을 한전에 팔 수 있으며, 이 수익으로 계속해서 에너지 독립을 위한 원동력을 확보할 수 있다.

99kW 용량 발전소 기준 한전에서 제공한 태양광 발전 수익표이다. 계통한계가격(System Marginal Price, SMP)은 한전에 판매하는 전력의 단가이다. 전력의 수요와 공급에 따라 SMP는 달라진다. 재생에너지 공급 인증서(REC, Renewable Energy Certificate)는 RPS제도와 밀접한 연관이 있다.

〈표 3〉 태양광 발전 예상 수익

(단위: 천 원)

구분	예상수익	비고
연 전력판매수입	15,505	SMP단가: 약 118원/kWh 평균일사량: 3.6시간
연 REC매매수입	13,000	예상 REC단가: 80원/kWh 가중치 1.2적용
소계	28,505	20년간 동일조건 적용
20년 추정수입	570,100	투자비 대비 70.7%이익

[13]

출처 : PPA 가이드 한전

RPS제도는 50MW 이상의 대형 전력 발전소가 보급하는 전기 중 일부를 신재생에너지로 보급하도록 의무화한 제도이다. 따라서 대형 전력 발전소는 주로 신재생에너지 사업자가 정부로부터 발급받은 REC를 매입해 RPS 제도를 충족한다. SMP와 REC는 태양광 수익 모델의 핵심이다.[14]

위의 표의 경우, 시장에 설치할 발전소와 발전 용량에서 큰 차이가 발생하기 때문에 비교가 힘들고 SMP와 REC 단가 도출 역시 복잡하기 때문에 확실한 수치를 확인할 수 없지만, 지속가능성을 확보할 수 있을 정도의 수익률을 확인할 수 있다. 또한 가장 큰 지출 요인인 토지 구매비가 영천시장의 경우 해당되지 않기 때문에 수익률은 이보다 더 높을 것으로 보인다. 태양광발전을 통해 얻은 수익을 에너지 독립 계획에 재투자한다면 지속 가능성을 충분히 확보할 수 있다.

한 가지 더 고려해야 할 점은 한전과의 PPA가 불발될 경우의 수이다.

---

13 PPA 가이드 한전 P10.
http://home.kepco.co.kr/kepco/CU/A/B/CUABPP00102.do?boardSeq=21021205&replyRole=&searchKeyword=&boardNo=0&boardCd=&searchCondition=total&menuCd=FN1201&depth=0&pageIndex=1&parnScrpSeq=21021207

14 https://blog.naver.com/hdsolarenerge/221282994082

연계선로 용량부족, 발전사업허가가 없을 경우, 공급 신뢰도 및 품질 저하 우려 시, 전기설비에 악영향 우려 시, 안전 등에 위해가 될 경우 그리고 기타 법령 및 기술적 사유가 있을 때에는 PPA 접수가 불가능하다.[15]

이 경우에는 전력거래소를 통해 수익을 올릴 수 있다. 다만 PPA의 경우 오랜 기간 동안 정해진 금액으로 거래를 할 수 있다는 측면에서 안정성이 보장된다. 하지만 전력거래소와의 거래의 경우 앞으로 신재생에너지에 대한 지원과 보급이 늘어나기 때문에, 발전 전력 역시 늘어나 태양광패널로 얻은 전력의 가치가 떨어질 수 있다는 측면이 있다. 따라서 PPA의 체결이 10년, 20년 이상의 지속 가능성을 확보하기에는 최적의 선택이다.

시장 내 에너지 저효율 제품의 교체 지원

현재 시장 내 모든 가로등은 LED 등을 사용하고 있다. 하지만 점포 내 등 중 대부분은 여전히 형광등이다. 또한 점포 내 가전제품 역시 에너지 효율 등급이 4~5등급인 경우가 많다. 한국전력공사와의 PPA 체결로 수익이 나면 이를 통해 상인들이 에너지 저효율 제품을 고효율(1등급) 제품으로 교환할 때 일부 금액을 지원해야 한다. 통상적으로 에너지 효율 1등급 제품은 5등급 제품보다 약 30~40%의 에너지를 절감한다. 따라서 가전제품의 에너지 효율성 확보는 사업의 지속 가능성과 환경보존이라는 사업 취지 달성에 반드시 필요하다.

시장 내 가로등 설치

영천시장 옆에는 주택이 밀집되어 있어 이동 통로로 이용되기도 한다.

---

15 PPA 가이드 한전 P18.
http://home.kepco.co.kr/kepco/CU/A/B/CUABPP00102.do?boardSeq=21021205&replyRole=&searchKeyword=&boardNo=0&boardCd=&searchCondition=total&menuCd=FN1201&depth=0&pageIndex=1&parnScrpSeq=21021207

그러나 시장 내에 가로등이 부족하고 또 있는 가로등 마저도 전기료 부족으로 매 시간 가동되지 못하면서 시장 내부를 밝히는 데 한계가 있다. 전통시장 현대화 사업을 통한 지원금과 태양광발전을 통한 수익으로 공익을 위한 가로등을 설치한다면 에너지독립시장 정책의 공공성 역시 담보될 것이다.

에너지독립시장 홍보시설 설치

영천시장은 교통의 요지에 위치에 있으며 옆에 주택가가 있기에 통로로도 이용된다. 또한 주변에 안산 자락길과, 서대문 형무소와 독립문 등의 문화 유적지가 있어 유동인구가 높다. 이런 영천시장은 시장의 재생에너지 현황과 더불어 서대문구와 서울시의 재생에너지 정책을 소개하기 최적의 장소이다. 성대골마을의 '에너지 수퍼마켙'과 돈의문센트레빌의 '에너지사랑방'과 같은 홍보 시설을 시장 내부에 설치한다면 홍보 효과 역시 막대하리라 생각된다. 또한 영천시장이 '전국 최초 에너지 독립 시장'임을 홍보관 등을 통해서 다양한 경로로 홍보한다면 시장 자체의 인지도 상승과 더불어 고객 유치를 통한 수익 향상까지 도모할 수 있을 것이다.

3단계: 타 시장(혹은 전력부족 마을)으로의 확대

영천시장이 상인의 의지 및 발전 수익을 통한 지속 가능성 확보를 통해 성공적인 에너지독립시장으로 거듭난다면, 시범사업의 성공 사례를 모델 삼아 서대문구 내 다른 시장으로 확대해야 한다.

5. 정책의 효과

1) '현장 및 사람 중심' 전통시장 활성화 정책의 시작점

현장의 목소리를 제대로 반영하지 못한 기존 정책들과는 달리, 에너지 독립 시장 프로젝트는 현장의 목소리를 '제대로' 반영했다. 현장이 가장 필요한 부분(냉난방, 환풍 설비 설치)과 필요한 부분을 해결할 때 발생하는 부작용(유지 부담 과중)을 최소화함으로써 '현장 및 사람 중심'의 새로운 전통시장 활성화 정책 패러다임을 제시한다.

2) '신재생에너지 생산 플랫폼과 마을'이라는 전통시장의 새로운 발전 모델 제시

단순히 물건을 사고 파는 판매처로만 기능하던 전통시장은, 에너지 독립 시장 프로젝트를 통해 새로운 신재생에너지 생산 플랫폼으로 거듭날 수 있다. 또, 시장이 생산 플랫폼으로 거듭나는 과정에서 상인 간, 상인과 고객 간의 교감이 늘어나면서, 전통시장이 지역공동체의 '마을'로도 발전할 수 있는 가능성을 확인할 수 있다.

3) 정부와 지방자치단체의 에너지 정책 확산에 기여

유동인구가 많은 시장이 마을로서 기능하면서 홍보효과를 극대화할 수 있는 환경이 마련된다. 에너지 독립 시장에 정부와 지방자치단체 에너지 홍보관을 설치함으로써 정부와 지방자치단체(서울시, 서대문구)가 실시하고 있는 에너지 정책을 확산하는 데에 기여할 수 있다.

3. 정책결정자(서대문구청장 후보)의 반응

2018년 5월 30일에 연세대학교 백양누리 곽정환 홀에서 개최된 서대문구청장 후보자 토론회에서 '지난 4년 동안 서대문구청이 심도 있게 추진한 에너지 자립 마을 정책에 대한 평가와, 영천시장에 태양광 패널 설치하는 등 에너지 자립 마을과 보조를 맞추는 학생들이 제안한 정책인 에너지 독립 시장 정책에 대한 평가를 내려 달라'라는 질문을 통해 기호 1번 더불어

민주당 문석진 후보와 기호 2번 자유한국당 안형준 후보의 반응을 살펴볼 수 있었다. (기호 3번 바른미래당 이은석 후보는 토론회 당일 갑작스럽게 일정이 생겨 참석하지 못하였다.)

기호 2번 자유한국당의 안형준 후보는 박원순 서울시장이 지난 몇 년간 추진해온 '원전 하나 줄이기 정책'을 강도 높게 비판하는 동시에 잘못된 에너지 절약 정책은 바로잡아 한다며 '에너지 자립 마을 정책'에 대한 부정적인 시선을 보여주었다. 2분의 시간 동안 '에너지 독립 시장 정책'에 대한 평가는 하지 않았지만, 현 정부와 서울시의 에너지 정책에 대한 안 후보의 비판적인 태도로 미루어 보아 '에너지 독립 시장' 정책에 대한 견해 역시 그리 긍정적이지 않음을 유추해볼 수 있었다.

하지만 3선에 도전하는 기호 1번 더불어민주당의 문석진 후보는 서울시의 원전 하나 줄이기 정책과 발 맞춰 에너지 자립 마을 정책을 선도해온 서대문구의 행정이 가시적으로 큰 성과가 있었다고 자평하며, 에너지 독립 시장 정책에 대한 긍정적인 평가를 내렸다. 서울시 25개 구 중 서대문구에 가장 많은 17곳의 에너지 자립 마을 생길 수 있었던 배경에는 주민들의 의지와 함께 구청 차원의 든든한 지원이 있었다며, 3선에 성공한다면 이전처럼 에너지 자립 마을의 양적, 질적 발전을 위해 지원을 이어 나갈 계획임을 밝혔다. 또한 2년 전에 아케이드를 설치하는 등 서대문구청은 영천시장에 많은 관심과 지원을 가져왔으며, 영천시장을 대상으로 한 에너지 독립 시장 정책 역시 긍정적으로 검토하겠다는 의사를 표했다.

위와 같이 정책에 대한 각 후보의 온도차가 있었기 때문에, 부정적인 견해를 내비친 자유한국당 안형준 후보 보다는, 긍정적인 평가를 내린 더불어민주당 문석진 후보와 협력하는 방향이 현실적이라는 판단을 내렸다. 공약에 에너지 독립 시장 정책을 반영하는 방안을 선거 캠프에 문의했지만, 공식적인 공약은 이미 모두 정해졌기 때문에 추가적인 반영에는 어려움이 있다는 답변을 받았다. 하지만 에너지 독립 시장 정책이 문석진 후보가 강조해왔던 '에너지 자립'과 방향성이 일치하는 만큼 선거 이후의 본격적인 논의를 약속 받았다.

문석진 후보가 3선에 성공한 만큼, 우리 팀은 선거 캠프에서 소개받은 담당자 분과 영천시장 상인회와 함께 꾸준히 논의를 이어가 에너지 독립 시장 정책을 추진할 계획이다. 최근 제6회 대학-지역연계수업 연합발표회에서도 문석진 구청장의 긍정적인 반응을 다시 한 번 확인했다. 마을학개론 수업은 끝이 났지만, 내일청년연구소 Polic-Y[폴릭와이]를 통해 '에너지 독립 시장 프로젝트'는 현실화될 것이다.

Ⅲ. 결론

우리는 이 프로젝트를 통해 전통 시장을 어떻게 하면 활성화할 수 있을지 고민해보았다. 우리가 내놓은 답은 단순한 경제적인 지원이나, 환경 정비 사업이 아니었다. 전통 시장에 태양광 패널을 설치하고 에너지 자립 마을로 만들어 시장을 '에너지 독립 시장'으로 발전시키는 것이 우리가 내놓은 답이다. 어쩌면 이는 우리의 목표, 즉 전통시장의 활성화하고는 거리가 멀어 보일 수도 있다. 당장 태양광 패널을 설치한다고 해서 전통 시장에 사람이 모일 지는 미지수이다. 우리의 해결방안은 전통시장의 낙후 원인으로 제기되는 대형마트와의 경쟁력 부재를 해결하지 못할 수도 있다. 하지만 우리는 더 나은, 지속 가능한 전통시장의 모델을 생각해보았고, 그 답으로 '에너지 독립 시장'을 내놓게 되었다.

먼저, 우리의 '에너지 독립 시장'은 정책의 융합적 실현이라는 점에서 의의가 있다. 전통시장 활성화 정책과 에너지 자립 마을 정책의 융합은 거버넌스의 실천이 필수적이다. 경제적인 측면에서 바라보던 전통시장 활성화와 환경적인 측면에서만 바라보던 에너지 자립의 이슈는 거버넌스를 통해 함께 공존하며 시너지 효과를 발휘할 수 있다. 각 분야의 전문가들이 모여 함께 의견을 나누며 협력할 때, 전통 시장이 에너지 자립을 통해 다시 사람 중심의 시장이 되어, 마을 공동체의 근간을 이룰 수 있을 것이다.

두 번째로, 우리의 '에너지 독립 시장' 프로젝트는 '지속 가능'하다는 점에서 의의가 있다. 우리는 전통 시장이 돈과 물질만으로 운영되는 것이 아니라, 마을의 주민들이 모이는, 사람이 중심이 되는 시장이 되어야 함을 공감하였다. 그리고 우리는 서울특별시와 서대문구의 에너지 자립 마을이 우리가 추구하는 '사람 중심'의 모범적인 정책임을 발견하였다. 주민들이 함께 머리를 맞대고 어떻게 하면 그들의 마을 내에서 불필요한 에너지 낭비를 줄이고 친환경 신재생 에너지를 적극 활용할 수 있을지 고민하는 과정 속에서 마을 공동체의 유대감이 생기는 것을 발견할 수 있었다. 우리는 이 에너지 자립 마을 정책을 전통 시장에 적용하여, 시장 상인뿐만 아니라 전통 시장 주위에 거주하는 마을 주민들이 함께 모여 그들의 에너지 이슈를 고민하고 마을 공동체의 발전을 위하는 동시에, 에너지 문제를 해결하는 일석이조의 정책 방안을 생각하게 되었다. '에너지 독립 시장' 프로젝트는 지속 가능한 마을 공동체를 만들어 기울어져 가는 도시를 재생하는 효과를 발휘할 수 있을 것이다.

세 번째로, 우리의 '에너지 독립 시장' 프로젝트는 대학생과 전통 시장 상인, 서대문구와 서울특별시가 모두 함께 참여하는 큰 규모의 정책이다. 대학생들의 아이디어는 전통 시장 상인과 고객들의 요구와 결합되어 구축된다. 이렇게 만들어진 정책 아이디어는 서대문구와 서울특별시의 정책의 흐름 안에서 새로운 바람을 불러 일으키는 촉매가 될 수 있다. 예산의 활용에 있어서도 지방자치단체와 긴밀히 협의하여, 효과적인 예산 사용으로 마을 공동체를 살아나게 해야 한다. 다시 말해, 우리의 프로젝트는 대학과 마을, 그리고 지방자치단체가 협력하여 이루어 나가는 '큰 프로젝트'가 될 것이다.

4개월이라는 짧은 시간 동안 나름의 시행착오를 거쳐 만들어진 우리의 '에너지 독립 시장' 프로젝트는 청년내일연구소 Polic-Y를 통해 이어갈 예정이다. 서대문구의 에너지 독립 시장 사례를 전국의 전통 시장들이 벤치마킹해, 시장이 활성화되고 마을 공동체가 부활하는 청사진을 우리는 그리고 있다. 에너지 독립 시장은 계속될 것이다. 사람 냄새 가득 품길 때까지.

참고문헌

학회보, 월간지, 계간지 등의 논문이나 기사

- 보험연구원. 2017. "정책토론회 전통시장 화재위험 관리 방안." http://www.kiri.or.kr/pdf/%C0%FC%B9%AE%C0%DA%B7%E1/KIRI_20170315_114243.pdf (검색일: 2018. 04. 12).
- 대한민국 중소벤처기업부. 2017. "중소벤처기업부 2018년 분야별 예산.". https://www.facebook.com/bizinfo1357/photos/pcb.1780105808689671/1780104925356426/?type=3&theater(검색일: 2018. 04. 13).

일간지, 주간지의 기명 기사와 칼럼

- 연합뉴스. 2014. "전통시장 매출, 12년 만에 40조→20조로 '반토막'". http://news.kbs.co.kr/news/view.do?ref=N&ncd=2925059(검색일: 2018.04.22).
- 이종행 기자, 2018. "버려지는 무안 전통시장 태양광 전력…상인들 "사용 못해"". http://m.news1.kr/articles/?3297249.
- 윤형준 · 백수진. 2016. ""청년 상인을 위한 市場은 없다.". http://news.chosun.com/site/data/html_dir/2016/04/05/2016040500293.html(검색일: 2018.04.14).

웹사이트

- 서대문구청 누리집. http://www.sdm.go.kr/index.do.
- 서울특별시 원전하나줄이기 누리집. https://energy.seoul.go.kr/seoul/index.jsp.
- 육거리 시장 누리집. 2014. yukgeori.com.

- http://www.radiogfm.net/news/13357.
- https://blog.naver.com/hdsolarenerge/221282994082.
- https://blog.naver.com/jongno0401/221207770656.

기타

- 서울특별시 에너지 조례, [시행 2011.3.17] [서울특별시조례 제4955호, 2011.3.17., 일부개정].
- http://home.kepco.co.kr/kepco/CU/A/B/CUABPP00102.do?boardSeq=21021205&replyRole=&searchKeyword=&boardNo=0&boardCd=&searchCondition=total&menuCd=FN1201&depth=0&pageIndex=1&parnScrpSeq=21021207 PPA 가이드 한전 P10.
- http://home.kepco.co.kr/kepco/CU/A/B/CUABPP00102.do?boardSeq=21021205&replyRole=&searchKeyword=&boardNo=0&boardCd=&searchCondition=total&menuCd=FN1201&depth=0&pageIndex=1&parnScrpSeq=21021207 PPA 가이드 한전 P18.

홍제3동 개미마을 재생프로젝트

구한민 · 김주영 · 허채원

Ⅰ. 서론

1. 연구 설계 배경

1) 문제의식

우리 사회는 더 이상의 괄목할 만한 경제성장을 도모하는 것이 정당화되기 어려운 '성장 포화' 시대를 살고 있다. 한국의 국가 주도 불균형 성장 정책에 따른 산업화를 통해 압축적이고 폭발적인 경제 성장을 이룩하면서 고착화된 경제적 불평등과 소외계층의 상대적 빈곤의 심화는 심각한 수준이다. 이것은 이미 우리가 허용할 수 있는 자본주의의 생리를 넘어선지 오래다. 우리는 이처럼 심화된 경제 양극화를 방치하고 심지어 이를 조장하는 구조적 문제들을 지적할 수 있을 것이다.

오늘날의 사회경제적 불평등은 지속적으로 깊어지는 중이며, 특히 도시개발 속에 여전히 존재하는 도시 빈민층의 민생을 돌아보는 작업은 그 자체로 유의미하고 필수적일 것이다. 이들은 제도권의 변두리에서 소외되거나 부분적으로, 그리고 한시적으로 포함되었다가 다시 방치되는 등의 불안정한 여건 속에서 기본권의 온전한 보장을 받지 못해왔다.

이에 우리 조는 도시빈민층의 다수밀집 거주지역인 서대문구 홍제동 개미마을을 그 연구 대상으로 삼아 개미마을의 현 실태 파악을 통해 표면적, 본질적 문제점들을 진단한 뒤, 이에 대한 근본적인 해결방안을 모색하고자 한다. 이를 통하여 목표하는 바는 개미마을에 거주하는 다수의 소외계층의 기본권을 제도적으로 꼼꼼하게 보장하고, 개미마을이 보유한 환경적, 문화적 이점을 충분히 반영하고 발전시킨 공간 활용을 통해 내부인구와 외부인구의 지속적인 생산적 교류를 이끌어내어 지역 활성화를 이루어나가는 것이다. 만연한 도시화로 인해 심화되는 상대적 빈곤을 이처럼 해소해나가고자 하는 적극적인 노력은 한국 사회의 질적 발전을 위한 주요 작업이다.

〈그림 1〉 개미마을 개요, 국토교통부 VWORLD

(1) 개미마을

서울 서대문구 홍제동의 개미마을은 인왕산 등산로의 초입이자 7번 마을버스의 종점에 위치한 서울의 마지막 달동네이다. 면적은 서울특별시 서대문구 홍제3동 9-81번지, 9-82번지, 9-83번지, 산1-169번지, 8-158번지를 아우르며 약 34,611m^2 정도이며, 지리적으로 인왕산 밑자락에 자리잡고 있어 뛰어난 자연환경을 보유하고 있다. 주민등록상 등재된 개미마을의 거주민은 2014년 9월 기준으로 169세대 315명이며, 이중 60세 이상 노인층은 128명으로 전체 거주민의 40%를 차지하고 있다.[1]

개미마을은 6 · 25 전쟁 이후 만들어져 갈 곳이 마땅치 않은 빈곤한 사람들이 들어와 임시 거처로 천막을 두르고 살기 시작하면서 생겨나, 1960년대 급격한 산업화시기 제도권 변두리의 도시빈민들이 밀집 거주하면서 '인디언 촌'이라고도 불리도 했다. 이후 1983년 주민들이 열심히 생활하는 모습이 근면한 개미를 닮았다고 해 '개미마을'이라는 정식 이름을 갖게 되었다.

---

1 걷고싶은도시만들기시민연대. 2014.『홍제동 개미마을보고서』.

1970년대 정부로부터 개미마을에 대한 대규모 철거가 몇 차례 시도되면서 주민들이 이에 격렬하게 저항 하였고, 이에 따라 1987년 정부로부터 거주자 공동소유의 토지불하를 승인받았다. 이후 2006년 개미마을에 대한 그린벨트 지정이 해제되자 곧바로 투기꾼들의 토지 지분 투기가 급격히 증가하였다. 이러한 일련의 과정을 거치면서 현재 개미마을에 대한 정부로부터의 적극적인 개선의지가 결여된 채 개미마을은 여전히 토지, 주택 소유의 명확성이 확보되지 못해 실거주민들의 피해가 지속되어오고 있다. 예를 들어 개미마을의 취약한 주거환경과 기반시설은 그 낙후함의 정도가 매우 심각하다고 할 수 있는데, 매우 노후하고 불완전한 지붕들, 무너져 내린 담벼락들, 부서진 창문과 문 등, 늘 주택의 붕괴위험에 시달리는 동시에 매년 발생하는 축대 붕괴 사고 등은 주민들의 불안감을 더욱 증폭시키고 있다. 하수시설도 없기 때문에 가정에서 나오는 모든 생활하수는 바로 계곡으로 흘러 들어가는데, 특히 주택 내에 화장실이 없는 까닭에 공중화장실을 사용하는 주민들도 있다.[2]

개미마을이 가지는 여러 가지 특성들(외부유입이 많은 지리적 환경, 도시빈민가에 대한 휴머니즘의 발현 등)은 한시적이고 전시적인 행정적 지원과 부분적인 개선을 가능하게 하였지만, 거주자들의 실질적인 삶의 질을 향상하는 근본적인 대책이 마련되지 못하고 있는 실정이다. 절대적 빈곤의 해소가 이루어지고 있다고는 하지만, 상대적인 빈곤은 더욱 심화되고 있는 오늘날, 소외계층의 민생을 돌보고 이들의 목소리를 제도권 안으로 결집시키는 것은 한국 사회의 질적 발전에 있어서 무엇보다 매우 중요한 핵심이라고 할 것이다.

2 걷고싶은도시만들기시민연대. 2014. 『홍제동 개미마을보고서』.

2) 누구에게, 왜 중요한가?

(1) 실거주자

우리가 시민으로서의 권리와 역할을 실질적으로 행사하고, 궁극적으로 참여민주주의를 실현하기 위한 움직임은 우리가 살고 있는 마을에서의 동네 민주주의에서 시작한다고 볼 수 있다. 그리고 이처럼 체감도가 높은 현실 정치를 실현하게 되는 주체들은 그들의 거주 지역에 의한 제약을 받지 않아야 한다.

따라서 우리는 특히 관심의 바깥에 존재하는 소외된 동네를 중심으로 거주자들이 자신의 주거환경의 질적 개선과 활성화를 위하여 적극적으로 참여할 수 있도록 돕고자 한다. 이러한 환경이 조성될 수 있는 제도적 개선과, 거주자들의 자발적이고 건강한 참여가 결합하는 것이 관건일 것인데, 이는 거주자들이 자신이 사는 곳에 갖게 되는 건강한 '애정'은 실질적인 동네 민주주의를 위한 소중한 씨앗이 될 수 있다고 생각한 까닭이다. 거주자들이 마을을 건강하게 사랑하지 못하는 환경에서는 적극적인 개선의 의지가 발현될 수 없으며, 이러한 점은 '생활정치'의 시작이자 좋은 무대가 될 수 있는 거주지역 중심의 민주주의 실현에 방해가 된다. 다시 말해, 일반시민들이 생활 환경에 대한 적극적인 관심과 개선의지가 자생력 있게 발현되는 환경을 조성하는 것이 동네 민주주의의 시작이라는 의미이다. 주민들의 의지와 목소리가 제도권으로 수렴될 수 있다는 효능감을 충족시켜주어야 한다.

(2) 외부 유동 인구

개미마을은 다양한 외부 유동 인구가 끊임없이 방문하는 지리적, 환경적 특성을 가지고 있다. 2009년 개미마을에 대대적인 벽화 그리기가 진행된 후 국내 방문객은 물론, 그 독특한 주거 지형과 벽화 그리기로 인해 생겨난 마을의 특색 덕에 중국, 일본 관광객이 꾸준히 유입되고 있다. 또한 인왕산 초입에 위치한 개미마을은 꾸준한 등산객들의 방문이 이어져오고 있다. 개미마을에 죽은 상권이 젊은 세대들이 예술작업을 하는 공간으로 활용되기도 하며, 더욱이 도시화의 결정체인 서울 속 유일하게 존재하는 시골 정경을 보유한 개미마을은 촬영지로도 이미 유명하다.

이와 같이, 문화적 · 관광적 가치를 보유하고 있는 개미마을에 질적인 개선이 이루어지고, 마을 내 구성원들이 주도적으로 마을의 유지 및 발전을 도모할 수 있는 동네 민주주의가 실현되었을 때, 외부 유동 인구는 건강하게 향상된 마을 환경으로 인해 질적으로 보장된 문화생활을 누릴 수 있게 된다. 보다 본질적으로는 사회에 존재하는 소외계층의 삶이 제도권으로 포용되고 개선되는 과정을 확인할 수 있게 된다.

(3) 사회전체구성원

세계적인 사회학자 지그문트 바우만은 그의 저서 『부수적 피해』에서 모든 구조물들의 붕괴는 전체적인 구조의 평균값이 아니라 가장 약한 부분이 붕괴될 때 일어난다고 설명하면서, 그 가장 취약한 부분을 다른 어떤 구조물보다 더 심각하게 망각하거나, 감추고, 경시하고, 부인하는 구조물이 바로 '사회'라고 진단하였다. 한편, 우리나라의 경제는 발전국가식의 불균형 경제 성장 정책이 채택된 급격한 후기산업화로부터 시작된 까닭에 양적 성장에 치우쳐 있었고, 복지를 중시하는 질적 성장은 상대적으로 경시되면서 불평등 발전 속에서 보호받지 못하는 취약계층은 더욱 비대해졌다. 경제 양극화에서 비롯되는 빈곤 계층의 방치 및 심화는 한국 사회구조의 취약성을 단적으로 드러낸다. 앞서 진단한 바, 성장의 포화 시대의 한국 사회는 양적 팽창을 맹목적으로 추구하기를 멈추고, 부의 양극화와 상대적 빈곤을 겪고 있는 사회경제 하부 영역에 존재하는 소외계층을 제도권 내로 적극적으로 포용하는 즉각적인 개혁이 이루어져야 한다. 이것은 진정으로 안정적인 경제 발전을 이루는 사회를 위함이고 궁극적으로 사회 전체의 구성원이 누리게 되는 사회 내 환경의 질적 향상에 큰 도움이 될 것이다.

3) 실태 파악

(1) 탐방 초기 파악된 마을의 문제점

① 2009년 개미마을에 대대적으로 그려진 벽화들이 칠이 벗겨져 훼손된 채로 방치되어 현재 흉물스러운 형태

② 외부로부터 유동인구가 많기 때문에 이들의 편의를 위한 시설들(ex. 안심서비스가 제공되는 깨끗한 공용화장실, 각종 운동 기구, 쉼터, 어린이 놀이터, 밝은 가로등 등)이 설치 되어있음. 다만, 이러한 행정적 차원의 지원과 설치 시설물들이 실거주자들의 낙후한 주거환경과 제대로 조화되지 못하고 다소 난해하게 혼재함 (ex. 휴게공간에 설치된 벤치 옆 쓰레기수거 구역, 휴게공간 옆으로 흐르는 생활 하수로 오염된 개울 및 악취 등)

③ 개미마을이 보유하는 뛰어난 자연환경에 조응하지 못하는 열악한 주거 환경 (ex. 무너진 담벼락, 가파른 골목 계단, 합판/아크릴/비닐 등이 얹힌 지붕, 쓰레기와 버려진 자재들이 쌓인 공·폐가, 연탄사용 가구, 생활 하수로 인한 인왕산 계곡 오염 문제 등)

(2) 네 차례의 탐방과 주민 인터뷰 이후 파악하게 된 본질적인 문제점

개미마을의 전반적인 마을살이를 총괄하는 개미마을 노인 회장님과의 심층 인터뷰를 통해 개미마을의 근본적인 문제점을 진단하였다. 개미마을은 1970년대에 이루어진 대대적인 철거로 당시 500여 가구에서 120여 가구까지 줄어들었고, 이에 격렬히 저항하던 주민들이 자신의 거주하는 주택에 대한 권리를 보장받기 위해 토지불하를 적극적으로 주장하기에 이르렀다. 그리고 민주화가 이루어지던 1980년대 개미마을은 토지불하를 최종

〈사진 1〉 개미마을의 열악한 주거실태와 방치된 폐가, 2018.05 현장조사

승인 받게 되었는데, 이때 토지불하를 공동소유형태로써 지분을 갖는 방식으로 진행된 것이 오늘날까지도 개미마을에 영향을 미치는 문제의 시발점이 되었다. 이후 2006년 개미마을에 지정되었던 그린벨트가 해제되면서 투기바람이 불었고 투기꾼들이 개미마을의 토지 지분을 쪼개가면서 기존에 거주자 중심이었던 120명의 토지주가 350명으로 늘어났다. 토지에 대한 지분으로 묶여있는 탓에 토지개발을 위해서는 모두가 합의를 보아야 했는데, 투기꾼들이 지분을 매입한 이후 재개발의 시점까지 방치한 채로 협조하지 않는 까닭으로 개미마을을 위한 개발이나 건축 등 토지 활용이 불가능해진 것이었다. 더욱이 국가에서 개미마을의 높은 지형적 특성에 따라 4층 이상의 건축을 불허하면서 그 이하 층수의 건물로는 이익이 창출되지 않는 수익구조에 따라 새로운 건물을 지을 수도 없는 것이었다.

한편, 현재 개미마을은 주택소유자보다 세입자 비율이 더 높은데, 이 세입자들이 살고 있는 주택이 매우 낙후하고 보수가 시급하더라도 집주인이 보수를 진행해주지 않아 세입자가 직접 고쳐야 하는 심각한 문제가 있다. 경제적 여건이 되지 않는 세입자들은 불편함을 감수할 수 밖에 없다. 결국 이러한 상황에서 외부 단체들이 자선적 행보로써 집을 수리해주고 벽화로 집을 꾸며주는 등의 행위는 전세가격만을 폭등시켜 집주인에만 이익이 되는 모순적인 상황이 발생한다. 그리고 전세가격이 오르면 세입자들은 방출되어야 한다.

이처럼, 개미마을의 본질적인 문제를 해결하지 않고서는, 우리 조가 제시하고자 했던 주거환경의 개선 등의 방안은 대단히 표피적인 것이며 근본적인 해소 방안이 되지 못함을 강하게 인지하게 되었다. 오히려 개미마을의 실거주민들에게 해가 되는 결과를 초래할 수 있는 것이었다. 이에 우리 조는 개미마을에 가시적으로 보여지는 주거환경문제의 기저에는 토지공동소유와 투기가 자리하고 있었으며 이 현실적인 문제를 해결하는 방안과 함께, 특히 경제적 여건이 매우 열악한 세입자들의 기본권을 보장할 수 있는 정책을 우선으로 마련하는 것이 타당하다는 결론을 내렸다.

Ⅱ. 빈 집, 세입자 문제에 대한 제도적 · 법적 문제와 해결방안

2006년, 개미마을의 토지 개발을 제한하던 그린벨트가 해제되었다. 재개발 후 땅값이나 집값이 오를 것을 고대하던 투기 세력에 의해 토지의 지분은 수백 명에게로 나뉘게 되었다. 따라서, 모든 토지 소유주들의 합의 없이는 폐가(빈 집)의 매각이나, 새로운 공공시설의 설립이 불가능하게 되었다. 자신의 명의로 된 주택이나 토지가 있는 개미마을의 주민 분들과는 달리, 금전상의 이유로, 어쩔 수 없이 개미마을로 전입을 온 세입자들이 투기 세력 소유의 집에 입주하게 되며 빚은 다양한 갈등 또한 존재한다. 이를 해결하기 위해 우리 조는 제도적 차원과, 법적 차원에서의 해결 방안을 제시한다.

1) 제도적 문제와 해결 방안

문제의 시작은 그린벨트 규제가 풀린 이후 투기꾼들에 무분별하게 공동으로 소유하는 토지 지분을 팔아버린 데에 있다. 우리 조는 이를 해결하기 위해서 구 단위보다, 시 단위의 재정적 지원과 새로운 제도의 수립이 필요할 것이라고 판단했다. 수백 명이 각각 보유하고 있는 토지의 지분권을 시의 주관 하에 등기 분할로 나누는 방법과, 서울시에서 빈 집의 소유권과 토지 지분권을 모조리 매입한 후 선별적으로 매각하여 새로운 공공시설이나 임대 아파트 등 유휴 공간을 활용하는 방법을 고안하였다.

(1) 공동 소유 토지 등기 분할

개미마을에 거주하던 주민들 중 일부가 투기 세력과 토지를 매매함으로 인해, 개미마을에 거주하지 않지만 토지에 대한 소유권을 주장할 수 있는 사람들이 생겨났다. 현행법상, 공유된 지분의 토지는 '일부'의 뜻대로 사용할 수 없을뿐더러 빈 집을 허물거나 새로운 건물을 짓기 위해서는 전체의 동의가 필요하다. 그러나 투기 세력의 대부분은 연락이 닿지 않으며, 애초에 마을의 가치보다 재개발 후 올라갈 토지 값 때문에 지분을 매매한 투기꾼들의 입장에서는 굳이 협조를 할 이유가 없다. 마찬가지로 등기 분할의 필요성에 대해서도 미온적인 태도를 지니고 있을 것으로 보인다.

초기에 토지를 원주민들에게 불하할 때 공동 지분으로 처리한 것을 바로잡기 위해, 서울시의 주관 하에 공동 소유로 등록되어 있는 땅을 등기 분할할 것을 제안한다. 개인이 개인 소유의 땅을 만들고, 그 토지를 활용하기 위해서는 다른 공유자(등기명의자) 전원을 상대로 토지분할청구소송(공유물분할의 소)를 제기해야 한다. 따라서 개개인이 자신의 토지를 나누어 소유하고, 해당 토지를 자유롭게 활용할 수 있게 하기 위해서는 시에서 나서서 등기 분할을 진행해야 한다.

'그림 3' 공지문을 보면 제2종 주거지역으로 종 변경을 해달라는 탄원서를 작성하기 위해서도 토지 소유주 전체의 동의가 필요하다. 그러나 토지 소유자의 연락처를 알 수 없고, 소유자들이 개미마을에 거주 중이지도 않그간 제가 추진하고 있던 일은 지금 1종 주거지역(지상 4층 지하 2층) 이어서 개발이 어려워 2종주거지역(지상 7층 지하 2층)으로 종변경을 하여달라는 탄원서를 서울시와 서대문구청에 제출하려고 지난 5월부터 열심히 받아온 결과 현재 300여 명 중 130여 명을 받았습니다.

1. 문제점
   1) 소유자 주소와 연락처를 알 수 없어 지연이 되고 있습니다.
   2) 등기부등본, 토지대장 등의 주소가 현주소와 다르기 때문에 모든 토지주, 가옥주 들이 연락이 되지 않아 어려움이 많습니다.
   3) 기존 주택조합으로 집을 짓겠다고 김종재(고인) 씨가 추진하는 곳이 있기에 같이 단합이 잘 안되는 것도 어려움이 있습니다.
   4) 현재 토지주, 가옥주 들이 전국으로 분포되어 있어서 단결력 부족과 의견수렴이 잘 안 되는 것도 있습니다.
2. 현재의 지행사항
   1) 2014년 7월 7일 자로 국무총리실 산하 규제개혁신문고에 탄원을 한바 있는데,
   서울시에서는 국민고충처리위원회를 이첩하고 다시 서대문구청으로 내려와 계류 중에 있습니다.
   내용은 1종주거지역을 2종주거지역으로 바꾸어 개발을 할 수 있도록 해 달라는 내용임.
   2) 2014년 7월 21일에는 서대문구청장과의 면담 시간도 있었는데 서울시에서는 모든 면으로 타당성을 조사하고 있고 서대문구청에서는 토지주, 가옥주들의 의견수렴이 가장 중요하고 한곳으로 뭉치면 많은 사람이 원하는 방향으로 최선을 다 하겠다는 답을 들고 왔습니다.
   3) 주민의견수렴과정에서 위의 여러 가지 어려운 사항을 건의한바, 용역회사에 자료를 제공하겠다는 도시관리과장의 답도 있었습니다.
   4) 지금 진행하는 계획 중에는 서울시에서 일괄 매입하여 개발하는 방법도 논의되고 있습니다.
3. 앞으로 진행해야 할 사항
   공영개발이든 지역개발이든 개발을 할 수 있도록 만들기 위해서는 주민 모두가 일체가 되어 한목소리를 내는 것 밖에는 없습니다.
   서대문구청에서 현재 이미 예산이 편성이 되어있고 이제는 모든 계획을 수립하여 의견수립보고서를 서울시에 어떻게 보고하느냐 하는 것이 우리 주민들에게는 매우 주요합니다.
   주민의 의견을 최대한 따르고 도와주겠다는 것이 서대문구청의의견인지라 우리주민들이 한데 똘똘 뭉치는 길 만이 최선의 길이라고 생각합니다.
   앞으로도 여러 경로를 통해서 주민들에게 이익이 되는 방향으로 최선을 다할 것을 약속드리며
   토지주, 가옥주 여러분들께서도 힘을 많이 보태 주시길 바라며
   토지주, 가옥주님들의 무궁한 발전과 함께 무더운 날씨에 건강하시기를 기원합니다.

2014년 7월

개미마을 발전위원회 위원장 백학진

〈그림 2〉 개미마을발전위원회 공지문

출처: 개미마을발전위원회. 2014. "주택 종상향 요구." http://cafe.naver.com/anttown(검색일 : 2018.05.31).

기 때문에 의견 수렴이 현실적으로 힘든 상황임을 보여준다.

(2) 시에서 빈 집과 토지 매입 후 공공시설/임대 아파트 설립

시의 주관 하에 토지 지분 소유주들을 한데 모아 등기 분할을 하는 것은 현실적으로 어려운 해결책일 수 있다. 더 나아가 등기 분할 과정 중에 개인 간의 이권 다툼이 일어날 가능성 또한 다수 존재한다. 때문에 우리 조는 서울시의 차원에서 빈 집(혹은 방치되어 있는 집)들과 공동 소유주가 가지고 있는 토지를 매입하는 방안을 고안해 보았다.

2) 법적 해결 방안

개미마을에는 마을에 대한 애정 덕에 계속해서 살고 있는 주민 분들도 있지만, 금전 상의 이유로 2008년 이후 유입된 인원 또한 존재한다. 마을 주민 분과 대화했을 때, 무엇보다도 가장 의외였던 점은 벽화가 유지되지 않는 것이 당시에 벽화 그리기에 참여했던 사람들의 무책임이 아닌, 마을 사람들의 바람이었다는 것이다, 마을이 아름다워지고, 마을에 대한 입 소문이 늘어날수록 올라가는 것은 집값일 뿐이고, 돈 없는 세입자들이 쫓겨나는 경우가 빈번하다고 한다. 주택 문제에 대해 법적 지식과 전문성이 부족한 세입자들은 임대차 보호법의 적용을 제대로 받지 못한 채 지냈을 수 있다. 그러한 법적 절차를 다시 확인하는 것만으로 부당한 차임, 또는 보증금의 증액 청구로 인한 피해를 줄일 수 있다. 또한, 노후한 시설이나 망가진 주택 등이 임대인에 의해 방치되는 경우도 심심치 않게 찾아볼 수 있었다. 우리 조는 이러한 부분들에서도 법적 근거의 확인이 조속히 이루어져야 할 것으로 보았다.

아래 사진에서 볼 수 있는 개미마을 거주자의 부동산 소유현황은 개미마을 주민의 대부분은 자신의 토지나 주택을 소유하지 못한 세입자들임을 보여준다.

〈그림 3〉 개미마을 거주자의 부동산 소유현

(출처: 걷고싶은도시만들기시민연대. 2014.『홍제동 개미마을보고서』. 76)

(1) 차임, 보증금 증액 청구 문제

임대차보호법 시행령 제 4호(차임 등 증액청구의 기준) 제 11조 제 1항에 의하면, 차임 또는 보증금의 증액 청구는 당시의 차임 또는 보증금의 100분의 9의 금액을 초과하지 못한다고 규정하고 있다. 개미 마을은 천만 관객을 불러 모았던 영화 7번 방의 선물 등에 등장하고, 또한 많은 문화 컨텐츠에 등장함으로써 화제가 되었다. 한 주민 분의 말씀에 따르면, 일본인이나 중국인 등 외국인들도 개미마을에 방문할 정도로 유명해졌다고 한다. 이러한 이유들로 인해 주택 소유자들은 세입자들에게 보증금, 혹은 전세/월세를 날이 갈수록 올려 받는다고 한다. 개미마을 노인회 회장님 말씀에 따르면, 어떤 주민 분께서는 거의 네 배 가까이 올라가버린 월세를 감당하지 못하고 또 다른 마을로 쫓겨나가듯이 이사간 경우도 있다고 한다. 이러한 부분들에 있어서 아무런 대안 방안이 없었던 것은, 마을 구성원의 대부분이 장년층이기에 주택 관련 법률에 대한 전문적 지식이 부재했기 때문일 것이다. 따라서, 서울시의 차원에서 세입자들이 임대차 보호법의 적용을 받고 있는지, 혹은 주택을 계약하는 데에 있어 부당한 대우를 받은 것은 없는지 엄밀히 조사할 필요가 있다.

(2) 주택 수리 문제

민법 제 623조는 임대인은 목적물을 임차인에게 인도하고 계약 존속 중 그 사용, 수익에 필요한 상태를 유지할 의무를 부담한다는 임대인의 의무에 대해 명시하고 있다. 제 624조에서는 임대인의 보존행위에 대해 임차인이 거절하지 못한다는 조항을 담고 있다. 우리 조원들의 눈으로 직접 보았던 개미마을은 아름다운 부분도 있었지만, 무너진 천장이나 깨진 기왓장, 허물어진 벽 등 노후한 채 방치된 시설도 많이 찾아볼 수 있었다. 세입자분 개인이 수리하기에는 금전적으로 부담스러울 만큼 많이 망가진 부분들도 볼 수 있었다. 세입자 개인의 과실이 아니라면, 세월 때문에 낡은 시설이나 망가진 것들은 임대인이 수리하는 것이 일반적으로 받아들여지는 상식임에도 불구하고, 그러한 부분들에 대해서는 전혀 개선점을 찾아볼 수 있었다.

개미마을 주민 분들께서는 그러한 낡은 주택에 살고 계시는 것이 대부분 노인 분들이고, 그분들께서 삶에 대해 큰 욕심이나 미련이 없으셔서 부당한 대우를 눈감아 주고 계시는 것이 아닌지 하는 우려를 표하셨다. 2.1.에서 언급했듯이, 우리 조는 이러한 부분들에 있어 임차인과 임대인이 적법한 절차를 적절히 거쳤는지 확인하고, 부당하게 이루어진 점은 없는지 면밀히 살펴보는 것만으로도 훨씬 나은 환경을 조성할 수 있다고 보았다.

Ⅲ. 유휴공간의 활용 방안

1) 유휴공간의 이해

(1) 유휴공간의 개념

'유휴공간(遊休空間)'은 그 유형에 따라 크게 두 가지로 정의 할 수 있다. 첫 번째는 사전적인 의미로 '쓰지 않고 놀리는 공간'으로 도시의 한 부분을 차지하고 있으나 특별한 사용이 없는 비활용(非活用) 공간이다(이덕진 2014). 이 공간은 비의도적으로 발생한 공간으로 도로에 존재하는 교통섬과 고가도로 하부의 잉여공간, 건물 사이의 자투리 공간, 하천 및 산의 주변공간 등을 예로 들 수 있다. 두 번째는 도시의 변화로 인해 본래의 기능을 상실한 채 사용되지 않고 있는 비사용(非事用) 공간이다(노윤하 2016). 대표적으로 서울의 경의선 폐철길, 상암동 석유비축기지 등과 같이 도시의 성장 또는 변화과정에서 생겨난 파생적인 산물로서 나타난 공간이다.

(2) 유휴공간의 문제점

유휴공간은 여러 가지 도시문제를 유발한다. 방치된 공간에 쓰레기를 투척하거나, 오물과 폐물이 쌓여 미관상으로 좋지 않은 것은 물론이고 환경적으로도 악영향을 끼친다. 뿐만 아니라 방치된 건물에서는 노숙인이 거주한다거나 범인의 도피나 은신, 청소년의 탈선 등 범죄 은거지로 이용되기도 하면서 주변에 사는 주민들에게 불쾌감과 공포감을 조성하고 있다.

지난 2010년 부산에서 김길태가 여중생을 성폭행한 뒤 살해한 곳, 도피해 은신한 곳이 모두 폐가임이 드러나면서 방치된 건축물에 대한 대책이 이슈화가 되었다. 당시 경찰은 방범 정비 계획을 밝히고, 전국적으로 공·폐가의 일제조사를 실시했지만 아직까지도 곳곳에 남아있는 공·폐가는 통제가 되지 않고 있다.

5년마다 한 번씩 실시하는 인구 주택 총 조사 결과에 따르면 2015년에 전국의 빈 집은 107만 호로 전체 주택의 6.5%에 달했다. 서울은 전국에서 빈 집 비율이 가장 낮은 2.9%로 조사되었지만, 그것만 해도 8만 호나 된다. 30년 이상 노후화된 빈 집은 붕괴 위험도 큰데, 전체 빈 집의 29.3%인 31만 호로 조사되었다.

2) 유휴공간의 활용

(1) 개미마을의 유휴공간

개미마을의 유휴공간은 대부분 공 · 폐가이다. 2018년 5월 필드 스터디에서 조사 당시 확인한 것만 20여 개의 공 · 폐가가 존재하고 있었다. 주민의 인터뷰에 따르면 공 · 폐가가 급증하고 있는 추세인데, 대부분이 이사를 가면서 방치했거나 재건축 · 재개발을 기대하고 투기를 한 경우라고 한다.

다수의 개미마을 주민에 따르면 수년간 청소년의 탈선지로 이용된 몇 번의 경우 이외에는 이곳의 공 · 폐가가 범죄지로 활용되지는 않았다고 한다. 다만 스산한 분위기에서 풍기는 공포감과 현실적인 안전문제는 심각하다고 한다. 개미마을의 건물은 급경사의 산비탈을 따라 축대를 세워 건축되었기 때문에 노후화됨으로써 강풍, 폭우 등으로 인한 붕괴로 아랫집을 덮치는 사고도 발생하고 있다.

그러나 개미마을의 공 · 폐가의 처리 문제는 그다지 쉬운 상태가 아니다. 애시 당초 판자촌 형태의 달동네로 만들어진 개미마을은 1970년대부터 대규모 철거가 몇 차례 이루어지자 철거에 대한 불안감에 휩싸인 주민들의 강력한 토지불하요구로 이곳의 토지소유권이 공공에서 민간으로 이전된다. 당시 주민들은 재개발에 대한 기대로 단독소유형태의 토지분할등기대신 공동소유형태의 공유지분등기를 통해 지번을 나누지 않았는데, 그것이 현재에 까지 이어지면서 재산권 행사를 복잡하게 만들고 있다. 뿐만 아니라 1세대 소유자의 사망으로 인한 상속 · 증여로 등기권리자가 계속적으로 증가하는 데다가, 전국적으로 재건축 · 재개발 광풍이 몰아칠 당시 이곳에도 투기꾼의 자본이 몰아 닥치며 소유권이 잘게 분할매각됨으로써 소유관계가 파악조차 불가한 지경에 이르렀다.

60% 이상이 세입자인 개미마을에서는 주민들이 시멘트를 덧대면서 집수리를 해왔지만 무허가 건물이기 때문에 근본적인 개 · 보수는 불가능한 상태다. 기존 무허가 건물의 증 · 개축을 불허하고 최소한의 보수만을 허용하는「무허가건물 정비사업 업무처리지침」에 따라 심각한 위험에 노출되어 있다. 특히 공 · 폐가의 개발기대심리로 매입한 건물이기 때문에 굳이 공들여 건물을 보수할 필요도 없거니와 재산세 납부를 꺼려하는 건물주의 입장에서는 건물관리에 무관심할 수 밖에 없다.

(2) 문재인 정부의 빈집정비사업과 도시재생 뉴딜정책

공 · 폐가도 개인의 사유재산이기 때문에 유지보수 및 관리의 책임과 권한은 소유주에게 있다. 때문에 지자체에서도 할 수 있는 것이 소유주에게 건물관리를 요청하는 것 정도가 전부이다. 그러나 개미마을의 특성상 공 · 폐가의 소유주와 연락이 잘 닿지도 않을뿐더러, 연락이 닿는 경우에도 그러한 의지가 없다는 점이 문제가 된다.

정부는 2018년 2월「빈집 및 소규모 주택 정비에 관한 특례법(이하 빈집특례법)」을 공포하고 시행에 들어갔다. 이에 따라 빈집 전수조사에 대한 근거가 마련되고 빈집 정보의 시스템을 구축하는 등 지자체가 효율적으로 관리하고 활용할 수 있게 되었다. 이 법은 빈집정비사업 및 소규모주택사업에 관해 다른 법률에 우선하여 적용할 권한이 부여되어있다. 또한 해당 지자체장이 안전사고나 범죄발생의 우려가 높은 경우, 공익상 유해하거나 도시미관 또는 주거환경에 현저한 장해가 되는 경우에 빈집 소유자에게 철거를 명령할 수 있게 함으로써 상당한 정도의 강제력을 부여했다. 빈집정비

〈사진 2〉 개미마을의 공·폐가 실태, 2018.05 현장조사

사업은 빈집을 개축·증축·대수선하거나, 철거하거나, 철거한 후 건축물 또는 공용시설을 설치하는 등의 여러 가지 형태로 이루어질 수 있다. 그러나 빈집정비사업도 엄연히 정비계획을 수립해야 하고, 그 과정에서 주변 주민들의 의견을 수렴해야 한다.

그간 개미마을의 주거개선방안을 두고 여러 가지 의견이 있어왔다. 홍제3동 공주택사업추진위원회, 개미마을지역주택조합, 개미마을이주대책추진위원회, 개미마을발전위원회 등 다양한 주민합의체의 명칭에서도 알 수 있듯 다양한 대안이 제시되어 왔다. 2018년 5월 필드 스터디 당시 주민 대표자의 인터뷰에 따르면 현재 개미마을에 대한 주민들의 요구는 '종 상향 이후의 민간개발' 또는 '시유지 수용을 통한 공공개발'의 안에 모아져 있다. 종 상향 이후의 민간개발 안은 용도지역을 기존 제1종 일반주거지역에서 제2종 일반주거지역으로 변경함으로써 민간개발업자의 수익성을 보장해줌으로써 민간으로부터의 정비사업이 이루어질 수 있게 하자는 것이고, 시유지 수용을 통한 공공개발의 안은 복잡한 토지소유권 문제를 해결함과 동시에 공공 주도의 정주환경개선을 통해 지역공동체를 유지하면서도 주민의 요구를 반영할 수 있게 하자는 것이다. 그러나 주민들 스스로도 현실 가능성에 대한 의견은 회의적이었다. 그렇다면 대안이 될 수 있는 것은 현재의 형태를 유지하면서도 주민의 요구를 반영할 수 있는 절충적인 도시재생모델을 들 수 있다.

마침 이번 문재인 정부에서는 도시재생 뉴딜사업에 임기 내 50조 원을 투입하기로 약속함으로써, 이와 관련한 재원마련과 동력확보에 절호의 기회가 왔다. 특히 주거난과 부동산문제가 계속되고 있는 서울 도심지에서 개미마을의 재생은 원주민의 정주환경개선뿐만 아니라 독거노인문제, 청년주택문제, 주거난문제 등의 해결책과 접점을 모색함으로써 도시재생의 새로운 대안적 모델이 될 수 있다.

우리 조는 개미마을의 도시재생 중에서도 빈집특례법과 맞물려 있는 유휴공간의 활용에 집중해 가능한 대안을 모색해보기로 했다. 이번에 마련된 빈집특례법의 대안 중에서도 개미마을은 지어진 지 공 · 폐가 중에서도 30년 이상이 된 폐가가 대부분이기 때문에 안전상, 미관상의 문제로 이곳에 유용한 대안은 철거한 후 건축물 또는 공용시설을 설치하는 방법이 될 수 있겠다. 이러한 문제의 해결을 지역공동체의 분위기를 저해하지 않고, 주민들의 요구를 반영하면서도 새로운 패러다임을 제시할 수 있어야 한다고 보았다.

(3) 개미마을에서의 유휴공간 활용 대안

개미마을에서 공 · 폐가의 철거로 만들어지는 유휴공간은 대규모의 택지개발이 가능한 정도의 규모가 되지 않기 때문에 그 점을 고려해 실현 가능한 대안을 생각해보았다.

① 포켓파크 조성

포켓파크(Pocket Park)라는 용어는 'Vest-Pocket-Park'의 약칭으로 양복의 조끼에 붙어있는 포켓과 같은 소규모의 미니공원을 의미한다(유숙항 1992). 도시환경 속의 포켓파크는 주민, 주변 직장인 또는 도시를 방문하는 관광객에게 휴식과 만남의 공간, 문화와 예술의 공간을 제공하며, 자연을

〈사진 3〉 개미마을의 포켓파크, 2018.05 현장조사

느낄 수 있는 녹지의 공간으로, 아름다운 경관의 공간으로, 그리고 효율적 토지이용의 공간으로의 기능과 역할을 한다(김민정 2011).

개미마을에는 노인의 인구비율이 압도적으로 높은 동네이다. 동네 언저리에 위치한 노인정이 동네의 중심커뮤니티로서 역할을 하고 있지만 가파른 경사와 높은 위치로 인해 접근성은 높지 않다. 때문에 특별한 행사가 없는 한 주민들의 소통공간은 길거리가 되고 있다. 때문에 개미마을 곳곳에 포켓파크가 조성된다면 주거하는 노인들의 이동 중 휴식처가 될 수 있을 뿐만 아니라 주민간의 소통의 장으로도 활용될 수 있을 것이다.

또한 개미마을은 영화 '7번 방의 선물' 촬영지로 이용되었을 뿐만 아니라 많은 영화, 드라마, 영상의 촬영지가 되고 있고, 국내외 관람객의 발길이 꾸준하게 이어지고 있다고 한다. 게다가 여러 경로로 이어지는 인왕산 둘레길의 입구가 되는 마을로서 많은 등산객도 다니고 있어 공익성을 가진 도시공간으로서의 역할을 하기에 충분할 것으로 보인다. 물론 2009년 진행되었던 개미마을 벽화그리기 사업처럼 주민들의 실질적 삶에 기여하지 않는다고 느껴지는 시혜성, 전시성 사업이 되지 않도록 신중한 접근이 필요하다.

② 실버카페 조성

앞서 언급했듯 이곳의 주민들은 대부분이 노인층이다. 노인들의 가장 큰 고민 중 하나는 직업이 없음으로써 생기는 삶의 무료함일 것이다. 이들에게 여가시간의 활용과 동시에 경제적 소득을 안겨주고, 재 사회화를 돕는 방안으로 실버택배, 경비원취업, 동년배상담가 등 여러 가지 대안이 제시되고 있지만 개미마을에 적합한 모델은 실버카페라고 생각된다.

이곳은 가파른 경사와 접근성이 낮음에도 마을버스 서대문07번이 꼭대기까지 다니면서 거동이 자유롭지 않은 노인들의 편의를 돕고 있다. 하지만 별다른 일이 없는 이상 마을을 벗어날 일은 잘 없다고 한다.

유휴공간에 실버카페를 조성한다면 거주 노인들이 일상의 무료함을 이겨낼 수 있고, 저소득층 위주로 형성된 마을 주민들의 경제적 소득을 증진시켜주는 동시에 마을의 사랑방으로서의 역할을 하며 마을공동체의 유대감을 형성하는 데 큰 도움이 될 것이다.

큰 수익성을 기대하기 보다는 최근 활발한 노인일자리사업의 일환으로 접근해야 한다. 경상남도 거창에서는 '거창시니어클럽'이라는 노인복지단체에서 '웃음'이라는 실버카페를 시작해 벌써 3호점까지 개업했는데, 바리스타로 참여하는 노인들의 삶의 질이 향상된 것은 물론이고 지역의 반응도 뜨겁다고 한다. 개미마을도 등산객, 관람객 등 외부유동인구의 유입도 꾸준한 만큼 가능한 대안이라고 생각한다.

③ 청년예술공간 조성

청년예술공간의 조성은 개미마을 주민들의 이해관계와는 완전히 부합하지 않지만 도시재생의 일환으로 고민해볼 수 있는 대안이다. 개미마을은 극심한 고령화로 도시의 활력이 극도로 약화된 상태이다.

청년의 예술활동을 통한 지역의 활성화 시도는 전국적으로 꾸준히 있어왔다. 유형에는 다소 차이가 있지만 '원주 중앙시장 미로예술시장', '시흥

〈사진 4〉 개미마을의 청년예술공간, 2018.05 현장조사

청년문화 활성화 지원사업', '연남동 동진시장' 등이 대표적인 예다.

마침 서대문구에서도 청년 아이디어로 지역사회의 활력을 높이기 위해 7개의 청년도전 프로젝트를 선정해 '청년유니버셜, 서대문구를 만들다' 사업을 진행하는 등 청년의 지역활성화 사업에 관심을 기울이고 있다. 이들이 개미마을에 들어와 여러 가지 예술활동을 진행하고, 활력을 불어넣음으로써 개미마을의 현재 상황을 환기시키는 역할을 할 수도 있을 것이다.

현재에도 한 군데에 불과하지만 개미마을의 '버드나무가게'는 청년예술활동의 공간으로 사용되고 있다. 원래 슈퍼였던 건물이 공가가 되자 2014년 9월부터 청년예술가가 입주해 전시공간 또는 예술활동공간으로 활용되고 있다. 이곳은 마을의 거점 역할을 하며 커뮤니티 장소로 이용되고 있기도 하다.

Ⅳ. 정책제안 대상

(서울특별시의회의원 서대문구 제3선거구(홍제3동, 홍은1 · 2동) 후보자)

우리 조는 개미마을 재생프로젝트가 지역의 풀뿌리 민주주의를 구현한다는 '지방선거'의 취지에 알맞은 정책제안이라 생각하여 6.13 지방선거에서 개미마을이 위치한 홍제3동을 지역구로 하고 있는 다양한 레벨의 후보자를 대상으로 고려했다.

가장 크게는 서울시장부터 서대문구청장, 서울특별시의회의원 서대문구 제3선거구, 서대문구의회의원 서대문구 라선거구까지 다양한 레벨의 후보자가 있었다. 이중에서 현실적으로 개미마을의 문제에 대한 세심한 관심을 기울여줄 수 있고, 행정적인 권한을 확보할 수 있는 후보자는 서울특별시의회의원이라고 생각하게 되어, 예비후보들의 경선이 끝난 이후 지속적으로 후보자 본인, 후보자 캠프 관계자, 후보자 소속 당 관계자 등과 접촉하며 개미마을에 대한 정책제안서를 전달하고자 하였다.

1) 더불어민주당 이승미 후보 (당선자)

이승미(당시 후보) 시의원은 우리 조가 제안한 개미마을 정책 마련에 대하여 그 필요성에 매우 공감하며 적극적인 태도를 보여주었다. 이 의원은 특히 개미마을의 유휴공간 활용영역에서 두 가지 의견을 제시해 주었다.

첫째, 카이스트 창업보육센터와 협약하여 청년들의 창업활동 공간으로 창출하는 것에 의지를 보이며, 주거공간이 마련되어 있는 개미마을에서 지방 청년들이 유입되어 거주하면서 동시에 창업활동을 이어나가는 것 또한 기대할 수 있을 것으로 예상하였다. 개미마을 고유의 문화적 특성을 발전시키고 청년들이 이 곳에서 창의적인 창업활동을 하는 것은 큰 시너지 효과를 낼 수 있는 내부와 외부의 결합 활동으로 판단한 것으로 보인다.

둘째, 이 의원이 피드백으로서 제시한 방안은 청년예술공간의 확대이다. 이 의원이 몇 차례 개미마을을 방문하고 인터뷰를 진행한 결과, 그 곳에서 청년들이 음악활동이나, 미술 활동을 꽤 해나가고 있으며, 개미마을이 홍대와 신촌과 가까운 지리적 이점에 따라 작업환경으로 용이하다는 청년들의 답변을 얻은 바가 있다고 전하였다. 이 의원은 장래에 개미마을이 많은 젊은이들이 예술적 영감과 여유를 얻을 수 있는 곳이 되고, 그리고 이러한 청년들의 예술활동이 순환적으로 개미마을의 독창적이고 지속적인 지역발전을 가능하게 할 것으로 전망하며 이와 같은 정책을 구상하였다.

개미마을의 열악한 세입자들의 주거환경 개선을 위한 제도적 정책 마련, 그리고 유휴공간 활용의 더욱 구체화된 정책 구상과 진행을 위하여 지역관계자들과 지속적으로 협의하겠다는 의지를 보여주었다.

2) 바른미래당 문형주 후보

문형주 후보는 우리 조가 제안한 네 가지 방안에 대해 구체적인 의견을 제시하였다. 첫째, 등기 분할의 경우 개미마을 외의 다른 지역에서도 국가에서 토지를 불하할 때 공동 소유주로 묶어 불하한 경우가 많다고 한다. 따라서 개미마을 주민 개별에게 등기 분할을 하는 것은 시간과 비용이 많이 들 뿐 아니라, 형평성의 문제 탓에 신중한 접근이 요구된다고 지적했다.

둘째, 서울시 자체에서 개미마을 토지를 매입하는 것은 고려해볼 만 한 사항이라고 밝혔다. 유휴 공간으로서의 활용 가능성도 높을 뿐만 아니라 잠재력이 높다고 평가하였다. 그러나 이는 언제까지나 국민 세금이 활용되는 것을 전제로 하고 있고, 그렇기에 정당성을 확보할 필요가 있다고 주장했다. 따라서 문형주 후보 본인이 이번 선거에서 당선된다면 소속 당의 서울시의원들과 논의하겠다는 의사를 밝혔다.

셋째, 임대차보호법 관련한 사항에 있어서는 문형주 후보 본인도 잘 모르고 있는 사실이었다고 말했다. 개미마을 주민의 대부분이 노인이고, 주택 관련 법에 대해 어두울 것이라는 데에 동의하였다. 따라서, 관련하여 부당한 사항이나 위법한 절차가 없었는지 면밀하고 즉각적으로 조사해 볼 것을 약속하였다.

넷째, 주택 수리 관련 사항에 있어서는 기업과 연계하여 문제를 해결하고자 하는 의사를 밝혔다. 현재로서 주택 소유주에게 수리의 의무를 강제로 지울 수는 없지만, 건설 회사 등 기업에서 자원 봉사의 일환으로 노후한 지역의 주택 보수를 하는 경우를 예로 들었다. 따라서, 해당 사안에 대해 당선 이후 기업들과 연락을 취해 보겠다고 약속하였다.

3) 자유한국당 정보미 후보

정보미 후보는 본 제안에 대해 '잘 읽어보았습니다. 말씀해주신 사안에 대해 인지하고 있으며 이는 시의원이 해나가야 하는 일 중 하나입니다. 제안해주신 내용 잘 검토하겠습니다.'라는 내용이 전부인 짤막한 답신이 왔기 때문에, 개미마을에 대한 문제 진단과 개미마을 재생의 정책에 대한 구체적인 의견을 들어볼 수 없었다.

4) 신원철 후보 (당선자)

서울특별시의회의원 서대문구 제3선거구 후보자들과 연락을 하던 중, 서대문구 제1선거구를 지역구로 하는 현역의원이자 지방선거 출마자인 신원철 후보와도 연락이 닿게 되었다. 우리가 정책제안 레벨을 시의원으로 삼은 데다, 같은 개미마을과 같은 서대문구를 지역구로 두고 있는 후보이므로 도움을 줄 수 있을 것 같다는 판단 하에 정책제안서를 보냈다.

이에 신 의원은 제8대 서울시의원 당시 도시계획관리위원장으로서 도시재생에 관한 여러 사항을 접해봤다면서, '서대문구 개미마을에 대한 지속적인 관심을 가지겠으며 개미마을 활성화를 위해 정책제안서를 토대로 전문가와 이해관계자와의 공론장을 마련하는 등 적극적인 노력을 하겠다'고 밝혀왔다.

Ⅴ. 결론

개미마을의 재생사업은 실거주자 뿐 아니라, 개미마을의 문화적, 자연적 이점이 제대로 발현된다면 개미마을 방문/이용자들에게도 매우 유익한 사회공간이 되므로, 정치 행위자들의 좀 더 적극적인 관심을 받아 마땅하다. 제도권 밖의 소외계층들이 다양한 주체들의 참여에 의해 제도권 내로 적극적으로 포용되는 과정이 담기게 되는 개미마을의 재생사업은 한국 사회의 질적 발전을 위해서 매우 중요하다. 외부인 투기 문제와 토지공동소유 문제에 의해서 발생한 개미마을의 본질적인 문제점들, 특히 열악한 주거환경에 방치된 채 법적으로 보호받지 못하는 세입자의 기본권 침해 문제들은 우리 조가 제안한 법적/제도적 방안을 토대로 조속히 해결되어야 할 문제일 것이다. 이와 더불어 개미마을에 곳곳에 존재하는 유휴공간을 외부인구의 유입을 늘리고 지역활성화를 이끌어 낼 수 있는 방안으로써 가치 있게 활용할 수도 있을 것이다.

많지 않은 인구 탓에 정치인과 정책 결정자의 관심의 대상이 되지 못하는 개미마을은 현실적으로 개미마을의 거주자들의 의지만으로는 근본적인 개혁이 이루어질 수 없다. 그럼에도 희망적인 것은, 개미마을의 매우 뛰어난 지리적, 환경적, 문화적 가치가 안팎으로 인정받고 있다는 점이다. 서론에서 서술한 바와 같이 개미마을의 재생사업은 여러 가지 타당한 근거로 실 거주자뿐만 아니라 외부 유동 인구, 나아가 사회 전체 구성원에까지 긍정적인 결과를 가져올 것으로 확신 하는 바이다.

이에 우리 조는 이번에 당선된 시의원 및 지역관계자들과 함께 이 프로젝트를 지속적으로 진행해 나갈 계획이다. 일단 개미마을 문제의 실태를 파악하고 전달하기 위한 간담회를 마련해 소통창구로서의 역할을 하고자 한다. 그리고 세입자들의 열악한 주거환경으로 인한 기본권 침해의 해소방안 마련과 창업공간으로서 개미마을의 유휴공간 활용을 도모하기 위해 이승미 시의원 및 개미마을 관계자들과의 논의를 이어나갈 예정이다.

강남의 진짜 스타일 찾기: 관광 활성화

오연주 · 박규장 · 김혜진

Ⅰ. 서론

1) 관광의 도시 강남?

(1) 강남의 이미지와 강남 관광의 현황

강남은 어떤 도시일까? 강남의 이미지를 크게 내국인과 외국인의 관점에서 나누어서 살펴보는 것으로 모든 논의를 시작해보려 한다. 먼저 내국인들에게 강남은 부동산과 교육으로 대표된다. 재건축문제와, 대치동으로 대표되는 교육열은 강남의 가장 큰 특징이다. 이로 인한 높은 집값과 주민들의 높은 생활 수준으로 인한 많은 백화점 등은 강남을 이른바 부자 동네라는 이미지를 갖게 했다. 조금 더 젊은 층에게 강남은 패션과 문화의 도시이다. 강남 고속터미널은 서울 최대 규모의 지하상가를, 강남역 또한 약 12315m^2(약 3725평) 규모의 지하상가를 가지고 있다. 뿐만 아니라 강남페스티벌, C페스티벌의 개최로 문화의 중심지 역할도 하고 있다.

외국인들에게 강남의 이미지는 문화, 그 중에서도 KPOP에 치중되어 있다. 2012년 '말춤'으로 세계적 인기를 끈 싸이의 "강남 스타일"은 2018년 현재 유투브 조회수가 31억 회를 넘어갈 만큼 '핫'한 트렌드로 자리잡았다. 싸이가 빌보드차트에서 성공한 이후, KPOP문화는 보다 많은 외국인들에게 관심을 끌게 되었다. 강남스타일 이후에도, 최근 방탄 소년단 또한 빌보드 차트에서 1위를 하는 등 외국에서 크게 성공함에 따라 한류에 대한 외국인들의 관심은 계속해서 높아지고 있으며, 그 효과로 외국인 관광객들이 증가하는 추세다.

하지만 막상 강남을 방문한 관광객들의 평은 '별게 없다'는 평이 주를 이룬다. 실제 외국 관광 관련 사이트에 "강남"을 검색해보면, KPOP 팬이 아니면 굳이 가지 않아도 된다는 조언들이 달린다. 대한민국의 문화적 중심지 강남, 이러나 강남은 왜 관광객들에게 혹평을 받게 되었을까.

본 팀은 그 이유를 참신한 관광 컨텐츠의 부재와 현존하는 관광 컨텐츠의 부실에서 찾았다. 강남에는 가로수길과 압구정 등의 쇼핑거리, 강남 페스티벌 등의 축제, 선정릉과 봉은사 등의 한국 미를 느낄 수 있는 유적지, 그리고 무엇보다 강남에서 살아가는 활기찬 젊은이들이 있음에도 강남의 관광 컨텐츠는 KPOP에 치중되어 있고, 진행되고 있는 대부분의 관광 정책이 젊은 시각 보다는 평이한 시각에 멈춰 있다. 젊은 청춘들의 트렌디한 시각이 부재하기 때문에 관광 정책을 실현하는 공무원들은 평이한 정책만을 고수하게 되어 이렇다 할 만한 관광 아젠다가 형성되지 않는다는 것이 본 팀이 필드워크를 나간 후 내린 결론이다.

⑵ 강남 관광의 실태: 트롤리버스와 관광정보센터

먼저 트롤리 버스의 실태다. 지난 2013년 12월 강남구가 내·외국인 관광객 유치 활성화를 위해 운행을 시작한 '강남 트롤리버스'가 애물단지로 전락했다. 운행 구간이 강남구 일대로 한정돼 있는 데다 볼거리도 시원치 않은 탓에 트롤리버스를 이용하는 외국인 관광객이 많지 않기 때문이다. 이에 강남구는 구간 환승을 가능하게 바꾸고 서울 시티투어버스 운영사인 허니문 여행사에 운영권을 넘겨버린 상태다. 필드워크 당시 버스 기사님을 대상으로 한 인터뷰를 통해 강남 쪽은 트롤리 버스의 전체 이용객이 하루

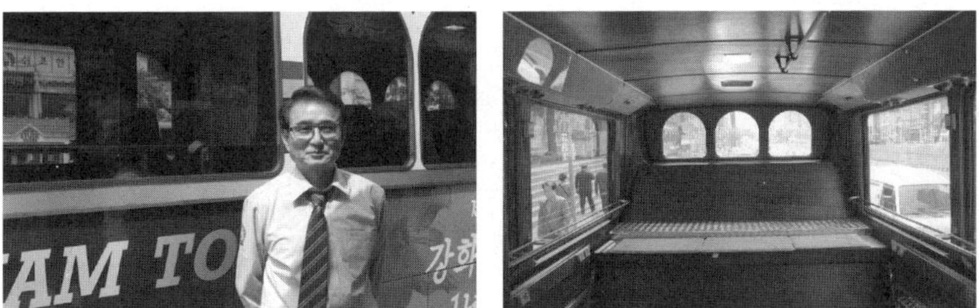

〈사진 1〉 강남 트롤리 버스

에 총 30명 밖에 되지 않는 다는 점을 확인했으며, 버스에 탑승했을 당시 팀원을 제외한 탑승객은 외국인 3명에 불과했다. 이는 외관과 내부 디자인이 한국적인 미와 거리가 멀며, 버스의 컨텐츠가 부실해 시내버스와 별다른 차별점이 없기 때문으로 판단된다.

다음으로 강남 관광 정보센터다. 강남 관광 정보센터는 2013년 6월에 지상 2층, 연면적 820 규모로 개관했으며, 신사동 가로수길, 압구정 로데오 거리, 청담 명품거리 등이 위치하여 외국인 관광객들이 많이 찾는 압구정동에 위치하고 있다. 총 두 층으로 구성된다. 1층은 안내데스크, 환전소, 의료와 미용 관광객을 위한 메디컬 투어 센터로 이루어져 있다. 2층의 한류 체험관에서는 방문객들이 한류 스타 체험 코너를 즐기고 기념품을 구입할 수 있었다.

그러나 제법 큰 규모와 지리적 이점을 가지고 있음에도 관광 정보센터의 컨텐츠는 부실하다. 공사를 거치고 재 개관한 한류체험관은 너무 볼품없이 변했다는 지적을 받고 있다. 현재 2층의 한류 체험관은 예전과 달리 방문객에게 항시 개방돼 있지 않다. 예전에는 방문객들이 이곳에서 자신이 좋아하는 한류 스타의 의상을 입어보고 소품을 착용할 수 있었다. 또한, 첨단 기술을 이용한 디지털 체험 존 역시 활성화되고 있었다. 그러나 지금은 아이돌의 팬 사인회와 각종 쇼케이스를 열기 위한 장소의 용도로만 사용되고 있다. 특정 이벤트가 열리지 않으면 2층은 개방되지 않는 것이다.

〈사진 2〉 강남 관광정보센터

〈사진 3〉 공연장으로 변했지만 행사가 없는 2층 체험관

〈사진 4〉 지나치게 많은 종류의 통합되지 않은 안내서

본 팀이 방문했을 당시에도 2층에 올라갈 수는 있었지만, 행사가 없는 공연장은 휑하기만 했다. 이 때문에 자연스럽게 이벤트가 없는 평소에는 센터를 찾는 방문객이 줄었고 안내 데스크가 있는 1층에는 직원들만 있고 방문객은 없는 한산한 분위기가 형성되었다.

방문객들이 찾는다고 해도 원하는 정보를 찾기가 어렵다. 관광 정보센터에는 관광 안내서가 지나치게 많이 비치되어 있다. 단편적인 정보들이 흩어져 있기 때문에, 여러가지 정보들을 통합적으로 얻을 수 없다.

2) 정책의 기대 효과: 누구를 위하여 왜 필요한가

(1) 상인의 입장에서 보는 금전적 이익

강남구의 관광 활성화 정책이 성공적으로 실현되었을 때 기대되는 긍정적 효과로 먼저 강남구 내 상인들에게 돌아오는 금전적 이익을 들 수 있다. 관광 정보 센터는 압구정역에 위치하고 있다. 그 이유는 압구정 로데오와 가로수길의 외국인 관광객들을 유치하기 위해서다. 관광 정보 센터가 활성화된다면, 센터의 컨텐츠를 즐기러 온 관광객이 증가할 것이다. 그리고 이들은 도보로 찾아갈 수 있는 주변 상권을 찾을 가능성이 높아진다. 다시 말해 음식점, 카페, 옷가게가 주를 이루는 로데오 거리나 가로수길을 비롯한 주변 상권에서 관광 정보 센터가 줄 수 없는 것들, 즉 음식과 기념품을 소비해 강남구 내 상인들에게 경제적 이익을 가져올 것으로 기대된다.

(2) 주민의 입장에서 보는 브랜드 가치의 상승

강남구의 관광 활성화 정책을 통해 강남구가 하나의 독자적 브랜드성을 가지게 되어 강남구 자체의 긍정적 이미지가 형성될 것으로 기대된다. 지금까지 강남의 이미지는 다가가기 힘든 고급스러운 이미지와 KPOP 문화의 이미지로 다소 한정적이다. 쇼핑과 KPOP 외에도 한국적인 컨텐츠와 트렌디한 감각을 첨가한다면, 관광객들에게 더욱 매력적인 이미지로 다가갈 수 있을 것이다. 또한 강남구는 특색 없는 고층 건물들만 늘어서 개성이 없다는 평을 듣고 있다. 이는 트롤리 버스의 주된 실패 요인이기도 하다. 강남구의 외형만이 아닌 특색 있는 컨텐츠를 만든다면 강남구의 브랜드 가치가 더욱 상승할 것으로 기대된다. 이는 강남구청장 뿐만 아니라 강남구에 거주하는 주민들에게도 직간접적으로 경제적 이익이 되므로 큰 매력이 아닐 수 없다.

(3) 거시적 입장에서 보는 전체적 관광객 수 증가

보다 큰 그림을 보았을 때, 강남이라는 컨텐츠를 즐기기 위해 한국을 찾는 외국인 관광객의 수가 전체적으로 늘 것으로 기대된다. SNS의 발달로 최근 여행 트렌드는 과거에 비해 현저하게 변화했다. SNS에서 인기가 많은 해시태그를 검색해서 그 해시태그의 인증 하나를 위해 여행을 계획하는 사람들이 늘고 있다. 강남이라는 컨텐츠가 트렌디한 감각으로 재탄생해 일명 SNS효과를 탄다면, 강남을 위해 한국을 방문해서, 한국의 다른 부분까지 여행하는 관광객들이 늘 것으로 기대된다.

Ⅱ. 정책 제안 대상

1) 강남구청장 후보자

본 팀의 우선적 정책 제안 대상은 6월 13일 치러지는 지방 선거에 출마한 강남구청장 후보자들이다. 컨택을 진행한 세 후보에 대하여 간략히 소개하고자 한다.

(1) 더불어 민주당 정순균 후보자

정순균 후보는 ①재건축초과이익환수 제도 수정입법 촉구를 통한 재산권 보호, ②삼성역 일대 영동대로 복합개발을 통한 랜드마크화로 강남을 대한민국 대표 브랜드로 만들기, ③테헤란로에 4차 산업혁명 창의 창작벨트 구축을 통한 강남 경제 재정비, ④위례-과천선, 위례신사선, 3호선 세곡동 지선, 수서-광주선 조속 추진을 통한 교통 재정비, ⑤홈페이지 구민청원 게시판을 구축해 1000명 이상 청원시 구청장 답변 의무화를 통해 구민과 소통하고 부정부패 없는 청렴 강남을 5대 공약으로 걸었다. 더하여 청년들이 살기 원하는 강남을 만들겠다고 기조를 밝혔다. 본 팀은 강남의 브랜드 가치를 상승시키고자 하는 정 후보자의 공약과 청년을 생각하는 후보자의 기조가 강남의 브랜드 가치를 상승시킬 것으로 기대되는 본 팀의 정책 제안, 그리고 특히 대학생 팀의 개발을 통한 청년의 참여와 맞는다고 판단하여 컨택을 시도하였다.

(2) 자유한국당 장영철 후보자

장영철 후보는 ①경제로 도약하는, '초일류 강남', ②도시개발과 문화예술로 재탄생하는, '명품 강남', ③빈틈없는 맞춤형 복지로, '행복 강남', ④획기적인 보육 · 교육 환경 개선으로, '명문 강남', ⑤백세 시대 걱정 없는

'건강 · 안전 강남'을 5대 공약으로 걸었다. 장 후보자는 명품 강남을 만들기 위한 도시 개발과 문화 예술의 일환으로 관광 활성화 정책을 메인 공약 중 하나로 내걸었다. 문화 관광 특구 강남을 만들기 위해 장 후보자는 한류문화축제 개최, SETEC을 전시장과 공연장으로 복합 개발, 기획사 중심 동네에 한류 메카 조성, 문화와 역사가 숨쉬는 거리 조성 등의 세부 공약을 선보였다. 이에 더하여 트롤리버스와 관광정보센터 활성화, 그리고 대학생 팀의 개설을 제안하고자 장 후보자와의 컨택을 시도하였다.

(3) 바른미래당 김상채 장영철 후보자

김상채 후보는 ①침체된 강남 경제 회복 집중, ②지역 상권을 위한 규제 완화, ③격조 지향 도시환경 플랜 실행, ④최고의 스마트 주거 · 교통 · 안전 강남, ⑤문화 · 예술을 선도하는 강남 르네상스 구현을 5대 공약으로 내걸었다. 본 팀은 문화와 예술을 발전시키는 것이 관광과 밀접한 관련이 있으며, 본 팀이 추구하는 관광 활성화 정책의 컨텐츠 개발과도 맞닿아 있다고 판단하여 김 후보자와의 컨택을 시도하였다.

2) 강남구 내 관광 부서

실질적인 정책의 지원과 관련하여 피드백을 얻기 위하여 강남구 내 관광 부서와도 컨택하였다. 강남구의 관광 진흥과는 현재 강남 관광 정보센터과 문화 관광 해설을 주로 담당하고, 외국인 관광 도시 민박업을 진행하며, 강남 페스티벌의 업무도 담당하고 있다. 본 팀의 주요 정책 제안 대상인 강남관광정보센터를 운영하는 부서이기 때문에 구체적인 안을 논의하기 위하여 연락하는 것이 필수적이었다.

Ⅲ. 구체적 정책 제안 내용

본 팀은 강남구청장 후보자와 강남구청 관광 진흥과에 정책 제안서를 보내고 피드백을 받았다. 다음은 본 팀이 제안한 정책 제안서의 주요 내용들이다.

1) 트롤리 버스 개선안

(1) 트롤리 버스 개선점 제안

강남구 트롤리 버스를 하루에 탑승하는 인원은 현재 평균적으로 30명에 불과하다. 버스를 운영하는 주체가 강남구청에서 허니문 여행사로 바뀐 이후에도 트롤리 버스의 컨텐츠 부실에 대한 외국인 관광객의 불만을 외국 관광 사이트에서 쉽게 확인할 수 있다. 사전 조사 및 참여 관찰을 한 것을 바탕으로 강남구의 트롤리 버스 개선과 관련하여 몇 가지 제안을 하고자 한다.

첫 번째로 제안한 것은 버스의 디자인의 개선이다. 현재 '어라운드 강남 투어 버스'의 외관 디자인은 외국의 트롤리 버스 디자인을 그대로 가져온 것이기 때문에 한국스러운 멋을 전혀 찾아볼 수 없다. 이에 한국적 디자인을 가미한 새로운 외관을 갖출 것을 제안하였다.

두 번째로는 버스 내 오디오 설명의 개선을 제안하였다. 현재 트롤리 버

〈사진 5〉 강남 트롤리 버스 외관과 오디오 설명 시스템

스의 오디오는 버스 바깥 풍경과 타이밍이 맞지 않다. 관광 명소에 관한 오디오 설명이 헤드셋을 통해 나올 때, 정작 버스 안에서는 관광객들이 그 명소를 볼 수 없다. 실례로, 헤드셋을 통해 선정릉에 관한 설명이 나오고 있는데, 버스는 복잡한 교통 상황 안에 갇혀 있어서 관광객이 볼 수 있는 것은 고층 빌딩과 주변의 차들 뿐이었다.

오디오가 나오는 타이밍에 더하여 버스 자체의 컨텐츠 추가 또한 제한하였다. 버스에는 현재 TV가 설치되어 있음에도 영상 컨텐츠는 나오지 않으며, 딱딱한 오디오 설명과 한국과 전혀 무관한 클래식 음악만을 들을 수 있다. 오디오 설명만으로는 외국인들이 관광 명소에 대한 이해가 불완전할 수밖에 없음을 확인하였다. 실례로 선정릉을 지날 때 연산군, 성종과 같은 인물들에 대한 설명이 나오는데, 배경 지식이 있는 한국인에게는 이해할 수 있을 법한 내용이나, 외국인 관광객들에게는 다소 어려움이 있을 것으로 판단하였다. 따라서 본 팀은 버스에서 볼 수 있는 영상 컨텐츠를 제안한다. 영상 컨텐츠의 개발은 뒤에서 다룰 대학생 팀에서 그 역할을 담당할 예정이다. 또 다른 문제점은 오디오를 통해 나오는 음악이 한국과 전혀 무관한 클래식 풍의 음악이라는 것이다. 이는 한국을 관광하는 외국인들에게는 다소 어울리지 않는 컨텐츠라고 평가할 수 있다. 이에 음악을 한국적인 음악 혹은 KPOP으로 바꾸는 것 또한 제안하였다.

(2) 새로운 강남 투어 버스 제안

본 팀이 연구를 진행하면서 트롤리 버스의 가장 큰 문제점으로 꼽은 것은 이 버스가 일반 시내에 비해 어떠한 차별성도 지니고 있지 않다는 것이다. 일반 시내 버스와 비슷한 노선, 지나치게 적은 탑승객이라는 요소들을 보면 투어 버스로서 트롤리 버스의 가치에 대해 의문을 품을 수밖에 없다. 이에 트롤리 버스의 단순한 개선에 그치지 않고 새로운 차원의 강남구 투어 버스를 제안하였다.

이러한 새로운 버스를 제안함에 있어서 뉴욕의 THE RIDE를 벤치마킹 했음을 우선적으로 언급하고자 한다. 뉴욕의 THE RIDE는 가격은 약 7만 원으로 다소 비싸지만 탑승객들이 버스를 타고 돌아다니면서 도시 곳곳에서 길거리 공연 컨텐츠를 즐길 수 있다. 공연 뿐 아니라 버스 안에서 VR 체험 등 다양한 경험을 할 수 있다는 것은 많은 이들에게 큰 매력으로 여겨지고 있으며, THE RIDE는 뉴욕의 대표적인 관광 상품으로 자리잡고 있다.

본 팀은 THE RIDE처럼 강남구 투어 버스에도 공연 컨텐츠를 추가하면 버스의 매력을 한 층 더 상승시킬 수 있을 것이라 판단하였다. 이에 따라 버스가 지나는 정류장 중 3개~4개의 거점을 선정해 각각의 거점에서 전통 무용 혹은 대학생의 KPOP 버스킹 공연을 진행하는 것에 대해 구상했다. 현재 고려하고 있는 거점은 코엑스, 선정릉, 새빛섬, 올림픽공원 혹은 도산공원이다. 올림픽 공원의 경우 송파구에 속하여 있지만 현재 어라운드 강남 트롤리 버스가 지나는 지점이기 때문에 고려중에 있다. 각 거점은 강남의 과거, 현재, 미래 중 한 시점을 테마로 해 관광객들에게 공연을 제공할 것이다. 공연은 4.3에서 소개할 대학생 공연팀에 의하여 이루어진다. 선정릉에서는 전통 무용 팀이 한국의 과거를, 코엑스와 새빛섬에서는 각각 KPOP 댄스 커버팀과 어쿠스틱 커버팀이 한국의 현재를, 올림픽공원 혹은 도산공원에서는 LED를 사용한 공연으로 한국의 미래를 보일 예정이다.

기존의 문제점들을 보완한 새로운 강남구 투어 버스의 특성들에 대해서 구체적으로 설명하고자 한다. 먼저, 오디오 설명만으로는 관광객이 각 명소에 대해서 완전히 이해할 수 없을 것이라고 판단되기 때문에, 영상 컨텐츠를 추가할 것이다. 영상은 애니메이션으로 구성해서 쉬운 이해를 도울 것이다. 현재 설치되어 있는 TV가 대부분 고장으로 기능하지 못한다는 기사님의 피드백에 따라 최신형 TV를 버스의 앞뒤에 설치함으로써 영상 컨텐츠를 관광객에게 제공하고자 한다. 또한, 오디오 설명 녹음을 아이돌에게 위탁한다면 더 많은 관광객들이 버스에 큰 매력을 느낄 것이라 생각되나, 이 문제는 강남구청 뿐 아니라 연예인들의 소속 기획사와의 협의도 해야 하기 때문에 실현하기 위해서는 시간이 많이 필요할 것으로 보인다. 설명 중간에 나오는 음악도 KPOP/국악으로 대체해야 관광객들의 흥미를 더 돋울 수 있을 것이라 예상된다. 기존 강남 투어 버스의 가장 큰 문제점으로 지적되는 노선의 합리성 역시 분명히 개선되어야 하는 사항이다. 관광버스의 성격에 맞게 앞에 언급한 공연 컨텐츠들을 추가한 후, 공연 장소를 고려해 새로운 노선을 짜야 한다. 또한, 버스 경로를 이전과 다르게 설정해 탑승객이 명소에 대한 설명을 들으면서 버스 안에서 그곳을 동시에 눈으로 볼 수 있게 해야 하는 것이 급선무다.

2) 관광 정보센터 활성화

관광 정보센터는 관광 명소의 중심지에 위치하고 있는 지리적 이점에도 불구하고 그 역할을 다하지 못하고 있다. 이는 본 팀이 진행한 두 건의 인터뷰에서부터 극명히 드러난다. 강남구 관광 정보센터 주변인 가로수길에 위치하고 있는 식당의 운영자의 인터뷰에서 운영자는 관광 정보센터의 존재와 역할에 대해서 전혀 인지하지 못하고 있었다. 또한, 센터 주변에 거주하고 있는 대학생의 인터뷰에서는 집 앞의 건물이 관광정보센터인 점은

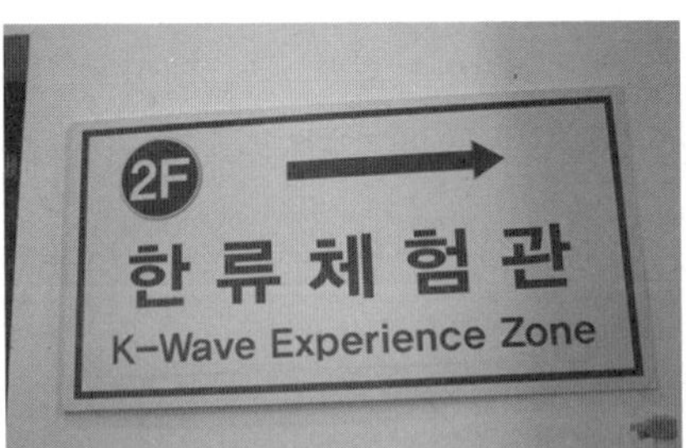

〈사진 6〉 강남 한류 체험관

인지하였으나 과연 어떠한 역할을 하는지와 활성화되어 있는 지에 대한 의문을 표했다.

현재, 한류체험관이라는 명칭을 가지고 있는 2층은 쇼케이스장 및 전시회의 용도로만 현재 쓰이고 있다. 이전에는 한복 체험과 같은 한국 문화 체험을 할 수 있었지만, 위탁 업체가 바뀌면서 운영 방향이 변한 것이다.

본 팀은 2층 한류 체험관을 강남의 과거, 현재, 미래를 보여줄 수 있는 '진짜' 체험관으로 구성해서 센터를 활성화하고자 한다. '과거' 섹션의 경우, 한복 체험, 비빔밥 만들기와 같은 전통 문화 체험 코너를 개설하는 것으로 고려하고 있으며 '현재' 섹션의 경우, 한류 문화 산업과 관련한 체험을 집중적으로 개설할 것을 제안한다. 변화하는 인기 드라마 및 영화에 맞춰서 전시용 세트장을 설치하고, KPOP 스타의 의상을 입어볼 수 있는 체험을 제공하고자 한다. 마지막으로, '미래' 섹션에서는 현재 한국의 미래 산업을 책임지는 기업체들을 홍보하고자 한다. 강남구 내에는 여러 회사들이 자리하고 있지만 그 중에는 분명 홍보에 어려움을 겪고 있는 기업체들이 있을 것이다. 4차 산업 혁명에 맞추어 출시한 상품을 체험하는 공간을 만듦으로써 그 기업들의 상품을 홍보하는 효과 또한 얻을 수 있을 것으로 기대된다.

3) 대학생 관광 컨텐츠팀

본 팀은 대학생들로 이루어진 팀의 특성을 살려, 강남구의 관광 정책을 보다 젊은 감각으로 재디자인 할 수 있을 것으로 기대한다. 이미 부산과 서대문구에서는 대학생을 활용한 관광 컨텐츠 개발로 큰 효과를 보았다고 밝혔다. 본 팀은 젊은 감각의 관광 정책을 계속해서 유지하기 위해 강남구청 내 소속된 대학생 관광 기획 팀을 개설하기를 제안한다. 이러한 맥락에서 새로운 강남구청장에게 이 팀의 활동을 위한 재정적인 지원 확보를 요

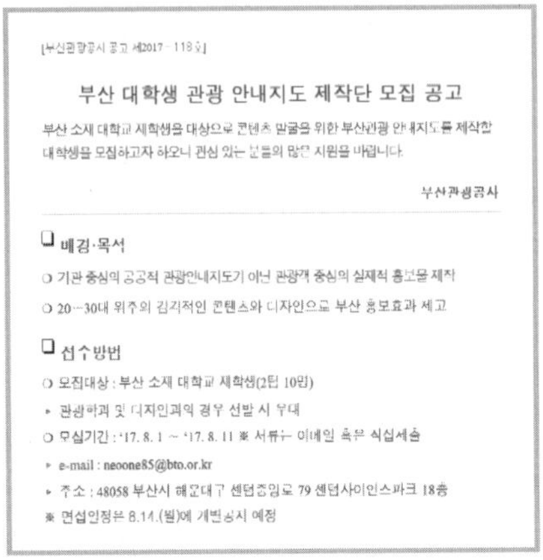

[부산관광공사 공고 제2017-118호]

부산 대학생 관광 안내지도 제작단 모집 공고

부산 소재 대학교 재학생을 대상으로 콘텐츠 발굴을 위한 부산관광 안내지도를 제작할 대학생을 모집하고자 하오니 관심 있는 분들의 많은 지원을 바랍니다.

부산관광공사

❑ 배경·목적

○ 기관 중심의 공공적 관광안내지도가 아닌 관광객 중심의 실제적 홍보물 제작

○ 20~30대 위주의 감각적인 콘텐츠와 디자인으로 부산 홍보효과 제고

❑ 접수방법

○ 모집대상 : 부산 소재 대학교 재학생(2팀 10명)

▸ 관광학과 및 디자인과의 경우 선발 시 우대

○ 모집기간 : '17. 8. 1 ~ '17. 8. 11 ※ 서류는 이메일 혹은 직접제출

▸ e-mail : neoone85@bto.or.kr

▸ 주소 : 48058 부산시 해운대구 센텀중앙로 79 센텀사이언스파크 18층

※ 면접일정은 8.14.(월)에 개별공지 예정

〈그림 1〉 부산과 서대문구의 대학생 활용 관광 정책 사례

청한다. 대학생 팀은 강남구 혹은 서울시 내 대학생들로 모집하여 구성할 예정이며, 이에 대한 자세한 사항을 뒤의 항목에서 다루고자 한다.

(1) 기획팀

기획팀은 강남구의 관광 활성화를 위한 방안을 고민하는 팀이다. 본 팀이 제안한 트롤리버스의 개선 방안, 관광 정보 센터의 개선 방안, 도보 해설 관광의 대본 기획, 트롤리 버스의 오디오 해설 대본 기획을 기본적인 업무로 할 예정이다. 젊은 감각으로 강남구의 색다른 관광 컨텐츠를 기획하는 업무를 할 팀이라고 말할 수 있다.

(2) 현장팀

현장팀은 크게 두 팀으로 나누어진다. 첫 번째는 공연팀이다. 새로운 강남 투어 버스를 만들었을 때 버스의 정차 장소에서 공연을 하는 대학생들을 모집할 예정이다. 공연은 크게 한국무용, KPOP댄스 팀, 어쿠스틱 KPOP팀으로 구성하려고 한다. 이 공연팀은 예술을 하는 강남구 및 서울시의 대학생들에게 공연의 기회를 줌과 동시에 외국인 관광객들에게 실제

한국의 열정과 문화를 볼 수 있는 기회를 주는 효과를 거둘 수 있을 것으로 기대된다. 저작권의 문제를 피하기 위해 어쿠스틱 공연의 경우 대학생들의 자작곡으로 공연이 이루어 질 것이며, 아이돌 댄스 커버의 경우 트레일러로 맛보기 곡을 여러 곡 합쳐 공연을 만들어 나갈 것이다.

두 번째는 해설팀이다. 해설팀은 그 내부에서 버스 가이드 팀과 도보해설 가이드 팀으로 나뉜다. 버스 가이드 팀은 강남 투어 버스에 함께 탑승해서 관광객들에게 가이드를 해주는 팀이다. 이는 오디오와 버스 바깥 풍경의 싱크가 맞지 않는 단점을 보완하는 동시에 현장에서 생기는 강남에 대한 궁금한 점을 가이드를 통해 해소하는 효과 낳을 것이다. 도보해설 가이드 팀은 외국어가 유창한 대학생들로 구성할 것이며 기획팀에서 제작한 해설 대본을 통해 외국인들의 투어를 도울 것이다. 현재 강남구 도보 투어는 정해진 콘텐츠가 없을 뿐더러 가이드분들의 연령대가 높은 편이어서 젊은 외국인 관광객들의 흥미는 끌지 못하고 있는 실정이다. 대학생들의 보다 젊은 감각을 더한다면 강남 도보 해설 투어가 강남구의 명물 관광 컨텐츠로 자리잡을 수 있을 것이다.

(3) 미술팀

미술 팀은 디자인팀과 영상팀으로 구성된다. 디자인팀의 업무의 대표적인 예로는 트롤리 버스의 외관을 새로 디자인하는 것이 있다. 한국적인 미가 느껴지면서 대학생들만의 감각을 살려 관광객들의 호감을 사는 디자인을 만들어낼 수 있을 것으로 기대된다. 이후 디자인팀은 어플 디자인과 강남구 관광과 관련된 각종 컨텐츠를 디자인하게 될 것이다. 영상팀은 트롤리버스에서 틀 영상을 제작할 팀이다. 트롤리버스의 영상이 완성된 후에는 강남구를 홍보하는 홍보 영상을 만들 것이다.

(4) 홍보팀

마지막 팀은 홍보팀이다. SNS와 블로그 팔로우가 많은 대학생들을 대상으로 모집할 것이다. 홍보팀은 강남구의 관광 정책 및 대학생 팀의 활동을 홍보하는 SNS 기자단이라고 말할 수 있다. 이 기자단은 개인 SNS 및 블로그에 강남구의 명소들을 소개하고 홍보함으로써 대학생팀의 활동 뿐만 아니라 강남구 자체에 대한 긍정적 이미지를 형성할 수 있을 것으로 기대된다.

3. 관광 정보를 통합시킨 어플리케이션 개발

(1) 다양한 강남의 가이드 북 하나로 묶기

강남관광정보센터에서는 강남을 투어하는 외국인들에게 무료로 매우 다양한 종류의 가이드북을 배부하고 있다. 하지만 정보의 유용함에 비해

〈그림 2〉 어플리케이션 디자인 초안

그 무게도 상당한 것은 물론 관광정보센터에 방문하지 않는 이상 책자를 쉽게 얻을 수도 없다는 사실에서 한계점을 포착했다. 센터는 수많은 가이드북들이 무수히 나열해 놓았을 뿐, 보는 사람의 편의는 고려하지 않은 듯한 느낌을 주었다. 따라서 본 팀은 다양한 강남의 가이드북들을 e-book화하여 하나의 앱으로 묶어서 어플리케이션의 형태로 제시하는 것을 구상했다.

(2) 강남의 관광 명소들 안내 -과거 현재 미래

본 팀은 강남의 다양한 관광 명소들을 과거, 현재, 미래라는 테마로 분류하여 앱을 통해 제시할 것이다. 강남의 전통문화의 상징인 봉은사, 선정릉 등을 강남의 '과거'에 분류할 것이다. 또한 쇼핑 및 다양한 산업들의 중심이 되는 코엑스, 한류 문화의 중심인 한류스타거리 및 각종 소속사 등의 명소에서는 강남의 '현재'가 가진 매력 또한 느낄 수 있다. 그리고 더 나아가 향후 디지털 산업의 발전 방향을 제시하고 있는 삼성 딜라이트 체험관에서는 강남의 '미래' 또한 경험할 수 있다. 따라서 본 팀은 이에 착안하여 강남의 명소들을 과거-현재-미래라는 큰 주제 하에서 편성하여 관광객들이 각각의 매력을 조화롭게 느낄 수 있도록 제공할 것이다.

(3) 강남의 쇼핑, 먹을 거리, 숙박정보의 통합적 제공

관광객들이 강남에서 가장 필요로 하는 세 가지 정보는 크게 쇼핑, 먹거리, 숙박에 대한 정보라고 할 수 있다. 하지만 현재 강남은 이러한 정보들을 통합적으로 얻을 수 있는 플랫폼이 부재한 상태다. 따라서 본 팀은 이 세 정보를 통합적으로 관광객들에게 제공할 수 있는 플랫폼을 위 어플리케이션을 통하여 제공할 계획이다. 쇼핑의 경우에는 코엑스, 가로수길, 강남역 등의 쇼핑 거리에 집중하여 거리의 전반적 특징과 함께 유명 점포들에 대한 정보를 제공하고자 한다. 먹거리 또한 강남 내 유명 맛집들의 리스트

를 제공하여 관광객들의 원활한 관광을 돕고자 한다. 마지막으로 숙박에 대해서는 강남구청 사이트에서 제공하고 있는 기존의 숙박 정보에 더하여 실시간 예약가능 여부 또한 제공하여 정보의 접근성과 효용성을 높일 생각이다. 그리고 이 모든 정보들을 한 번에 시각화 할 수 있는 맵을 제공하여 관광객들의 접근성을 더욱 높일 것이다. 위에서 제공된 다양한 점포들의 할인 정보나 쿠폰북 또한 이와 함께 제공하여 강남구의 소상공인들에게는 관광객 증가로 인한 수입증가를, 관광객들에게는 비용절감이라는 편익을 선물할 것이다.

(4) 강남구 축제, 공연 정보 안내

현재 강남구에서는 C Festival, 새해맞이 카운트다운 축제, 강남 페스티벌 등의 축제와 다양한 공연들이 진행되고 있다. 하지만 상대적으로 관광객들에게 제공되는 축제와 공연에 대한 홍보 및 안내는 턱없이 부족한 상황이다. 한류 문화의 영향으로 강남을 방문하는 관광객의 수가 매우 많은 만큼, 앱을 통한 강남구 축제 및 공연의 정보 제공은 관광객들이 강남의 문화를 제대로 즐길 기회를 제공할 수 있을 것으로 보인다.

Ⅳ. 정책의 실현 가능성

1) 금전적 자원: 관광정책과 예산과 주민 참여 예산 제도

정책의 실현 가능 여부에 있어서 중요한 지점은 금전적 자원, 바로 '예산'이었다. 뒤에서 더욱 자세히 다뤄질 내용이지만, 정책 결정자 분들께 저희의 정책 제안서를 드렸을 때 많이 던지셨던 의문 중 하나가 바로 '예산'에 대한 의문이었다. 관에서 주도하는 관광 정책인 만큼, 그 비용과 효용을 철저히 분석하여 해당 사업의 효용을 분석해내야 한다는 것이 본 팀의 큰 과제 중 하나였다.

따라서 이 문제의 해결을 '강남구 주민 참여 예산 제도'에서 찾아보고자 한다. 먼저 강남구 주민 참여 예산 제도란 예산편성과정에 주민들이 직접 참여하는 제도로 주민들의 의견을 예산에 반영함으로써 주민자치 역량을 활성화하고, 재정의 건전화 및 투명성을 확보하여 참여민주주의를 구현하는데 목적이 있는 제도이다. 2019년 강남구의 주민 참여 예산 제도는 다가오는 6월~7월부터 운영계획을 수립하고 공모를 진행하는 것으로 계획되어 있다. 이어진 8월부터는 심사 과정이 시작되어 12월에 최종적으로 2019년 주민 참여 예산 제도를 통하여 진행될 사업들이 정해진다. 작년에 진행되었던 2018년 주민 참여 예산 제도의 경우 약 40억의 예산으로 주민들이 기획한 총 9개의 사업을 진행하는 데에 성공하였다. 본 팀 또한 향후 이 제도에 참여하여 해당 제안이 직접 실현될 수 있도록 노력할 것이다.

2) 기술적 자원: 한국관광공사 어플리케이션 'Visit Korea'

우선 어플리케이션 개발과 관련하여 전문적인 자문이 필요할 것으로 보인다. 강남의 관광 정보를 모두 통합한 어플리케이션을 개발하는 것이 최종 목표이기 때문에 날카로운 전문성이 요구되기 때문이다. 한국 관광 공사의 자문을 얻는 것이 가장 유익할 것이라고 본 팀은 생각하였다. 현재 한국 관광 공사는 비지트 코리아 (Visit Korea)라는 어플리케이션을 운영하고 있으며, 이 어플리케이션은 관광 명소에 관한 정보 및 통역 서비스까지 제공하고 있다. 또한 안드로이드 플레이스토어와 아이폰 앱 스토어에서 만점 5점 중 평점 5점을 획득하며 긍정적인 평가를 받고 있다.

3) 인적 자원: 대학생들의 실질적 참여

본 팀의 정책 제안은 젊은 청년들의 감각으로 재탄생 시키는 강남의 진짜 스타일을 목적으로 하고 있기 때문에, 프로젝트에 참여할 대학생들이 충분히 있는가에 대한 검토가 필요했다. 이를 위해 전공이 상이한 두 대학생들 대상으로 인터뷰를 진행했다. 현재 트롤리 버스의 노선을 고려하여 강남구에 거주하는 대학생 A(정치외교학과, 만 20세)와 대학생 B(연극영화과, 만 19세)를 인터뷰 대상으로 선정하였다.

먼저 트롤리 버스에 공연 컨텐츠를 추가하는 것에 대하여는 두 대학생 모두 긍정적 반응을 보였다. 특히 대학생 A는 KPOP을 좋아해서 오는 관광객들이 다수를 차지하는 현황을 고려했을 때 공연 컨텐츠가 긍정적 영향을 미칠 수 있을 것이라고 평가했다.

두 인터뷰이들에게 대학생 공연팀 혹은 대학생 도보 해설가에 대한 의견을 물었다. 대학생 A는 공연의 경우 본인은 참여할 의사가 없다고 밝혔으나, 도보 해설가의 경우, 외국인들을 많이 만날 수 있다는 점에서 흥미로워 하는 학생들이 많을 것 같다는 긍정적 피드백을 주었다. 대학생 B는 주변의 연극 영화과나 실용음악과 등의 공연 관련 학과의 학생들이 공연을 할 무대를 항상 찾아다닌다는 사실을 밝히며 참여하고자 하는 학생들이 많을 것 같다는 의견을 주었다.

이러한 긍정적 평가들에 더하여 본 팀은 대학생들의 실질적 참여를 유도하기 위하여 기존 강남구 도보 해설가에게 주어지는 혜택을 대학생들에게도 제공하려 한다. 현재 강남구 도보 투어에 참여하는 자원 봉사가들은 봉사시간과 소정의 급여 중 선택하여 혜택을 받을 수 있다. 공연과 도보 투어에 참여하는 대학생들에게도 이와 같은 혜택을 제공하고자 한다.

4) 전문가의 평가

(1) 강남구 관광진흥과

정책의 실현 가능 여부를 알고자 본 팀은 먼저 강남구 관광진흥과에 연락을 시도하게 되었다. 강남구 관광진흥과는 강남구 내 관광 시설들이나 프로그램들(강남구 도보해설관광, 페스티벌 개최 등)을 직접 운영하는, 즉 강남구의 관광 실무를 담당하는 부서이다. 본 팀은 강남구 관광진흥과와의 직접적인 연락과 피드백을 통해 과연 이 제안이 실질적인 실현가능성을 가지고 있는 것인지, 그리고 그렇다면 그 실현 방식은 어떻게 될 수 있는지 등에 대한 자세한 피드백을 부탁드렸다. 이메일을 통하여 관계자 분께 제안서를 보내 드린 상태이며, 정책제안의 실현을 위해 2018년 6월 현재 강남구 관광진흥과 측에서 제안서를 검토하고 있다.

(2) 정책 결정자

정책에 대한 자문을 구하고자 연락을 시도하였던 정책 결정자는 강남구청장 후보님 3분이었다. 더불어민주당 정순균 후보님, 자유한국당 장영철 후보님, 그리고 바른미래당 김상채 후보님께 연락을 드리게 되었고, 각 후보님들이 보여주셨던 반응은 다음과 같다.

① 정순균 후보님

정순균 후보님께는 먼저 선거 사무소로 연락을 드려 제안서를 메일로 보내드리게 되었다. 향후 후보님의 대변인 분과 직접 연락을 진행하여 저희의 정책 제안서를 보내드릴 수 있었다. 그 결과 비록 직접 만나 뵐 수는 없었지만, 대변인님을 통해 서면으로 제안서에 대한 후보님의 의견을 들을 수 있었다.

후보님께서는 기획안을 높게 평가하셨고, 그 내용이 마음에 든다고 말

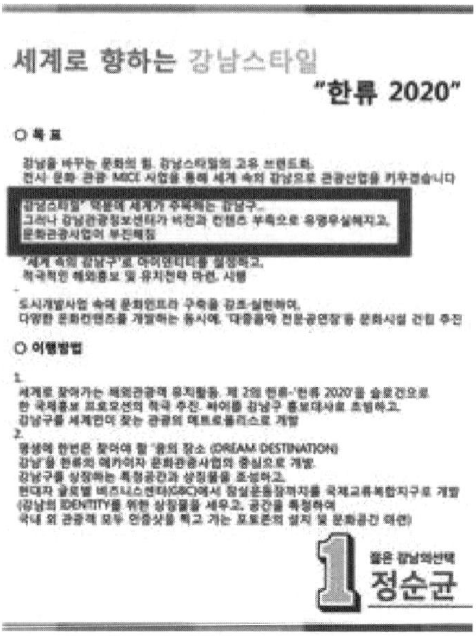
세계로 향하는 강남스타일
"한류 2020"

○ 목 표

강남을 바꾸는 문화의 힘. 강남스타일의 고유 브랜드화.
전시·문화·관광·MICE 사업을 통해 세계 속의 강남으로 관광산업을 키우겠습니다

'강남스타일' 덕분에 세계가 주목하는 강남구..
그러나 강남관광정보센터가 비전과 컨텐츠 부족으로 유명무실해지고,
문화관광사업이 부진해짐

'세계 속의 강남구'로 아이덴티티를 설정하고,
적극적인 해외홍보 및 유치전략 마련. 시행

도시개발사업 속에 문화인프라 구축을 강조·실현하여,
다양한 문화컨텐츠를 개발하는 동시에, '대중음악 전문공연장' 등 문화시설 건립 추진

○ 이행방법

1.
세계로 찾아가는 해외관광객 유치활동. 제 2의 한류-'한류 2020'을 슬로건으로
한 국제홍보 프로모션의 적극 추진. 싸이를 강남구 홍보대사로 초빙하고,
강남구를 세계인이 찾는 관광의 메트로폴리스로 개발

2.
평생에 한번은 찾아야 할 '꿈의 장소 (DREAM DESTINATION)
강남'을 한류의 메카이자 문화관광사업의 중심으로 개발.
강남구를 상징하는 특정공간과 상징물을 조성하고,
현대차 글로벌 비즈니스센터(GBC)에서 잠실운동장까지를 국제교류복합지구로 개발
(강남의 IDENTITY를 위한 상징물을 세우고, 공간을 특정하여
국내 외 관광객 모두 인증샷을 찍고 가는 포토존의 설치 및 문화공간 마련)

1 젊은 강남의선택 정순균

〈그림 3〉 정순균 후보 한류 2020 공약

씀하셨다. 하지만, 이미 후보님 차원의 관광 관련 정책이 나와 있는 상태기 때문에 본 팀이 제시한 안을 완전히 반영하는 것은 어려울 것이나 참고하겠다는 말씀을 전하셨다. 그리고 이 기획안과 부합하는 정책들을 실제로 구상 중이라는 의견 또한 들을 수 있었다.

그러나 선거 직전이다 보니 후보님이 계획 중이신 정책의 자세한 내용에 대한 이야기를 전해들을 수 없어 다소 아쉬움이 남았다. 하지만 제안서를 전달하고 그에 대한 전반적인 피드백을 받을 수 있어 의미있었다. 또한 연락 이후 발표된 후보님의 관광 정책에 제안서의 내용이 포함된 것을 확인할 수 있었다. 제시하였던 문제 의식이 후보님의 정책 목표에 포함되었다는 사실을 확인함으로써 정치적 효능감 또한 키울 수 있었다.

② 장영철 후보님

장영철 후보님 또한 선거 사무소에 먼저 연락을 드리면서 컨택을 진행하였다. 장영철 후보님과의 컨택은 메일로 먼저 제안서를 보내 드리고, 향후 특보님, 대변인 님과의 지속적인 연락을 통해 직접 약속을 잡아 선거사무소에 방문하여 후보님을 직접 뵙는 방식으로 진행되었다.

후보님께서는 기획안을 살펴보신 후, 후보자님께서도 강남구 내 관광산업의 중요성을 깊이 이해하신다며, 새로운 형태의 산업인 '관광 산업'의

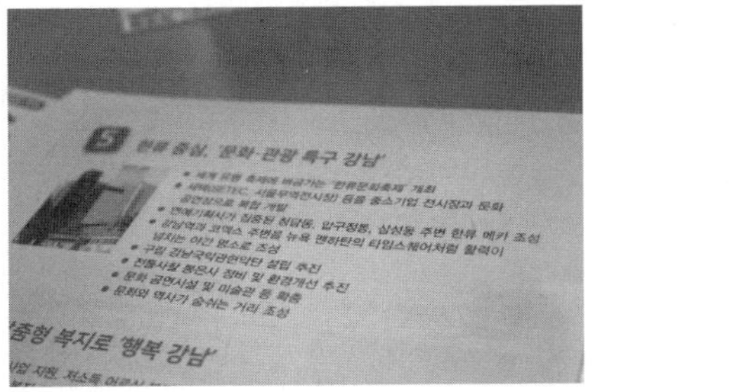

〈사진 7〉 장영철 후보 문화-관광 특구 강남 공약

필요성을 역설하셨다. 이후 본 팀은 제안서에 대한 전반적인 평가와 실현 가능성에 대한 평가를 부탁드렸다. 후보자님께서는 '강남'의 특징상 다소 교통이 혼잡하고, 대도시적 면모가 강하여 관광 컨텐츠가 부족한 현실에 깊이 공감하며, 이러한 제약으로 인하여 급진적인 개혁은 다소 힘들 수 있겠지만 앞으로 진행이 예정 되어있는 '영동대로 계획 사업'등과 함께 병행한다면 더욱 실현 가능성이 높아질 것이라고 평가하셨다. 또한 이에 더해, 아이디어는 매우 뛰어나지만 사회적 비용과 사회적 이익을 모두 고려할 필요가 있을 것임을 말씀하셨다. 즉 정확한 예산 책정을 통해 이 관광 정책이 가져올 것으로 기대되는 사회적 이익에 대한 정확한 편익 계산의 필요성을 제시해주신 것이다. 또한 사업의 흥행가능성을 보다 깊이 있게 탐구하여 예산을 측정하는 것이 중요하다는 코멘트도 남겨 주셨다. 그리고 여기에 기술적인 개선까지 만들어진다면 실현에 있어 어려움이 없을 것 같다고 말씀해 주셨다. 그리고 본 팀의 또 다른 제안인 '대학생 관광 컨텐츠 팀'에 대하여는 상당히 긍정적인 반응을 보여주시며, 차세대를 육성하는 데에 있어서 큰 도움이 될 수 있을 정책이라며 매우 긍정적으로 평가하셨다.

비록 장영철 후보님 또한 연락이 진행되었을 시기가 선거를 얼마 남기지 않은 시간이었기 때문에 직접 후보님의 정책에 본 팀의 의견이 반영될 수는 없었다. 하지만, 정책 제안을 후보님께 직접 제시하고, 그 의견과 피드백을 들을 수 있어 매우 의미 있는 시간이었다. 그리고 위 제안을 실현하는 데에 있어서 금전적 손익 계산과 관의 지원이 매우 필요하다는 사실 또한 알 수 있게 되어 향후 프로젝트의 진행 방향을 정하는 데에 있어서 큰 도움을 얻을 수 있었다.

③ 김상채 후보님

바른미래당 김상채 후보님께도 본 팀의 의견을 담은 제안서를 선거사무소를 통하여 전달하였다. 하지만, 후보님의 정책 기조와 저희의 정책 제안이 크게 맞아 떨어지지 않았고, 선거 사무소 직원들 과의 소통이 원활히 이루어지지 못해 직접적 연락이나 피드백을 받을 수는 없었다. 비록 이렇다 할 피드백을 받을 수는 없었지만, 본 팀의 의견을 최대한 많은 후보님들께 전달할 수 있었다는 점에서 충분한 의의가 존재했다.

Ⅴ. 결론

1) 본 팀의 결론

본 팀은 '강남구의 진짜 스타일을 찾아서' 라는 주제 하에 강남구의 관광 문제를 깊게 파고들었다. 강남에 쏟아지는 관심에 비해 그 컨텐츠가 부족하다는 문제 의식에서 시작하여 필드 워크를 진행하며 새로운 강남의 관광을 만들어 나갈 방안에 대하여 고심하였다. 그 결과 크게 '현 관광 정책의 개선'과 '강남구 관광 대학생 팀 개설을 통한 새로운 아젠다 형성' 이라는 큰 축으로 정책을 계획할 수 있었다. 그리고 최종적으로는 공공기관과 정치인들에게 제안서를 제시하며 실현화의 과정까지 밟을 수 있었다.

아직 이 프로젝트의 실현까지는 많은 과정들이 남아있다. 무엇보다도 '개선을 위한 예산 확보' 와 '대학생 팀 리쿠르팅' 이라는 과정이 실현화에 있어서 가장 핵심적인 과정이 될 것이다. 그리고 앞으로의 놓인 과정에도 여러 어려움이 존재할 것이다. 하지만 '주민 참여 예산 제도 '와 같이 우리 마을의 정치를 바꿔 나갈 수 있는 제도들과 민 차원의 관심 어린 참여가 함께 이루어진다면 '강남구의 진짜 스타일' 도 머지 않은 미래가 될 수 있으리라 확신한다.

2) 마을학개론 수업 소감

우선, 이번 학기 '마을학개론' 수업을 무사히 마칠 수 있어서 다행이라는 생각이 든다. 긴 과정을 통해 마침내 프로젝트를 마무리할 수 있었다. 설렘을 가지고 수강 신청을 한 과목이었지만, 막상 시작하고 나서는 가장 고민을 많이 한 과목이 되었다.

가장 어려웠던 부분은 주제를 정하는 것이었다. '우리 마을의 문제가 무엇일까?'라는 질문에서 시작해 몇 번이고 문제 의식을 공유하고, 문제에 대해 골몰했다. 우리가 거주하는 강남이 문제가 별로 없다는 생각에 안도감이 들기도 했지만, 문제를 찾아야 한다는 압박감도 느꼈다. '강남의 관광'이라는 문제 의식을 찾아낸 것에서 시작해, 함께 학교 밖으로 필드 워크를 나가 구체적 문제점들을 발견하고, 정책 제안서를 만들어내고, 마침내 이 생각을 실현해 나가는 과정까지 갈 수 있었다.

이러한 과정들을 통해 강의실을 넘어선 배움이 무엇인지 깨닫게 되었다. 책 속에서만 보고 듣던 '정치적 효능감'이라는 것을 조금이나마 느낄 수 있어서 정치학도로서 뿌듯했다. 구청장 후보가 우리의 이야기에 귀를 기울이고 실제로 반영할 의사가 있다고 말하는 것을 들었을 때는 정말 보람을 느꼈다.

물론 이 결과물을 만들어내는 데까지 정말 많은 어려움이 있었다. 하지만 어려움이 있을 때마다 팀원들과 함께 고민하고, 해결책을 찾아가면서 살면서도 몰랐던 동네의 모습들과 문제들에 마주해 나갔다. 문제를 해결해 나갈 방법이 보이지 않아 고민하고, 어떻게 만들어야 더 매력적이고, 더 효과적인 해결책이 무엇일까 밤을 새 가며 함께 고민한 결과로 여기까지 올 수 있었다고 생각한다. 물론 아직은 실현을 위해 놓인 과제들이 많지만, 그럼에도 불구하고 많은 것을 배울 수 있어 매우 뜻 깊었다. 함께 발로 뛰고, 밤을 새 가며 노력하는 경험을 다른 과목, 다른 곳에서는 다시 느끼기 힘들 것 같다. 2학년의 첫 학기를 함께 해준 '마을학개론'에 감사를 보낸다.

불광천 유휴공간 재활성화: 온 가족이 함께하는 불광천

이세연 · 박경민 · 한준석

Ⅰ. 서론: 은평구 속 '타운십(township)'을 찾아서

1. 마을(town): 민주시민 교육과 '마을 민주주의'의 공간

최근 '정부(government)' 중심의 중앙집권적 통치체제에 대한 대안적 통치 형태로 시민사회 · 정부 · 시장 사이의 견제, 균형과 협력을 통한 '거버넌스(governance)'가 제시되었다. 이때 거버넌스의 구체적 실천방식으로 '동네단위에서의 지역사회 형성'을 통한 사회문제 해결 및 민주성 회복 가능성이 주목받고 있다. 미국과 같은 서구 선진국의 지역사회형성(community building), 동네재생(neighborhood regeneration), 동네의회(neighborhood council), 일본의 마치쯔쿠리 등이 그 대표적 사례이다(곽현근 2012). 알렉시스 토크빌(Alexis Tocqueville)의 '타운십(township)'에 대한 논의는 이런 '동네단위의 지역사회'에 대한 대표적 논의 중 하나이다.

토크빌은 〈Democracy in America〉를 통해 혁명의 소용돌이 한가운데에 있는 고국 프랑스에게 어떻게 미국에서 '스스로 자제할 수 있는' 민주주의가 안정적으로 지속 가능했는지에 대한 자신의 견해를 전한다. 토크빌은 민중이 진정한 민주와 평화를 누리려면 각 개인이 '자신의 개인적 이익이 결국 전체 공동체의 이익과 일치한다는 것을'[1] 마땅히 깨달아야 하며, 미국인들은 '타운십(township)'과 '자발적 결사체'라는 밀접한 공동체를 형성하여 이런 '잘 이해된 자기이익(self-interest well understood)'을 견지하게 되었다고 주장한다. 토크빌은 타운십에 대해 다음과 같이 묘사한다.

> 지역적 이해관계, 열정, 권리 및 의무가 결집[2] … (중략)

---

1 Alexis Tocqueville 저 · 임효선 외 역 『미국의 민주주의-1』 서울: 한길사. p. 67.

2 Alexis Tocqueville 저 · 임효선 외 역 『미국의 민주주의-1』 서울: 한길사. p. 98.

주민들은 타운이 자주적이고 자유롭기 때문에 그것에 애착을 갖는다.

• 다시 말해서 타운의 업무에 그들이 협조함으로써 그 이해관계에 그들이 집착하게 되는 것 … (중략)

그들은 자기 손이 닿을 수 있는 작은 영역 안에서 정부의 일을 실천한다.

그들은 바로 그런 형식에 익숙해지는 것이다 … (중략)

그들은 그 형식의 정신을 섭취하고 질서를 존중하는 태도를 얻으며 세력균형 감각을 이해하게 되고 자기의 의무와 본질과 자기 권리의 범위에 관해서 분명하고도 현실적인 개념을 얻게 된다.[3]

토크빌이 주목한 '마을(town)'의 구성원들은 서로의 이해관계와 열정을 결집하여 자신들의 손이 닿는 영역 안에서 정부의 일을 실천하고, 그 과정에서 실천의 '형식'과 '질서', 또 자신의 권리와 의무를 학습한다. '마을'은 이 주민들이 민주시민이 되는 법을 학습하는 정치교육의 장으로 기능한다.

유사한 맥락에서, 마을과 같은 미시적인 차원에서 이런 민주시민 훈련이 제대로 이루어지지 않으면 민주적 의사표출이 '비민주적'으로 이루어질 것이라는 우려도 있다. 안성호(2007)는 "한국민주주의위기와 마을공동체 민주주의 활성화방안"의 초록에서, 현재 한국 사회에 토의를 위한 제도적 장치와 민주적 절차가 존재하는데도 민의가 비제도적으로 - 전투적 민주주의나 집단적 폭력시위 등을 통해 - 표출되는 것에 주목한다. 그는 그 해결책으로 마을과 같은 소규모 시민 공동체를 민주시민 훈련 및 활동의 장으로 삼는 '마을민주주의'를 제시한다.

작은 규모의 공동체에서의 주민에 대한 민주적 훈련이 여전히 미흡하고 갈등해

---

3 Alexis Tocqueville 저 · 임효선 외 역『미국의 민주주의-1』서울: 한길사. p. 129.

결을 위한 회의진행이나 의사결정방법이 여전히 미숙하기 때문 … (중략) 마을공동체수준에서의 구성원들의 민주적 훈련, 교육과 실천이 한국민주주의 위기극복의 하나의 방안이 되어야…

위에서 토크빌이 말한 '타운십'이 바로 오늘날 '마을민주주의'의 원형이다. 마을민주주의란 '주민 자신이 느끼는 생활상의 아쉬움과 절실한 필요들(교육, 복지, 안전 등)을 이웃과 함께 민주적으로 해결하는 과정'이다(오지은 2015). 현대의 파편화된 사회에서 많은 이들이 '공동체'적 가치에 대한 목마름을 호소하였고, 이에 따라 중앙정부 부처들과 지방자치단체들은 경쟁적으로 지역공동체(마을공동체) 활성화를 지원하는 '마을만들기' 정책들을 쏟아내고 있다. 이때 주민들은 자신들의 삶과 유관한 분야에 대해 실천의 주체로써 조직화되어, 지역사회에 대한 관심과 애정을 지니고 지역공동체 활성화에 기여한다(하승우 2013).

'마을민주주의'는 세계화의 냉정한 도전에 대응하는 따뜻한 지방화 전략이자, 대의민주제의 한계인 '민주성 결핍(democratic deficit)'을 보완하기 위한 최선의 참여민주제적 전략으로 간주된다(곽현근 2012). 대의민주주의에 대한 불신이 팽배한 상황에서 민주주의에 대한 확신을 갱신하려면 시민의 단순한 투표행위 이상이 요구되는데(Wilson, 2000), 지역공동체가 형성되어 시민들이 그에 참여하게 된다면 개인적 정치행위의 수준을 넘어 가장 고도의 민주성을 회복하는 '정치적 거버넌스(Political governance)'가 이루어진다는 것이다(Sullivan, 2001; Somerville, 2005).

마을민주주의가 잘 이루어지는 공동체 속에서는 협력의 경험을 통한 사회적 자본[4]이 축적되어 지속적이며 개방적인 의사소통, 또 유사시에 신속

4 Fukuyama(1995)는 이것의 핵심을 '신뢰'로, Coleman(1988)은 사람들 사이의 '관계성'으로 규정하였다.

한 결집이 가능해진다. 하지만 '관'과 '민' 사이의 불신, 또 '민'과 '민' 사이의 불신으로 의해 이런 네트워크가 제대로 형성되지 못하는 경우가 많다.

2. '마을학개론' 수업의 의의

이때 '마을학개론'은 이 구도에 '학'이라는 주체를 추가한다. '학'이 '민'의 일부로써 느껴 왔던 문제의식을 '관'에 제기하면서 '민'과 '관'을 연결하고, 해당 정책 분야에 대한 공론장을 형성하여 민 · 관 · 학 사이에 하나의 협력의 경험(이자 신뢰의 근거)을 만들어 내는 것이다. 결국 '마을학개론' 프로젝트는 학생이기 이전에 한 마을의 구성원들이 '타운십' 속에서 직접 마을 민주주의를 실현하면서 민주시민으로 거듭나는 과정이다. 그리고 불광천 팀은 그 과정 속에서 '이해관계와 열정'으로 치열하게 뭉쳐, '손에 닿을 수 있는 작은 영역'에서라도 변화를 만들어 나가는 마을의 구성원들을 만날 수 있었다. 우리는 이러한 '타운십'의 모습을 은평구 속에서 엿보았고, 프로젝트가 종료된 지금 우리가 그 공동체에 아주 작게나마 기여했으며, 앞으로도 기여해 나갈 것이라고 감히 자부할 수 있다.

이하 내용은 세 명의 마을 구성원들이 때로는 뿌듯하고 때로는 버거웠던 3개월 간의 민주시민교육 속에서 함께 고민하고, 관찰하고, 토론하면서 '타운'의 진정한 일원으로 거듭나게 된 과정에 대한 서술이다.

Ⅱ. 어젠다 결정 과정

1. 은평구에 대한 문제의식

불광천 팀이 지닌 최고의 장점은 유일무이하게 은평구를 다루는 팀이라는 점에서 오는 지역 특수성이었다. 모든 팀원들이 적어도 3년 이상 은평구의 각각 다른 지역들에서 – 진관동(세연), 녹번동(경민), 불광동(준석) – 거주했던 만큼 서로 다른 구정의 면면들을 보아 왔고, 은평구에서 개선할 점에 대한 각자만의 문제의식을 지니고 있었다.

팀원 모두가 동의한 은평구의 가장 큰 특징이자 한계는 극도로 "베드타운화"되어, 변변한 세원이 될 만한 기업체도 없고 재정자립도도 낮다는 점(2018년 기준 18.0%)이었다. 일례로 재정자립도가 서울시 2위인(2018년 기준 서초구:53.4%, 강남구:53.5%) 강남구와 은평구의 2018년도 세입총괄 자료를 비교해 보면 두 구 모두 예산규모가 큰 편이며(은평구:약 6600조, 강남구:약 8100조), 둘 사이의 차이는 예산규모가 작은 구들과의 차이에 비해 큰 편이 아니다. 반면 지방세수입은 강남구가 은평구의 약 4배, 세외수입은 약 3.5배이며, 은평구에서는 세입총계의 50%를 넘게 차지하는 보조금의 비율이 강남구에서는 30% 정도에 불과했다. 이렇듯 거대한 예산규모에 비해 구가 자체적으로 동원할 수 있는 재원은 적고 보조금에 대한 의존도가 높은 만큼, 은평구 차원에서 폭넓은 정책을 기획하고 집행하는 것에 난항을 겪을 수밖에 없었다.

2018년도 은평구 예산안에서 가장 눈에 띄는 부분은 사회복지나 환경보

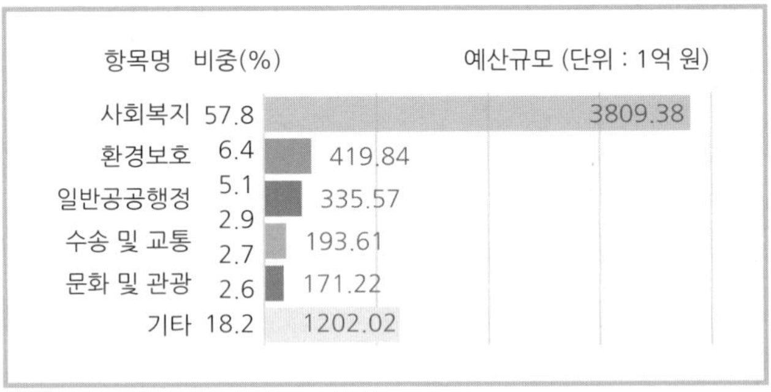

〈그림 1〉 2018년도 은평규 예산안 부문별 예산규모
사회복지 및 환경보호 예산의 비율이 압도적이다.

호 관련 예산이 전체 예산의 60%를 웃도는 지분을 차지하고 있었던 점이다(정민구 2017). 베드타운의 성격이 강한 만큼 구민들의 삶의 질 및 생활환경을 개선하기 위한 복지가 중시될 수밖에 없었다는 판단을 내릴 수 있었다. 하지만 투입되는 예산의 규모에 비해 구민들이 삶 속에서 실제로 느끼는 복지의 개선은 턱없이 부족했다.

일례로 유동인구가 많은 녹번역에 리프트는커녕 엘리베이터조차 설치되지 않아 노약자들이나 장애우들이 이용에 난항을 겪는가 하면, 산중턱에 위치한 구립 도서관에 (버스가 다니지 않는 오르막길을 약 15분 동안 걸어 올라가야 한다.) 셔틀버스가 다니지 않아 차가 없는 교통약자들은 시설 이용이 사실상 불가능했다. 이 외에도 구 내의 아동복지센터에서 단 2명의 선생님들이 30명이 훌쩍 넘는 아동들을 돌보기 때문에 사교육기관에 비해 케어의 양과 질 모두가 떨어지는가 하면, 정작 봉사를 하고 싶어하는 학생들과 인력이 필요한 아동복지센터들을 연계해 주는 네트워크가 부재했다.

준석과 세연은 이렇듯 복지에 들어가는 인풋에 비해 실질적인 아웃풋의 부재에 대한 문제의식을 가지고 복지 관련 어젠다들을 제시하였다. (준석: 교통약자들을 위한 셔틀버스 운행, 세연: 아동복지시설 자원봉사자들의 네트워크 조성) 그러나 결국은 원래의 방향과는 살짝 달라진 '불광천 유휴공간 재활성화' 어젠다를 가지고 프로젝트를 진행하게 되었다.

2. 어젠다 선정: 유휴공간 재활성화를 통한 불광천 살리기

1) 문제의식 발견: 무인천(無人川)이 된 불광천

경민은 은평구의 문제가 무엇일지 고민하다가 고등학교 때 여자친구와 불광천에서 산책을 하거나 친구들과 함께 불광천변을 따라 한강으로 놀러갔던 기억을 떠올렸다. 불광천은 은평구를 관통해 흐르는 자연 하천으로, 많은 주민들의 휴식처이자 운동공간으로 기능하며 매년 유명한 벚꽃 축제가 열리기도 한다. 또한 조성될 당시 '문화복합공간'이자 '학습공간'을 목표로 했던 만큼, 천변에 구민 누구나 이용할 수 있는 문화 · 체육시설 및 학습시설(도서관들)이 마련되어 있다. 하지만 지금 불광천은 주로 고령층만이 산책의 용도로 사용하고 있어 '문화복합공간'이자 '학습공간'이라는 복합적 목적을 잘 수행하지 못하고 있으며, 이용자 규모가 워낙 작다 보니 조성된 기존의 시설들이 100% 활용되지 못한다.

불광천에 가 보았던 팀원들 모두가 이 문제에 공감하여 결국 '불광천 재활성화'를 어젠다로 선정하였다. 그 이유는 ① 불광천이 은평구에 유의미한 공간이자 전 구민의 관심사이며, ② 과거 몇 차례의 지방선거에서 모든 후보들이 불광천 관련 공약을 적어도 한 가지는 제시했을 정도로 – 이것은 이번 6.13 지방선거 때도 마찬가지였다 – 정책 입안자의 입장에서 매력적인 정책이고, ③ 당장 우리들이 불광천을 이용하는 과정에서 개선의 필요성을 느꼈던 적이 많았기 때문이었다.

2) 해결책: 불광천 유휴공간 재활성화

3월 14일, 우리는 불광천이 시작하는 응암역 3번 출구에서 만나 '정확히 어느 점을 개선해야 불광천이 활성화될지'를 파악하고자 직접 천변을 관찰하였다. 불광천으로 들어가는 길목에는 포수마을 만화도서관이 있었는데, 컨테이너 형태로 되어 있어 외관상 도서관보다는 공중화장실로 보였다. 문 앞에 붙어있는 공지를 확인해 보니 매주 이틀은 휴관일인 데다 (나중에 알게 된 사실이지만, 그 외에도 불규칙적인 휴관이 잦았다) 일 운영시간이 4시간에 불과하여 이용자들이 맘껏 독서하기 적절하지 않았다. 천변을 산책하며 걸어 내려가던 중 또 다른 작은 컨테이너인 불광천 작은도서관이 보였다. 살짝 들여다보니 이용자가 전혀 없었고, 방음이 잘 되지 않아 주변의 소리가 여과없이 들려 독서에만 집중하기에는 너무 시끄러웠다.

천변 산책로에는 큰 규모의 수변무대가 있었는데, 너무 오랫동안 이용되지 않아 시설물에 먼지가 앉아 있었고 무대 측면에 곰팡이나 물때가 가득했다. 이 외에도 산책로에 위치한 노후한 체육시설들의 정비가 미흡하거나, 불광천변에 위치한 다리 '신응교' 밑의 몹시 어두운 공간에서 어르신들이 장기를 두고 계시는 모습을 볼 수 있었다. 평상이 깔려 있긴 했지만 지나치게 어두워서 어르신들의 안전이 걱정되었고, 다리 밑의 공간이 상당히 넓고 쾌적한 만큼 충분히 다른 방법으로 활용할 수 있을 것 같았다.

김연진(2009)은 '사용하지 않고 놀리는' 공간을 '유휴공간'으로 정의했고, 유휴공간 재활용 과정에서 커뮤니티의 참여와 연계, 또 네트워크를 통한 교류 · 소통 · 보완을 강조하였다.[5] 유휴공간 중에서도 유휴공공시설의 경우 ① 공공시설 수요 · 공급 변화, ② 구도심 공동화, ③ 지역산업 쇠퇴 등에 의해 발생하며, '자체적 활용 계획이 부재하거나 적절한 수요가 없을 시' 유휴 상태로 남겨져 주변에 부정적인 영향을 미칠 수 있다.[6]

유사한 맥락에서, '불광천 팀'은 위와 같은 불광천변의 '사용되지 않고 놀고 있는' 시설들을 – ① 도서관, ② 수변무대, ③ 체육시설과 신응교 – '유휴공간'으로 간주하였다.[7] 또한 이 유휴공공시설들의 '자체적 활용 계획'을 세워 '적절한 수요'를 발생시킴으로써 이 공간들을 재활성화하고, 궁극적으로는 불광천 전체를 살리는 정책을 만들자고 결정하였다.

---

5 김연진. 2009. "유휴공간 문화적 활용의 의의와 방향." 『문화정책논총』 21권, 185-207.

6 임유경. 2015. "근린 재생 자원으로서의 유휴공간, 현황과 과제." 『환경논총』 56권, 58-66.

7 '유휴(遊놀(유)休쉴(휴))란 '쓰지 아니하고 놀림'을 의미한다. 불광천변의 시설들은 '아예' 사용되지 않는 것은 아니지만 '제대로' 사용되지 못하고 있었기에, 불광천 팀은 '유휴공간'이라는 표현을 넓게 해석하여 '조성된 본연의 목적을 수행하지 못하고 있는 시설'로 재정의하였다. 즉 불광천에서 '학습공간' 혹은 '문화복합공간'을 목적으로 조성되었지만, 제대로 운영되지 못하고 있는 모든 시설을 '유휴공간'으로 간주한 것이다.

3) 프로젝트의 방향성: '온 가족이 함께하는 불광천'

더 나아가 우리는 유휴공간 활성화의 궁극적인 목적을 '온 가족이 함께하는 불광천'으로 설정했는데, 불광천이 노년층들의 산책로로만 이용되는 실태가 안타까웠기 때문이다. 만약 전 연령층이 이용하게끔 불광천이 활성화된다면 자동적으로 그 주위의 상권이 살아날 것이며, 그에 따라 은평구가 지니고 있었던 고질적인 문제점들이 일정 부분 개선될 수 있다고 생각했다. 하여 정책을 디자인하는 과정에서 끊임없이 '수변무대에서 공연 문화가 자리잡으면 젊은 층이 더 발걸음하지 않을까?', '도서관에서 공간 대관을 할 수 있다면 학생들도 더 이용하겠지?'와 같은 질문들을 던지며, 전 연령층이 불광천을 적극적으로 이용하게 만들 수 있는 방안이 무엇일지를 고민하였다.

하나의 '공간'을 온전히 이해하려면 조성자의 입장과 이용자의 입장을 총체적으로 파악해야 한다. 애초에 불광천변 시설과 관련한 학술자료가 없기도 했지만, 논문 등을 통해 그 시설을 간접적으로 겪는 것은 (그 자료가 아무리 훌륭하더라도) 직접 그 공간을 이용하고, 관리하는 사람들을 만나 보는 것만 못하다고 느꼈다.

하여 우리는 이 시설들의 이용자들이 실질적으로 어떤 불편함을 느끼는지를 알아보고자 직접 이 공간들을 이용해 보았고, 공간 조성에 기여한 이들 혹은 시설 관리 주체들을 인터뷰하였다. 도합 약 40여 시간의 참여관찰 과정에서 우리는 불광천변 유휴공간들이 어떠한 목적으로 조성되었으며 관리의 과정에서 어떤 문제가 발생했는지를 파악할 수 있었다.

Ⅲ. 정책 구체화 과정: 관계자 인터뷰 및 지역활동가와의 만남

1. 답사 과정

1) 도서관과 수변무대 답사 결과

우리는 각 도서관을 주중에 6번, 주말에 4번 방문하여 2시간씩 이용사 수를 측정하고 개선할 점을 찾아보았다. (포수마을 만화도서관은 오후에만 운영하여 오전 · 오후의 선택지가 없었지만, 불광천 작은도서관은 오전 시간대의 이용자 수 또한 관찰하였다.) 총 40시간의 참여관찰 결과 포수마을 만화도서관은 시간당 평균 이용자 수가 주중에는 약 0.25명, 주말에는 약 0.87명이었고, 불광천 작은도서관은 주중에는 1.5명, 주말에는 약 1.6명이었다. 도합 4000여 권의 장서에 비하면 지나치게 방문자 수가 적었다.

〈표 1〉 만화도서관, 작은도서관 참여관찰 결과(이용자 수, 2시간 기준)

구분	주중 이용						주말 이용			
	오전 이용			오후 이용			오전 이용		오후 이용	
불광천 작은도서관 (월 휴관)	4/15	5/11	5/21	4/15	5/8	5/11	5/12	5/19	5/13	5/27
	2	3	4	5	2	2	0	3	6	4
	총 이용자 수: 18명 (12시간)						총 이용자 수: 13명 (8시간)			
포수마을 만화도서관 (수,일휴관)	4/6	5/18	5/21	5/24	5/28	6/1	4/7	4/14	5/12	5/19
	1	0	2	0	0	0	0	3	1	3
	총 이용자 수: 3명 (12시간)						총 이용자 수: 7명 (8시간)			

사서 인터뷰

참여관찰의 일환으로 아무래도 도서관의 문제점을 가장 가까이에서, 많이 보셨을 사서분들을 인터뷰하였다. 두 도서관의 사서분들은 공간의 협소함과 홍보의 문제를 언급하시며 현재의 도서관은 유휴공간이 분명하다고 말씀하셨다.

(포수마을 만화도서관 사서 인터뷰 中 일부)

Q. 만화도서관의 일일 방문객 수는?
A. 그나마 많은 토요일은 일 8~10명? 겨울철에 추울 때는 아예 오지 않을 때도 많아요. (이용자들이 작성하는 방명록을 보여 주셨는데, 실제로 토요일을 제외하고는 일 방문자 수가 4명을 넘을 때가 드물었다.)

Q. 이용객 수가 적은 원인은?
A. 내부 온도 문제요. 합판도 얇고 겉은 유리 1장이라서 여름에 덥고 겨울에 추운데다, 에어컨이나 히터도 잘 안 돌아갑니다. 미관상의 문제나 대출이 불가능한 것도 있어요. 그런데 저희가 전문 사서가 아니라 자원봉사자라서 대출까지 하게 되면 관리가 불가능해요. 지금도 가끔씩 책이 1권씩 없어져서요...

Q. 이용가능시간이 짧은 편인데, 남는 시간에 공간을 (공간이 필요한 사람들에게) 대관해주는 방안이 가능하다고 보시는지?
A. 이미 응암1동 주민 센터에 신청하면 그게 가능해요. 그래서 대학생들이 가끔 와서 회의한다고. 그런데 홍보가 미흡해서 잘 모르죠.

(불광천 작은도서관 사서 인터뷰 中 일부)

Q. 작은도서관의 일 이용자 수는?
A. 평일에는 많으면 35명, 주말에는 50명 정도요. 그러나 겨울에는 추워서 20명 정도로 줄어요.

Q. 공간이 협소한데, 장서 부족의 문제는 없는지?
A. 도서관 자체의 규모가 작아 어쩔 수 없는 부분이지만, 이용자가 한 달에 두 권씩 자신이 읽고 싶은 도서를 신청할 수 있는 서비스가 있어요. 이 외에도 책단비라고, 다른 은평구 도서관의 책을 상호대차해서 작은도서관에서 빌려볼 수 있어요. 굳이 가기도 힘든 구립도서관에 가지 않아도 되니 접근성이 좋죠. 다만 이런 서비스들이 잘 알려져 있지 않아서 아쉬워요.

Q. 작은도서관에서 개선할 점이 있다면?
A. 공간의 협소함, 화장실, 정수기의 부재요. 어른들을 위한 프로그램을 원하시는 이용자들이 있는데 성인 대상 독서 프로그램은 없는 점도요. 제시해주신 문학관과 연계하는 방안도 충분히 실현 가능하다고 생각해요. 어른들도 정말 꽤 많이 오시거든요.

수변무대와 체육시설에 대해서도 관계자와 인터뷰를 하면서 구체적인 문제점을 알아보고 싶었으나, 은평구청과 은평구 시설관리공단에 연락한 결과 '불광천 관리 문제가 워낙 복잡하여 해당 시설의 관리 주체를 파악하기 어렵다'는 답변을 받았다. 알고 보니 은평구청에서 도로조성과, 치수과 등 4개 과가 함께 불광천을 관리하기에 어느 부분을 어느 부서가 담당한다고 확정적으로 답하기 어려운 상황이었다. 이처럼 행정구조 및 처리과정이 복잡하고 관리 주체가 불분명한 점 역시 개선해야 할 부분이라고 생각했다.

2) 지역활동가와의 만남

불광천 팀은 은평구에서 시민이 정책 결정 및 집행에 주도적으로 참여하는 기관인 '주민참여예산위원회'에서도 불광천의 활성화와 관련된 프로젝트를 준비 중임을 알게 되었다. 하여 우리는 주민참여예산위원회 관계자들로부터 그간 구상해 왔던 정책안에 대한 피드백을 받고자 하였다. 주민참여예산위원회는 '정책기획시민위원회', '참여예산시민위원회'와 '정책평가시민위원회'로 이루어져 있고, 이 중에서도 정책을 디자인하는 기관은 '정책기획위원회'와 '참여예산위원회'이다. (주민참여 예산위원회는 구청의 예산을 매년 10-15억 가량 배정받아 구민들의 의견을 수렴한 정책을 제시 · 집행하고, 정책기획 시민위원회는 시민위원들이 모여 새로운 정책을 기획하는 기관이다.) 이 두 위원회의 관계자들을 만나고 대화하는 과정에서 정책을 현실적인 방향으로 구체화할 수 있었다.

3) 은평구 주민참여예산제?

참여민주주의의 하나의 형태인 '주민참여예산제도'는 관의 예산편성 과정에 주민들이 참여하여 함께 예산을 편성하는 것으로, 주민들의 직접적인 참여를 통해 대의민주제의 한계를 보완할 수 있다(안성민 · 최윤주 2009). 실제로 은평구는 매년 4000억 원 정도의 예산의 심의 과정에 주민들이 직접적으로 참여하고, 매년 10-15억 정도가 주민들이 제시하는 정책인 '주민참여예산사업'의 실시에 할당될 정도로 주민참여예산제가 잘

〈표 2〉 연도별 은평구 주민참여예산제도 사업규모

(단위 : 천 원)

연도	시		구	
	사업수	금액(천 원)	사업수	금액(천 원)
2012	-	-	19	818,860
2013	6	4,072,000	17	1,088,800
2014	7	2,370,000	23	1,076,400
2015	9	1,263,000	22	989,800
2016	12	1,350,000	51	1,201,107
2017	34	1,898,200	59	1,608,010
2018	21	1,390,000	66	1,481,220

〈사진 1〉 주민참여 예산제 회의 참여 관찰

시행되고 있다.[8]

4) 정책기획시민위원회 회의 참석

불광천 팀과 컨택이 닿았을 때 정책기획위원회는 불광천의 문화컨텐츠 개발을 목표로 하는 〈불광천 문화 시원(始原) project〉를 추진 중이었다. 추진 과정에서 불광천 팀의 답사결과와 정책이 프로젝트에 도움이 될 수 있겠다는 공통의 공감대가 형성되었고, 우리는 5월 17일에 정책기획시민위원회 월례회의에 참석했다. 아직 정책기획시민위원회의 정책안이 구체화되지 않았던 상황이기에, 위원들은 불광천 팀의 정책안을 향후 조례 제정 시 참고할 것을 약속하셨고, 지속적으로 청년 활동가 자격으로 회의에 참여하면서 아이디어를 계속 제공해 달라고 하셨다.

또한, 회의를 통해 우리가 추진하고자 했던 수변무대 공연문화 활성화에 대한 아이디어를 얻을 수 있었다. 우리가 가장 고민했던 지점은 '굳이 예술가들이 신촌이나 홍대처럼 이미 공연문화가 자리잡힌 곳을 두고 불광천에서 공연을 할 인센티브가 있을지'였는데, 유사한 고민을 하시던 시민위원 한 분이 계셨다. 그 분은 '은평구에 실용음악학원이나 악기 교습소들이 많지만 홍보와 운영이 힘든 상황'이라고 말씀하시며, 이 교습소 원장들을 인터뷰했더니 당

〈사진 2〉 박주민 국회의원실 인터뷰

8 이제형. 2018. "[새 대표 정책 | 생활민주주의] 동네 살림 결정할 때도 사전투표." 『내일신문』 (6월 7일), 2.

신들의 교습소 홍보에 도움이 된다면 수변무대에서 공연할 의사를 보였다고 하셨다. 지역예술가들의 참여를 통해 공연문화를 활성화 시키는 것이 가능하겠다는 희망을 얻을 수 있었다.

5) 박주민 국회의원실에서 미팅 참석

참여예산위원회 관계자와의 컨택을 시도하던 중 은평구 민관협치과를 통해 응암3동 참여예산위원장 출신의 시민활동가 분과 연락이 닿았고, 이 활동가 분, 박주민 국회의원, 조재학 은평구 참여예산위원장을 한 자리에서 뵙고 정책을 제안할 수 있었다.

이분들은 특히 관리주체의 확립 문제에 대해 공감하셨고, 구청에서 따로 전담관리부서를 만들어서 관리하는 '서대문구 안산'의 예를 들며 불광천 또한 불광천 전담 부서가 생긴다면 능률적인 관리와 사업 추진이 가능해질 것이라고 조언하셨다.

이 외에도 하나의 주민참여예산사업으로 연 단위로 수변 무대 공연 프로그램을 기획해 공연문화 형성을 주도하고, 동시에 근처 증산야시장의 상시개장을 통해 지역상권 활성화까지 도모하는 방안을 제시하셨다.

더 나아가 불광천 팀에게 주민들이 직접 정책을 제안하는 '은평구 참여예산 주민공모'에 참여할 것을 독려해 주시며, 공모전에서 뽑힌 정책은 최대 1억 5천만 원의 예산이 투입되어 실제로 집행되기 때문에 우리의 정책을 실현할 수 있는 좋은 기회라고 말씀하셨다. 공모전 결과는 마을학개론 프로젝트가 끝난 이후에 발표되지만, 우리는 이 정책이 일회적인 구상에서 끝나는 것이 아니라 지속적으로 은평구의 발전에 기여하기를 바라는 마음에서 실제로 공모전에 참여하였다.

이런 소중한 만남들을 통해 불광천 팀의 정책안은 한결 구체화되었다. 구청장 후보자들에게 제시한 최종 정책안은 다음과 같다.

Ⅳ. 최종 정책안: 불광천 유휴공간 재활성화 방안

〈표 3〉 불광천 유휴공간 재활성화 방안

<table>
<tr><td rowspan="4">1.
도서관</td><td colspan="2">불광천 작은도서관 / 포수마을 만화도서관 활성화</td></tr>
<tr><th>무엇을 통하여?</th><th>비용은 얼마인가?</th></tr>
<tr><td>은평문학관 연계 행사/가족 대상 프로그램</td><td>기존 시설 재활용: 비용X</td></tr>
<tr><td colspan="2">은평문학관 – 불광천변 도서관 연계, 은평구 출신 문인 관련 행사 개최
: 상대적으로 접근성이 떨어져 방문율이 저조한 은평문학관과, 접근성이 좋지만 프로그램이 부족한 불광천변 도서관과의 연계를 통한 윈윈(win–win)
독서 행사 확충: 독서 관련 체험, 밤샘 책 읽기, 작가와의 만남 등
: 가족 대상 행사 개최로 전 연령층의 이용 유도, 성인 대상 프로그램에 대한 이용자들의 니즈 충족
시설 확충: 책걸상 교체, 화장실/정수기 설치, 냉난방 개선
방문율 저조의 주 원인 해결, 방문자 확충효과 예상
공간대관/ 책단비 서비스 홍보
: 서비스 홍보 미흡으로 인해 이용자들이 먼 구립도서관을 찾거나, 인근 학생들이 돈을 주고 따로 공간을 대관하는 실태 … 이용자 확보 / 시설 이용 활성화 가능
포수마을 만화도서관 시스템 개선: 이용시간 확대, 대출제/전문사서 도입
: 조성 당시(2014년)에는 주 1회 휴관이었고 매일 8시간 이용이 가능했는데[9] 4시간으로 축소. 자원봉사자에 의한 운영인데다 이용시간이 짧고 대출 불가능
도서 확충
: 응암정보도서관 등 연계 도서관 보존서고(장서규모 2000여 권, 사서들만 접근 가능) 활용</td></tr>
<tr><td rowspan="4">2.
수변무대
개선 및
공연 문화
활성화</td><td colspan="2">거리공연문화 조성</td></tr>
<tr><th>무엇을 통하여?</th><th>비용은 얼마인가?</th></tr>
<tr><td>조명/천막/앰프/음향기기 설치</td><td>(인터넷 서핑/업체 컨택 결과) 500만원 이하</td></tr>
<tr><td colspan="2">▷ 불광천은 유동인구가 많음에도 불구하고 길거리 공연이 이루어지지 않고 있다. 서대문구의 연세로는 관 주도로 '차 없는 거리' 정책이 실시되어 문화공연 공간이 조성되었고 공연문화가 자리잡았다. 이를 모델삼아 불광천 수변무대, 충분한 넓이의 계단, 다리 밑 공간 등에 거리공연문화를 조성해 '문화복합공간'</td></tr>
</table>

9 "은평구, 포수마을 만화도서관 개관식 개최 – 만화책, 도서관에서 만나러 가자", 에코데일리, 2014.07.28, http://www.ecolover.co.kr/print_paper.php?number=27102.

<table>
<tr>
<td></td>
<td>이라는 아이덴티티를 살릴 것이다.
▷ 현재 은평구에서는 거리공연 문화에 대한 지원이 부족한데, 관에서 지역예술가들(특히 홍보가 필요한 교습소의 원장과 원생들)에게 인센티브를 제공한다면 불광천은 고령층을 넘어 전 연령대가 즐길 수 있는 문화예술거리로 거듭날 수 있을 것이다.</td>
</tr>
<tr>
<td>3.
신응교 밑 공간 관리 / 체육시설 정비 · 관리</td>
<td>어르신들을 위한 조명 설치/체육시설 정비
<table>
<tr><th>무엇을 통하여?</th><th>비용은 얼마인가?</th></tr>
<tr><td>구청 주도로 조명 설치,
체육시설 정비 추진</td><td>(조명 설치비 개당 50만원으로 추산 시)
200만 원 내외, 소정의 정비 비용(인건비)</td></tr>
</table>
낙후된 체육시설 재정비
: 지속적 관리 필요, 관리주체 은평구 시설관리공단으로 명백히 설정
신응교 밑 조명
: 어두운 다리 밑 공간에 조명을 설치해 안전 · 건강상 문제 해결, 다리 밑 공간에서 구청 주도 프로그램(ex. 라인댄스 교육) 실시하는 은평뉴타운처럼 신응교 공간 재활용

▷ 신응교 밑 공간 이용이 하천법상 불법인지의 여부가 불분명하므로 (밑에서 자세히 서술할 것) 법제 검토 / 법적 절차와의 충돌 해소가 필요하다.</td>
</tr>
<tr>
<td>4.
관리주체 형성 / 민의수렴 창구 개설</td>
<td>주민참여예산사업의 지속적인 관리주체 설정
<table>
<tr><th>무엇을 통하여?</th><th>비용은 얼마인가?</th></tr>
<tr><td>주민참여예산위원회 산하 기구 설치</td><td>주민참여예산위원회 예산은 별도로 할당되는 것이므로 구청 재정에 추가 부담 X</td></tr>
</table>
▷ 과거 주민참여예산사업의 일환으로 포수마을 만화도서관이 조성되었으나, 조성 이후 관리주체가 불분명하고 관리가 미비하여 결국 유휴시설로 전락하였다.

주민참여예산사업을 통한 불광천변 시설물 관리주체 형성
: 기존의 참여예산위원회 산하 기구들이 사업제시와 사업평가에 집중했다면, 사업관련 시설의 지속적 유지 · 보수를 주도하는 '관리' 기구 신규 설치
민의 수렴 창구 마련
: (굳이 불광천 팀처럼 직접 연락을 시도하지 않더라도) 주민참여위원회에 닿을 수 있는 민의수렴의 창구가 마련된다면, 또는 원하는 구민들이 주민참여위원회 회의에 객원으로 참여할 수 있게 된다면 많은 아이디어를 통해 참여예산사업이 보다 구체화될 것</td>
</tr>
</table>

<table>
<tr><td rowspan="4">5.
구청 내
행정조직
개편</td><td colspan="2">관리 관할구역 분할 → 전담 TF팀</td></tr>
<tr><td>무엇을 통하여?</td><td>비용은 얼마인가?</td></tr>
<tr><td>불광천 담당 상설 팀의 창설</td><td>구청 조직개편 사안; 비용 추산 불가</td></tr>
<tr><td colspan="2">▷ 4개 분과가 한 공간을 함께 관리하면서 문제 해결 과정이 복잡해지고, 업무 처리가 비효율적이다. 은평구청 내의 행정조직을 개편해 불광천 전담 상설관리부서를 조직한다면 천변시설 관리가 용이해질 것이다.</td></tr>
<tr><td rowspan="4">6.
홍보 촉진</td><td colspan="2">불광천변 도서관, 수변공연, 주민참여예산제 등에 대한 홍보</td></tr>
<tr><td>무엇을 통하여?</td><td>비용은 얼마인가?</td></tr>
<tr><td>은평방송, SNS 광고 등</td><td>소정의 SNS 광고비용: 20만원</td></tr>
<tr><td colspan="2">▷ 은평구의 지역공영방송 CJ 은평방송, '은평구 대신 전해드립니다' 등의 페이스북 페이지, 은평구청 웹사이트 등을 통해 불광천변 도서관 시스템이나 수변공연, 주민참여예산위원회 등에 대한 홍보가 이루어진다면 그 파급력이 상당할 것이다.
▷ 특히 SNS 홍보는 기존 광고 매체들에 비해 싼 값으로 높은 광고 효율을 올릴 수 있는데다 청년층에게 상당한 파급력을 지니므로, 수변공연이나 야시장 개장 등에 대한 홍보가 이루어지면 불광천의 '청년층 부족' 문제를 완화할 수 있을 것이다.</td></tr>
</table>

1. 후보자들과의 만남

1) 바른미래당 이익주 후보

이익주 후보의 공약 중 우리의 정책과 맥락을 같이하는 '불광천 편의시설 재개편'과 '청소년 및 청년 문화예술인의 창작과 공연을 위한 공간 마련'이라는 공약이 있어, 이러한 공약의 구체적 실천 방안으로 불광천 팀의 정책을 제안했다.

이익주 후보는 긍정적으로 검토해보겠다고 말씀하시면서, 무엇보다도 중요한 건 불광천에 사람을 끌어들일 수 있는 '유인요소'를 만드는 것이라 조언하셨다. 근처 상권을 부활시키거나 전시 등의 문화적 유인요소를 만들어 불광천의 유동인구를 늘린다면, 거리공연 또한 자연스럽게 활성화될 것

〈사진 3〉 이익주 구청장 후보 인터뷰

이라는 주장이었다.

또한 다리 밑의 공간을 활용해 언제든 버스킹이 가능한 광진교의 사례를 들어 날씨에 구애받지 않는 거리 공연 환경의 조성이 필요하다 말씀하셨다. 이 외에도 불광천 근처의 유휴시설들의 관리주체를 확정해야 할 필요성에 공감하시면서, 관리주체를 확정하는 과정에서도 공청회 등을 열어 철저한 검증의 필요성을 강조하셨다. 인터뷰를 마무리하면서 이익주 후보는 당선 시 불광천 팀의 정책안을 참고하여 불광천을 활성화하실 것을 약속하셨다.

2) 더불어민주당 김미경 후보 (6.13 지방선거 당선자, 현 은평구청장)

6월 4일 김미경 후보의 선거 캠프에서 인터뷰를 진행했는데, 김미경 후보는 불광천 팀의 정책에 대해 면밀히 살펴보시며 긍정적인 반응을 보여주셨다. 또한 우리가 미처 생각하지 못했던 불광천의 문제들을 지적하셨는데, 일례로 (불광천의 문화적 요소들을 활성화하는 것에 앞서) 비가 오면 악취가 심한 문제점을 해결하기 위해 분리 하수관 설치가 선행되어야 한다고 말씀하셨다. 또한 불광천 팀이 주장한 유휴시설 재개편 방안이 하천 관리법에 어긋나 문제가 될 수 있는 소지가 존재하는지에 대한 면밀한 조사도 필요하다고 조언하셨다.

〈사진 4〉 김미경 구청장 후보 인터뷰

김미경 후보는 수변무대 주변의 시민들이 소음 문제로 불편을 겪을 수 있는 가능성이 있음에도 불구하고 불광천변을 '문화와 예술이 흐르는 거리'로 활성화시킬 필요성이 있다고 언급하셨고, 향후 당선 시 불광천 팀의 정책에 참고하고 반영할 부분이 있다고 말씀하셨다. 또한 인터뷰를 마무리할 때 향후 당선된다면 김미경 후보의 공약 중 하나였던 '정책연구소'에서 이 문제를 직접 공론화해 주었으면 한다고 말씀하셨다.

Ⅴ. 결론 및 제언

1. 정책 피드백

후보자들을 만난 후 불광천 팀은 재차 피드백 받은 내용들을 검토했다. 첫 번째는 김미경 후보가 언급한 '하천법'에 관한 것이었다. 김미경 후보는 하천법상 하천과 그 주변의 수변공간을 점유하려면 일률적으로 실시계획 인가 및 준공인가를 거쳐야 하며, 불광천변 시설들 – 컨테이너 형태의 도서관들, 운동 시설, 산책로 등 – 은 모두 주민들의 니즈에 의해 구청이 설치한 것이지만, 사실 조성 당시까지만 해도 하천법에 위배되는 불법 점유물이었다고 말씀하셨다. 워낙 많은 주민들이 천변 시설의 필요성을 호소해 그 위법성을 알면서도 어쩔 수 없이 '쉬쉬'하게 되었고, 이 문제는 불광천 외에도 모든 하천이 개발 과정에서 겪는 공통적인 문제라는 것이다. 김미경 후보는 이러한 조항 때문에 간단한 시설을 천변에 설치하거나 보수하는 데도 복잡한 절차를 거쳐야 하므로 '불광천 팀'의 정책안을 실현하는 과정에서 법과의 충돌로 인한 어려움을 겪을 수 있다고 말씀하셨다.

하지만 이에 대해 알아본 결과, 2017년 3월 21일에 개정된 하천법에 의해 '하천관리에 미치는 영향이 미미한 운동기구, 긴 의자와 같은 시설(공작

물)'들은 인허가 절차를 받지 않아도 설치할 수 있게 되었다. 이에 따라 불광천 팀의 정책안의 일부인 조명 설치나 체육시설 정비 등은 복잡한 법적 절차를 거치지 않고도 진행할 수 있게 되었다. 다만 '신응교 밑 공간 활용' 등의 방안이 '하천관리에 미치는 영향이 미미'한지 아닌지, 즉 새로운 하천법 상으로도 재개편을 위해서 인허가 절차가 필요한지를 확실히 파악해야 한다.

두 번째는 이익주 후보가 조언한 수변무대 활성화 방안, 즉 다리 밑 공간을 재활용해 항시 공연이 가능한 공간을 마련하는 것이었는데, 실제로 광진교의 수변무대인 '광진교 8번가'에서는 미리 공간 대관예약을 하면 시민들이 언제든 공연을 할 수 있다. 시민의 공연 외에도 가수들의 찬조 공연이나 미술품 전시회 등이 열리며, 야경명소로 소문이 나 많은 사람들이 광진교를 찾는 모습을 확인할 수 있다.[10] 불광천 또한 광진교와 비슷한 방식으로 수변무대 환경을 개선하고, 근처 증산야시장의 개장과 같은 여러 문화적 유인요소를 활성화한다면 수변무대 뿐만 아니라 불광천 전체를 사람들이 발걸음하는 문화적 명소로 만들 수 있을 것이다.

2. 불광천에서의 동네민주주의 활성화 방안

이번 프로젝트를 진행하면서 느꼈던 것은, 주민들 간에 불광천 활성화의 필요성에 대한 공감대가 존재함에도 불구하고 이러한 민의를 한 곳으로 결집할 수 있는 시스템이 부족하다는 점이었다. 주민들의 의견을 모으는 과정 없이 관에서 독자적으로 불광천의 활성화를 추진한다면 이는 민의 수렴이 결여된 불완전한 활성화가 될 것이며, 이 공간을 실제로 이용하는 주민들의 삶의 질을 높이는 정책이 되지 못할 가능성이 높다.

10 김영명. 2017. "여의도물빛무대와 광진교 8번가 '문화 프로그램' 진행." 『국제뉴스』 (9월 4일), 2.

실제로 부산 동천은 2000년대 초반 수질 개선 시도가 있었지만, 해당 사업에서 민 · 관 협력을 통한 거버넌스가 제대로 구축되지 않은 채 관의 주도로 집행되어 결국 수질 개선에 실패했고 '똥천'이라 불리게 되었다. 반면 부산 온천천은 민과 관이 수질 개선과 개발에 대한 공감대를 공유하고 협력적으로 네트워크를 구성해 온천천을 복원해 내어 성공적 하천 재조성 사례로 손꼽힌다. 복원된 온천천에서는 매년 봄마다 벚꽃 축제가 열리고, 하천 주변에는 카페거리가 조성되어 문화적 공간으로 탈바꿈했으며, 이에 따라 근처의 지가가 상승하는 경제적 파급효과까지 생겼다(김창수 2005; 김창수(Chang soo Kim) 2007; 홍준성 2017). 이처럼 불광천도 민의를 모을 수 있는 제도적 장치를 마련해 불광천 활성화에 시민의 목소리가 반영된다면, 불광천에서도 진정한 '동네민주주의'가 실현될 수 있을 것이다.

3. 프로젝트를 끝마치며

1) 이상과 현실 사이 '운용의 묘'

프로젝트 과정에서 불광천 팀에게 가장 충격을 주었던 것은 모든 불광천변 시설이 조성 당시의 복잡한 하천법상 인허가 절차로 인해 불법적으로 설치되었다는 점이었다. 은평구청 민관협치과 직원분이 전화상으로 해 주신 말씀을 빌리자면, '불광천변 시설들은 물론, 신응교 밑에 마련된 평상도 사실은 불법'이고 구청도 그것을 알고 있다. 하지만 '어르신께서 아무리 쫓아내도 하루 종일 거기에 계신데 어떡해요. 적어도 편한 데서 바둑 두시라고 평상 하나라도 깔아 드려야죠. 현실적으로.'와 같은 식으로 이 모든 시설들이 마련된 것이다.

이것은 한 작은 하천의 사례에 불과하지만, 궁극적으로는 한국 사회에서 법의 영역과 행정의 영역 사이에 존재하는 필연적 괴리를 보여 주는 하나의 단면이라고 생각했다. 법은 책임소재와 같은 복잡한 이슈들이 얽혀 있어 느리게 변화하지만, 현실 속에서의 행정적인 변화는 민의 의지와 필요에 의해 법적 기반 마련에 앞서 발생한다. 어떻게 보면 원칙이 존중되지 않는 '문제'이지만, 다른 측면에서는 안정적인 구정을 가능하게 하고 민을 존중하는 '선의의 무시'라고도 볼 수 있다.

'시'나 '도'의 단위는 보다 중앙과 밀접하게 연결되어 있어 제도의 자의적 수용이 어렵기 때문에, 이런 괴리는 '구'나 '동' 단위에서 보다 쉽게 찾아볼 수 있을 것이라 생각한다. 이때 이상(법 자체를 있는 그대로 준수하는 것)과 현실(주민이 호소하는 현실적 필요성) 사이에서의 합의점을 찾는 과정에서 '마을 민주주의'가 필수적이다. 마을에 애착을 가진 주민들이 '타운십' 속에서 형식에 대한 존중을 배우면서 그것을 자신들의 의지와 조화시켜 나가는 법을 배워야만 한다. 그래야만 제도를 최대한 존중하면서도 현실적 필요성을 과하지도, 부족하지도 않게 필요한 만큼만 충족시킬 수 있는 '운용의 묘'를 찾을 수 있을 것이다.

2) 소감

모든 팀원들이 이번 학기 내내 이 프로젝트에 많은 품을 들였다. 인당 12시간 이상의 답사는 물론이고, 수시로 불광천에서 만나 다양한 수변시설을 관찰했으며, 아주 많은 관계자들 – 은평구청 민간협치과, 정책기획시민위원회, 주민참여예산위원회, 박주민 의원실, 여러 구의원들, 은평방송, 불광천변 도서관 사서들, 은평구 시설관리공단 등 – 에게 지속적으로 연락하느라 메일함과 카톡이 쉴 틈이 없었다.

후보자 컨택을 담당한 준석은 2–3일 간격으로 몇 십 통의 메일을 보냈고, 경민은 답사에만 몇 십 시간을 쏟았고, 주민참여위원회와 미팅을 추진한 세연은 관계자들과 몇 백 개의 카톡을 주고받았다. 이런 힘든 스케줄 속에서도 불광천 팀이 힘을 내 프로젝트를 계속할 수 있었던 것은, 많은 감사한 분들께서 '별 것 아니네'라며 넘겨 버릴 수도 있는 대학생 3명의 목소리에 귀 기울여 주신 덕분이었다. 또한 힘들게 구체화시킨 정책안을 후보자들이나 주민참여위원회 관계자들께 제시하고 긍정적인 피드백을 듣는 것이 큰 보람이 되었다.

또한 우리는 끊임없이 불광천에 대해 고심해 온 정책기획시민위원회 분들과, 아무도 주목하지 않더라도 묵묵히 만화도서관 등의 시설들을 유지해 오신 자원봉사자 분들을 보면서 큰 감동을 받았고, 저분들이야말로 진정한 '민주시민'이라고 느꼈다. 이번 프로젝트를 통해 많은 것을 배우고 느낀 불광천 팀은 프로젝트가 종료된 이후에도 계속해서 정책기획위원회에서, 또 향후 설치될 정책연구소에서 불광천 활성화를 위해 노력할 것이다.

이런 훌륭한 기회를 마련해 주신 이태동 교수님과 그 과정에서 도와 주신 조교님들, 지지해 주신 많은 학우분들과 프로젝트 과정에서 도움을 주신 수많은 분들, 마지막으로 그 누구보다 서로에게 힘이 되어 준 팀원들에게 감사하는 마음을 전하며 이상 불광천 팀의 최종 보고서를 끝맺고자 한다.

집 없는 소라게:
서울 상생 맞춤형 기숙사

윤자명 · 이상근 · 김하윤 · 윤지호

Ⅰ. 서론

올해 6.13 지방선거에서도 우리는 "청년이 미래다", "청년복지는 미래를 위한 투자이다"라는 구호를 흔하게 들을 수 있었다. 미래 대한민국을 이끌어갈 청년들, 그런데 우린 청년들에 대해 얼마나 알고 있을까? 우린 청년들에게 진짜 필요한 것을 알고 있을까?

과거 미혼의 젊은 성인남성을 지칭했던 '청년'이란 표현은 지금은 갓 의무교육을 마친 성인부터 사회초년생들까지 모든 젊은이들을 아우르는 표현으로 사용되고 있다. 청년에는 다양한 계층의 사람들이 있지만 그 중 큰 비중을 차지하고 있는 대학생들, '팀 소라게'는 더 나은 미래를 위해 교육을 받고 있는 대학생들의 고민에 집중해 보았다.

현재 서울시엔 지방에서 상경한 학생부터 경기권역에서 통학하는 학생, 그리고 서울시 거주 대학생까지 대략 50만 명의 학생이 대학을 다니고 있다. 그러나 서울시는 이렇게 많은 대학생들을 온전히 수용하고 있지 못한다. 특히 주거문제는 대학생들이 느끼는 가장 큰 문제 중 하나이다. 기숙사는 대학생들을 수용하기엔 턱없이 부족하며, 원룸의 임대료는 시간이 갈수록 천정부지로 치솟고 있다. 기숙사와 자취방 또는 하숙까지 구하지 못한 경우, 학생들은 2시간이 넘는 거리를 통학하거나 비좁은 고시원으로 내몰리기까지 하였다. 그러나 이러한 문제 해결을 위한 정부의 노력은 번번이 지역민들의 반대에 부딪히고 있다. 고려대학교 "도토리 프로젝트"(고려대학교 기숙사 신축 운동)와 같이 학생들이 문제해결을 위해 직접 나선 사례도 있으나 가시적인 성과는 보이지 못하고 있는 실정이다.[1] 그리고 대학생들은 지금도 해결책을 찾지 못한 채 여전히 주거문제로 고통받고 있다.

---

1 도토리 프로젝트. https://www.facebook.com/pro.dotori/.

Ⅱ. 문제 인식

〈표 1〉을 살펴보면 2017년 수도권 대학교 기숙사의 수용률은 16%이며, 세부적으로 서울 지역의 수용률은 12.6%까지 떨어짐을 알 수 있다. 〈표 2〉를 보면 2016년 수도권 국공립 대학교의 기숙사 입사 지원자 수 대비 수용

〈표 1〉 대학교 기숙사 설립유형/지역별 현황

구분		전체 대학(개)	기숙사 운영 대학(개)	재학생 수(명)	기숙사 수용 가능 인원(명)	수용률(%)
설립유형	국·공립대	39	39	38만 2453	9만 4686	24.8
	사립대	196	174	124만 7943	25만 1474	20.2
지역	수도권(서울)	108 (65)	87 (46)	67만 6450 (41만 2417)	10만 8401 (5만 2075)	16 (12.6)
	비수도권	127	126	95만 3946	23만 7759	24.9
합계		235	213	163만 396	34만 6160	21.2

(출처: 남혜정. 2018. "[뉴스+] 대학 기숙사 확충 나선 정부 ... 주민 반대 등 난제 산적." http://www.segyetimes.co.kr/newsView/20180510004516.)

〈표 2〉 2016년 기숙사 입사 지원자 수 및 수용가능 인원

구분	국·공립			사립			전체
	수도권	지방	소계	수도권	지방	소계	
지원자 수(A, 명)	2만 1868	11만 4368	13만 6236	12만 74	21만 1718	33만 1792	46만 8028
수용가능인원(B, 명)	1만 1026	7만 5558	8만 6584	8만 8004	8만 8004	24만 5350	33만 1934
수용가능인원 비율(B/A, %)	50.4	66.1	63.6	73.3	74.3	73.9	70.9
수용가능인원(A-B, 명)	1만 842	3만 8810	4만 9652	3만 2070	5만 4372	8만 6442	13만 6094

(출처: 대학교육연구소. 2017.『대교연 통계 2016-17년 10호』대학교육연구소. http://khei-khei.tistory.com/category/대교연통계?page=4.)

〈표 3〉 주요 대학 기숙사 비용과 월세 비교

대학교	직영 기숙사비 (1인실)(A)	민자 기숙사비 (1인실)(B)	평균원룸월세 4개월분(C)	차액 (B-C)	차이율(%) (B-Cx100)
연세대학교	73만 6000원 (무악학사)	264만 2000원 (SK국제학사)	230만 8000원	33만 4000 원	114.5
고려대학교	직영 기숙사 中 1인실 없음	232만원 (프런티어관)	200만원	32만원	116.0
한양대학교	직영 기숙사 中 1인실 없음	2940만원 (스마트빌, 임차) (교환학생)	220만 8000원	73만 2000 원	133.2
건국대학교	직영 기숙사 中 1인실 없음	218만 6000 (쿨하우스)	187만 6000원	31만원	116.5
숭실대학교	직영 기숙사 中 1인실 없음	200만 7000 (레지던스홀)	195만 6000원	5만 1000 원	102.6

▶단위: 한 학기(방학 제외, 4개월)
▶직영기숙사비 출처: 민달팽이 유니온(2013년 기준)
▶민자기숙사비 출처: 한국사학진흥재단이 더민주당 유기홍 의원실에 제출한 자료(2015.9.3 기준)
▶평균 원룸 월세 출처: 2014년 해당 대학 소재지의 서울시 월세 주택 실거래가 자료(35m^2 이하, 전월세 전환률 7.5% 적용), 서울시내 대학생기숙사 현황 및 주거안정화 효과 연구_민달팽이유니온

(출처: 김영식. 2016. "일부 대학 민자 기숙사, "인근 원룸 시세보다 비싸다." http://www.speconomy.com/news/articleView.html?idxno=64590.)

가능 인원의 비율이 50.4%, 사립 대학교의 경우 73.3%임을 알 수 있다. 〈표 1〉을 통해 서울시 대학생에 비해 기숙사의 수가 절대적으로 부족하다는 사실을 알 수 있고, 〈표 2〉는 실질적으로 기숙사를 이용하고자 하는 학생 수에 비해 기숙사가 매우 적음을 말해주고 있다. 아예 애초에 기숙사 지원을 하지 않는 경우까지 생각해보면 서울시의 대학생 기숙사 시설이 크게 부족한 상화임을 알 수 있다.

이와 같은 문제점을 해결하기 위해 일부 대학에서는 대학 외부 자금으로 마련된 민자 기숙사를 유치했다. 그러나 〈표 3〉에서 보다시피, 민자 기숙사들은 학교 인근 원룸의 임대료보다 높은 기숙사 비용을 내야 하는 경우가 많다. 뿐만 아니라 기숙사 공급 자체가 절대적으로 적어 기숙사 지원에 떨어진 대학생들은 대학가 주변의 원룸 등 임대료가 높은 시설에 거주하게 되는데 월세와 관리비, 수도세 등의 주거비와 불안한 치안 문제를 고려할 때 대학생들은 안정적이지 못한 주거환경에 내몰리게 되는 것이다.

기숙사의 부족은 대학 자체의 힘만으로는 해결하기 힘든 문제이다. 서울시에서는 기숙사 문제의 대책으로 공공 기숙사와 행복 기숙사 등 많은

대안을 내놓았다. 그러나 서울시와 여러 지방자치단체 및 국토교통부와 협력하여 건설하는 기숙사들은 현재 대부분 지역주민들의 반발(고려대, 성동구, 성북구 등등)로 건설 자체가 불투명한 실정이며, 그나마 완공되어 운영되는 대표적인 기숙사들{내발산동 공공 기숙사와 홍제동 행복(연합)기숙사 그리고 행복(공공)기숙사}도 그 수가 절대적으로 부족할 뿐만 아니라 대학가와 먼 거리의 외진 위치이거나 서울거주지의 학생들은 원칙적으로 지원에 배제되는 등 이용에 한계가 있다.

이 외에도 서울시에서는 행복주택, 희망 하우징 등의 대안도 내놓았지만 행복주택의 경우 대상자가 청년계층 만이 아니라 취약/노인계층도 포함되다 보니 매우 높은 경쟁률을 보여 공급이 턱 없이 부족한 현실이다. 또한 희망 하우징 역시 신청 대상 1~3 순위는 서울 제외 지역 거주자이기 때문에 서울지역 대학생의 접근성이 매우 떨어진다고 할 수 있다.

그렇다면 실제로 대학생들은 어떤 주거환경을 원할까? 2018년 04.12~04.20까지 대학생들을 대상으로 온라인 설문조사(220명, 무작위 배포로 설문조사 진행)를 실시하였다. 서울과 비서울 대학생으로 응답자를 분류한 뒤,

〈표 4〉 대학생 공공 기숙사 비교

이름	내발산동 공공 기숙사	홍제동 행복(연합)기숙사	행복(공공)기숙사
위치	강서구 내발산동	서대문구 홍제동	광운대, 상명대, 한양대, 경희대, 세종대 등 5곳
수용인원	총 193실 382인	총 208호실로 516명	대학별 상이
특이사항	가격은 저렴하나 주요 대학가에서 외진 위치특성으로 인한 높은 공실률 (17년 1월: 최종 잔여 일반실 11실, 장애인실 4실 발생)	신촌 대학가와 인접해 높은 수용률 지역민과 소통(ex. 시설개방, 멘토링 프로그램) 친권자의 주민등록등본상 거주지가 비서울인 학생에 한함	친권자의 주민등록등본 상 거주지가 비 서울인 재학생으로 한함 본교학생만 입사가 가능해 서울시의 수요-공급 불균형 해소에는 한계

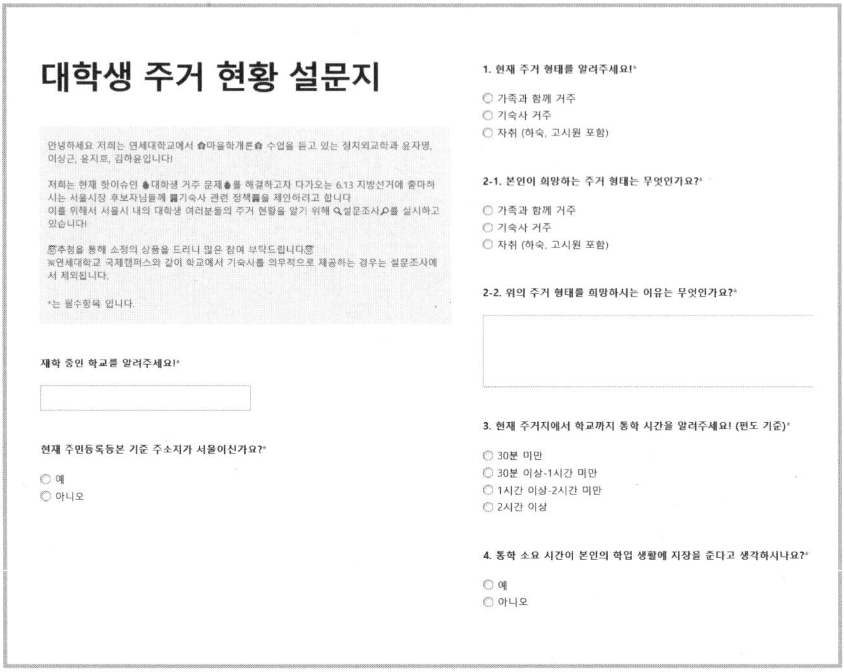
대학생 주거 현황 설문지

안녕하세요 저희는 연세대학교에서 🏠마을학개론🏠 수업을 듣고 있는 정치외교학과 윤자명, 이상근, 윤지효, 김하윤입니다!

저희는 현재 핫이슈인 💧대학생 거주 문제💧를 해결하고자 다가오는 6.13 지방선거에 출마하시는 서울시장 후보자님들께 📖기숙사 관련 정책📖을 제안하려고 합니다
이를 위해서 서울시 내의 대학생 여러분들의 주거 현황을 알기 위해 🔍설문조사🔎를 실시하고 있습니다!

😊추첨을 통해 소정의 상품을 드리니 많은 참여 부탁드립니다😊
※연세대학교 국제캠퍼스와 같이 학교에서 기숙사를 의무적으로 제공하는 경우는 설문조사에서 제외됩니다.

*는 필수항목 입니다.

재학 중인 학교를 알려주세요!*

현재 주민등록등본 기준 주소지가 서울이신가요?*

- ○ 예
- ○ 아니오

1. 현재 주거 형태를 알려주세요!*

- ○ 가족과 함께 거주
- ○ 기숙사 거주
- ○ 자취 (하숙, 고시원 포함)

2-1. 본인이 희망하는 주거 형태는 무엇인가요?*

- ○ 가족과 함께 거주
- ○ 기숙사 거주
- ○ 자취 (하숙, 고시원 포함)

2-2. 위의 주거 형태를 희망하시는 이유는 무엇인가요?*

3. 현재 주거지에서 학교까지 통학 시간을 알려주세요! (편도 기준)*

- ○ 30분 미만
- ○ 30분 이상-1시간 미만
- ○ 1시간 이상-2시간 미만
- ○ 2시간 이상

4. 통학 소요 시간이 본인의 학업 생활에 지장을 준다고 생각하시나요?*

- ○ 예
- ○ 아니오

〈그림 1〉 대학생 주거 현황 설문지

현재 거주형태와 희망 거주형태를 조사하였고 현재 거주형태를 가족과 함께 거주로 선택한 응답자에게 통학으로 인한 불편함이 어느 정도인지 설문하였다. 〈그림 1〉 참조. 그 결과, 전체 응답자 중 많은 수의 학생들이 1시간 이상의 통학시간으로 인해 학업에 지장을 받는다고 느꼈으며, 서울시에 거주하더라도 학교와 거주지의 거리에 따라 긴 통학시간이 걸리는 학생들은 기숙사의 필요성을 호소하였다. 또한 서울시 거주자들 중 많은 사람들이 현재의 기숙사 입사조건(실 통학시간을 고려하지 않은 행정적 편의를 위한 거리산정)이 부적절하다고 답했다. 현재 서울시에 거주하는 학생들은 절대적 거리에 대한 고려 없이 서울시에 거주한다는 이유만으로 아예 입사 지원에서조차 배제되고 있다.

〈서울 거주자〉

또한 비 서울 거주자와 같은 경우엔 기숙사 거주를 희망하는 비율이 훨씬 높았음에도 불구, 전체 거주형태에서 기숙사가 차지하는 비율은 37%밖에 되지 않았다. 특히 가족과 함께 거주하는 경우 기숙사 및 자취를 희망하는 비율이 92%에 이르러 통학의 불편이 극심함을 알 수 있었다.

〈비 서울 거주자〉

추가로 자취에 관한 구체적인 내용을 묻는 주관식 응답에서 희망하는 거주형태로 자취를 택했으나, 자취 시 발생하는 높은 비용으로 인해 실제로 거주한다면 기숙사 거주를 하겠다는 내용이 들어간 응답의 수가 서울 거주자의 경우엔 49명중 26명, 비 서울 거주자의 경우엔 44명중 17명에 달하였다. 이는 설령 자취를 희망하여도 현실적인 이유로 기숙사에 거주할 인원이 많다는 뜻으로 기숙사의 확충의 필요성은 더욱 올라가게 된다.

Ⅲ. 정책 제안 대상 및 후보자 정책 분석

팀 '소라게'는 최우선 정책 제안 대상으로 서울시장 후보자들을 선정하였고 서울시장 선거의 유력후보인 더불어민주당 박원순, 자유한국당 김문수, 바른미래당 안철수 후보에게 정책전달을 목표로 하였다. 추가로 서울시장 후보캠프와 직접 연결되기에는 어려움이 있을 수 있기에 대학교가 많은 서울 시내 구의 구청장 후보들과 서울시 시의원 및 구의원들에게도 정책을 전달하기로 하였다.

서울 시장 유력후보 3인의 부동산 공약은 다음과 같다.

〈표 5〉 서울시장 주요 후보자 부동산 관련 공약[5]

후보	공약
박원순 (더불어민주당)	ㅇ공공지원형 주거재생사업으로 양호한 주택 공급 ㅇ국공유지 위탁개발, 공공청사 복합화로 저렴주택과 기반시설 공급 ㅇ2022년까지 공공임대주택 12만가구, 공공지원주택 12만가구 공급
김문수 (자유한국당)	ㅇ공공 임대주택 25만가구 공급 ㅇ청년 임대 주택 5만가구 공급 ㅇ공공임대주택 재고율을 전체 주택 재고율의 10%까지 공급
안철수 (바른미래당)	ㅇ반값 공공임대주택 4년간 10만가구 공급 ㅇ주변 시세보다 임대료 30% 저렴한 알뜰주택 저소득층에 우선 공급 ㅇ금융기관, 보증보험과 협약 체결로 청년층 보증금 프리 제도 도입

(출처: 정다슬. 2018. ""정책 유지"냐 "뒤집기"냐... 서울시장 후보 부동산 공약 '3인 3색'."
http://www.edaily.co.kr/news/news_detail.asp?newsId=01302166619239752&cate.)

세 후보의 부동산 공약을 살펴보면 세 후보 모두 공공임대주택의 공급을 약속하였고, 임대주택 안에는 청년들을 대상으로 한 청년 임대주택공약이 들어가 있었다. 주로 엇갈리는 쟁점은 재건축 초과이익 환수에 대한 입장차이로, 박원순 – 안철수 – 김문수 후보 순으로 개발이익에 대한 강한 초과환수를 주장하였다. 후보자 정책 중 특이점으로는 박원순 후보 같은 경우 철도를 복합화사업을 통해 생기는 부지를 활용한 업무, 상업 용 시설 외에 청년주택 공급을 이야기하였고 안철수 후보와 경우 금융기관, 보증보험과 협약을 통해 청년층 보증금 프리(Free) 제도를 제시하였다.

팀 '소라게'는 후보자들의 부동산 공약을 분석하며, 청년이라는 포괄적인 개념을 타겟으로 하는 주거복지정책은 존재하나, 청년 중에서도 대학생을 직접적으로 겨냥한 주거복지정책은 없다는 사실을 발견하였다. 특히, 청년을 대상으로 하는 정책의 일환으로 임대주택 정책이 다수 존재했으나 팀 '소라게'가 홍제동에 위치한 부동산을 직접 방문한 결과, 부동산 입장에서 돈이 되지 않는다는 이유로 임대주택을 취급하지 않는 곳이 있었고 대학생에게 임대주택을 소개해주지 않는 중개사도 발견할 수 있었다. 이를 통해 팀 '소라게'는 임대주택 정책이 대학생과는 동떨어져 있는 정책이라는 것을 발견하였고 이 점에 집중하기로 했다.

대학생들의 필요를 반영하고 실질적으로 접근성이 높은 주거 공간의 필요가 절실한 현실 속에서 서울상생맞춤형 기숙사 정책은 후보자들의 기존 부동산, 청년 공약과는 차별화되었기 때문에 후보자들이 충분히 매력을 느낄 정책이라고 판단하였다. 특히 김문수 후보는 낙후된 대학가 개발을 이야기하며 대학과 학생들, 지역주민들이 모여 협력하는 '대학가 첨단지식산업특구 개발'이라는 공약을 제시하였는데, 이 공약에 청년들의 주거문제 해결 방안을 포함한다면 유권자들의 입장에서 좀 더 매력적인 정책이 될 것이라 생각하였고 김문수 후보 역시 긍정적으로 받아들일 것이라 판단했다.

Ⅳ. 정책 제시

현재 기숙사의 필요성은 정부, 대학, 학생들 모두 여실히 느끼고 있는 상황이다. 그렇다면 해결해야 할 문제는 무엇일까? 첫째, 건설과정에서 지역주민들의 반발에 부딪혀 건설되지 못한 경우 지역주민들을 어떻게 설득할 것인가이다. 둘째, 이미 지어진 기숙사가 보여준 한계점을 보완하여 이용하는 학생들과 지역주민 모두가 만족할 수 있는 더 나은 공공 기숙사 모델을 만드는 것이다. 셋째, 서울시에 거주하는 대학생들이 단순히 주소지가 서울이라는 이유만으로 절대적인 통학시간 고려없이 기숙사 지원에서부터 배제되는 것을 개선하는 것이다.

팀 '소라게'는 현재 문제 상황을 해결하기 위해 위 3가지 측면을 고려하여 정책을 제시한다.

1. 지어진 공공 기숙사는 해당 지역사회와 연계되어 학생과 주민들이 상생하는 기숙사이다.

첫째로 기숙사는 지역주민들에게 기숙사의 편의시설(체육관, 운동장, 독서실, 세미나실, 식당 등등)을 개방한다. 주민들은 편의시설을 이용하며 만족감을 느끼고 공공 기숙사가 지역에 들어온다는 것에 대한 반발이 줄어들게 된다. 현재 홍제동 행복(연합)기숙사와 같은 경우 식당을 주민들에게 개방하여 기숙사생보다 조금 더 비싼 가격(+1000원 가량)으로 식사를 제공하는데, 식당을 이용하는 주민들의 만족도가 높음을 인터뷰를 통해서 확인할 수 있었다.

둘째로 기숙사에 거주하는 학생들을 대상으로 인근 지역과 연계한 봉사활동과 지역 초 · 중 · 고 학생들을 대상으로 한 멘토링 프로그램을 기획한다. 이는 지역 주민들에게 기숙사가 들어옴으로써 해당 지역이 교육과 양육을 하기에 더 좋은 환경으로 바뀌는 것을 보여줄 수 있다. 봉사활동과 같은 경우엔 노인복지회관이나 노인학교 등과 연계하여 실버 복지 프로그램을 기획하거나 벽화 그리기, 지역공원 환경미화 등의 활동을 진행 할 수 있다. 초등학생들의 경우엔 대학생들이 방과 후 수업의 보조교사로서 본교사와 함께 프로그램을 진행하는 방식으로 참여할 수 있다. 이는 더 많은 방과 후 학생들을 수용할 수 있게 만들고, 더 많은 교사가 필요한 예체능 프로그램을 확충하여 아이들에게 교과목 보충 수업만 있는 방과 후가 아닌 놀이가 공존하는 방과 후 수업을 제공할 수 있다. 초등학생 대상의 복지는 지역 워킹맘들의 고충을 덜어줄 수 있고 출산장려정책의 일환으로도 기대할 수 있다. 중 · 고등학생들과 같은 경우엔 교과목 학습 및 학습방법 코치, 진로탐색과 관련한 멘토링 등을 통해 사교육비의 부담을 덜어낼 수 있다. 지역 내 기숙사에 사는 대학생과 지역에 사는 중고등학생은 거리적으로도 가까워 멘토링을 진행하기에도 더 편하고 지속적인 관계를 쌓을 수 있는 장점이 있다. 또한 멘토링 프로그램이나 봉사활동에 참여하는 학생들에겐 VMS 1365 봉사시간의 제공과 기숙사 비용의 일정액 감면이나 장학금 형태로의 일정액 지급 등과 같은 금전적 지원을 제공한다. 이런 금전적인 지원은 대학생들의 지역상생 프로그램 참여에 대한 동기유발책이 될 수 있고, 생활비 부담을 조금은 덜어 줄 수 있을 것이다. 즉 금전적 지원까지 겸한 공공 기숙사는 주거와 생활비 문제를 동시에 해결해주는 일석이조의 청년복지 정책이다.

마지막으로 기숙사내에 새로 들어오는 시설(매점, 카페, 세탁소 등등)의 운영권에 대한 우선권과 시설에서 근무할 직원을 채용하는 과정에서 우대조건을 지역 주민들에게 제공하는 것이다. 더해서 주변 상권이 인구 증가로 인해 재개발 된다면 지역 상인들에게 유리한 조건을 제공해주는 것이다. 공공 기숙사가 지역에 들어온다는 것은 엄청난 수의 새로운 소비인구가 들어온다는 것이고, 그에 따라 새로운 소비시설들이 생기기 마련이다. 새로운 소비시설은 새로운 일자리 또한 창출한다. 새로 들어서는 소비시설과 지역민들의 연계는 지역민들에겐 경제적인 이득을, 학생들에겐 이용하기 편리한 환경(생활협동조합의 형태)을 제공해줄 수 있을 것이다. 이는 서로 윈윈(Win-Win) 할 수 있는 전략으로 지역의 새로운 성장 동력이 될 수 있다.

2. 기숙사 건립과정에서 지자체, 대학교, 학생, 지역주민 등 이익당사자들이 모인 다자 협의체를 만드는 것이다.

이러한 협의체는 학생들과 지역주민들의 갈등 사이에서 지자체 및 대학교가 조정자 역할을 함으로써 갈등을 조정하고, 서로의 입장을 이해시키는 과정을 통해 최종적 합의를 이끌어 낸다. 협의체가 만들어진다고 갈등이 바로 해결되지는 않을 것이다. 그러나 대화의 장을 만드는 것부터 갈등해결의 시작이다. 현재 갈등이 일어나는 곳들의 대다수는 서로 대화 없이 각자의 입장만을 주장하고 있다. 선거철이 다가올수록 피켓시위와 현수막을 이용해서 후보자들에게 각자의 주장만 어필 할 뿐, 이익당사자들이 서로 만족할 협의로는 전혀 나아가지 못하고 있다. 협의체가 등장한다면 현재 대립이 극심한 곳에서도 서로의 입장에 관한 이야기를 시작할 것이고 각자의 요구조건이 무엇인지 확인된다면 합의로 나아가기가 더 수월할 것이다. 여기에 더해서 협의체가 생김으로써 기숙사 건립과정부터 학생들과 주민들의 기숙사에 대한 요구사항이 논의될 것이고, 추후에 발생할 문제(기숙사 주변 소음 및 슬럼화 문제, 기숙사에서 통학 시 예상되는 불편함 문제 등)들을 논의를 통해 사전에 예방할 수 있게 되어, 기숙사 건립이 훨씬 효율적인 방향으로 나아가게 된다.

3. 지어진 공공 기숙사는 단순히 서울 거주자라고 해서 입사 지원에서 무조건적으로 배제하지 않는다.

새로 지어진 공공 기숙사에선 단순히 거주지가 서울이라고 해서 입사 지원에서 무조건적으로 배제하지 않는다. 서울에 거주하는 학생이라도 공공 기숙사 입사지원 신청이 가능하며 절대적인 거리자료와 대중교통편을 이용한 통학시간을 활용하여 심사의 기준으로 삼는다. 실제로 서울내 학교와 집의 위치에 따라 경기권에 거주하는 학생보다도 통학시간이 오래 걸리는 경우도 빈번하지만 서울시 대부분의 기숙사들은 행정적 편의를 위해 절대적인 거리를 입사선정기준에 반영하지 않고 있다. 이는 지방학생들을 위한 목적으로 만들어진 선정기준이 서울시에 거주하는 학생들을 역차별하고 있는 요소를 가지고 있다고 볼 수 있다. 서울상생맞춤형 기숙사에선 서울시에 거주하는 학생들도 입사가 가능한 일정 비율(전체 기숙사 정원 30% 정도)의 쿼터(Quota)를 확보한다.

다음으로 서울시내에서도 심한 낙후 거주지에 거주하는 저소득층 배려사항을 선정기준에 추가하여 서울시에 사는 저소득층도 지방에서 올라온 저소득층과 동일하게 복지의 혜택을 받을 수 있도록 한다. 아직도 서울시에는 최소한의 시설이 갖춰지지 못한 거주지에서 거주하는 시민들이 존재한다.

마지막으로 취업에 임박한 고학년(4-1, 4-2)의 취업준비생을 위한 배려사항을 추가한다. 취업 직전의 취업준비생과 같은 경우 경제적으로 자립하기 제일 힘든 시기이다. 취업 준비와 아르바이트를 병행하기에는 당장 눈앞의 해야 할 일이 너무 많기 때문에 현실적으로 쉽지 않다. 이런 취업준비생들이 더 안정된 주거 환경에서 취업을 준비한다면 사회로 나아가기가 한결 수월할 것이다. 청년주거복지문제가 해결될 때 청년취업의 문제도 더 쉽게 해결될 수 있다.

Ⅴ. 정책 실현 가능성

이번 장에서는 위에서 제안한 정책들에 대해 실현 가능성을 조목조목 따져보고 이후에는 한계점을 찾고 어떻게 보완할 것인지에 대해 이야기하려 한다.

우선 첫 번째 정책으로 제시했던 지역주민 상생형 기숙사의 프로그램들은 실제로 현재 운영되고 있는 공공 기숙사 및 향토학사 들에서 이미 진행되고 있는 프로그램들이다. 실제 거주자들과 인터뷰를 진행하여 확인해본 결과, 중고등학생 대상의 멘토링 프로그램이 진행되고 있으며, 경우에 따라서 학습지도를 하기도 하고 진학 및 진로상담을 진행하기도 한다고 한다. 홍제동 행복(연합)기숙사의 경우 최초 입사시 이런 멘토링 프로그램이 있는 것을 홍보하고 프로그램에 참여시 다음 학기 입사시에 가산점을 부여한다고 한다. 서대문구에 존재하는 또 다른 공공 기숙사의 형태인 천연동

‘꿈꾸는 다락방’에 거주하는 학생들과 같은 경우, 기숙사에서 거주하려면 의무적으로 멘토링 프로그램 또는 봉사활동에 참여해야 한다. 남도학숙 등의 향토학사에선 멘토링 프로그램에 참여시 상점을 주고 1년 단위로 정산 기숙사 점수가 일정수준에 도달하게 되면 장학금 신청(장학금 심사 기준엔 학점, 소득분위, 기숙사점수 등이 있음)시 가점을 받는다고 한다. 위와 같이 잘 운영되고 있는 프로그램을 표준모델로 삼았기에 실현가능성의 근거는 타당하며, 기존 프로그램과 구분되는 특징으로 초등학생들을 대상으로 한 방과 후 프로그램 진행과 조금 더 체계화된 장학금 시스템을 가진 상생형 기숙사를 제시한다.

둘째, 기숙사 내부의 시설 운영권 및 직원채용과 관련된 정책은 연세대학교 송도학사에 생활협동조합산하의 매점과 사내 카페 및 식당을 운영하는 것에서 아이디어를 얻어 구상하였다. 거대 기숙사가 들어서게 되면 기숙사 내부에 필연적으로 카페, 매점, 식당, 세탁소 등의 편의시설이 들어서기 마련이다. 송도학사와 같은 경우 생활협동조합의 형태로 운영되며, 많은 인원이 이용하기 때문에 상대적으로 저렴한 가격에도 이윤을 내고 있다. 안정적인 소비자인 학생들이 존재하기에 생활협동조합은 안정적인 운영을 보장받고 이는 학생들에게도 이익이 되어 돌아가고 있다. 또 송도학사가 들어서며 송도 지역에는 식당운영, 매점관리, 경비, 청소부 등과 같은 서비스 부문의 일자리가 추가로 창출되었고, 인근지역의 주민들이 채용되어 일하고 있다. 팀 ‘소라게’는 지역주민에게 제공하는 우선권, 우대권 조항을 통해 이렇게 발생하는 경제적 이득을 더욱 직접적으로 주민들과 연결시킨 모델을 제안한다. 앞으로 지어질 공공 기숙사들이 이와 같은 형태를 취하여 운영된다면, 더 확실하게 경제적이득을 주민들에게 제공할 수 있을 것이다. 추가로 필요에 따라서 서울 시내의 공공 기숙사들끼리 연계하여 더 큰 생활협동조합을 만들고 여기에 지역주민들이 참여하는 방식을 제시한다. 만약 그렇게 된다면 훨씬 더 대규모의 안정된 소비시스템을 구축할 수 있게 된다.

기숙사 건립과정에서 지자체, 대학교, 학생, 지역주민 등 이익당사자들이 모인 다자 협의체의 구성과 같은 경우는 실제로 협의체가 구성되어 문제가 해결된 사례가 존재한다. 새로 짓는 기숙사를 두고 2년 넘게 갈등을 빚던 세종대학교와 인근 지역주민들은 10차례가 넘는 대화로 해결안을 만들었다. 자치구의 중재로 학교 측이 주민들을 위한 공간과 지원계획을 내놓으며 합의에 이르게 된 것이다. 지난 2013년 세종대는 지하 5층 지상 12층 규모의 기숙사 건물 신축안을 내놓았으나 번번히 주민들의 반대로 인해 착공이 계속해서 늦춰졌다. 평행선을 달리던 양측은 구에서 양측이 합의안을 만들 수 있도록 협의체 구성을 제안하면서 전환점을 맞았다. 광진구와 세종대, 군자동 주민협력 위원회가 한자리에 앉아서 의견을 교환했으며, 이날 협약을 통해 군자동 일대 빈집과 임대주택의 현황을 조사해 서로 공유하고 대학생이 들어갈 수 있는 집을 연결하는 체계를 구축하기로 했다. 학교 측은 지역 임대주택의 간단한 수리비와 도배 등을 지원하고 구청은 혼자 사는 어르신들의 집을 대학생에게 싼값에 임대하는 방안도 강구했다. 또한 새 기숙사 주차장의 일부를 학교에서 쓰지 않는 밤 시간에 주민들이 월 2만에 쓸 수 있도록 하고 운동장과 도서관도 개방하도록 했다. '민달팽이 유니온'(청년들의 저렴하고 질 좋은 주거를 보장하기 위한 단체) 사무처장 조현준 대표는 위 사례를 보고 "결국 학생들의 주거권을 가지고 있는 학교 측과 각 해당 구에서 주민들과 대화에 적극 나서야 한다"며 "지역사회와 학생 측 모두 공생하는 방법만이 갈등을 해결할 수 있는 실마리가 될 것"이라고 당부했다.[2] 다자 협의체는 우리사회 갈등을 해결해주는 실마리가 될 것이다.

---

2 우승민. 2017.07.05. "대학교 기숙사 건립 주민들 반대... 건립 가능할까?" http://www.newspost.kr/news/articleView.html?idxno=55791.

공공 기숙사 건립에 또 다른 장애물은 지역주민들의 반발이다. 반발의 이유 중 자주 거론되는 것으로 1. 기숙사가 들어올 시 주변의 집값과 임대료가 하락한다는 것이다. 이 문제의 사실관계를 확인하기위해 실제로 공공 기숙사의 건립이 기숙사 주변 부동산 가격의 하락으로 이어졌는지 조사해 보았다. 내발산동 공공 기숙사 주변과 같은 경우 부동산 인터뷰를 다닌 결과 내발산동 기숙사로 인해 주변 원룸의 월세나 보증금이 떨어진 사례는 없었으며 주민들이 걱정한 것은 부동산 가격의 하락보다 동네 분위기와 이질감이 있는 외지인들이 대거 유입되는 것이었다고 한다. 일시적인 수요하락 현상도 없었으며 세입자들이 집을 보러 올 때 주변에 대학생 기숙사가 있다고 꺼려하는 경우는 거의 없었다고 한다. 홍제동 행복(연합)기숙사와 같은 경우 부동산 인터뷰로는 가격의 추이를 확인하기 어려워 '서울 부동산 정보조회 시스템'을 이용하여 기숙사 주변 부동산의 공시지가를 확인해 보았다. 그래프를 보면 오히려 홍제동 주변의 공시지가가 매년 상승하는 것을 볼 수 있다.

내발산동 인터뷰와 홍제동의 공시지가 그래프를 종합해보면 공공 기숙사의 건립이 주변 부동산 가격의 하락을 불러오지 않는다는 사실을 알 수 있다.

다음 반발의 이유는 2. 기숙사가 들어오면 그 근방이 대학생들의 흡연 및 음주로 더러워지고 소음문제가 발생하며 주변이 비행청소년들의 아지트처럼 사용되어 슬럼화가 진행된다는 것이다. 이는 기숙사 운영방식을 구체적으로 조정함으로써 어느정도 방지가 가능한 부분이다. 흡연의 경우엔 제한된 구역에서만 허용하는 방안을 시행, 철저히 통제한다. 음주와 같은 경우 기숙사 거주사생과의 인터뷰에서 공공 기숙사에 거주하는 사생들끼리 친밀감이 그렇게 두텁지 않기 때문에 공공 기숙사 주변에서 과도한 술자리 등의 유흥을 즐기는 경우는 많지 않다는 응답을 받았다. 만약 과도한 음주로 민원 발생시 페널티를 부과하는 방법 등으로 재발을 방지할 수 있

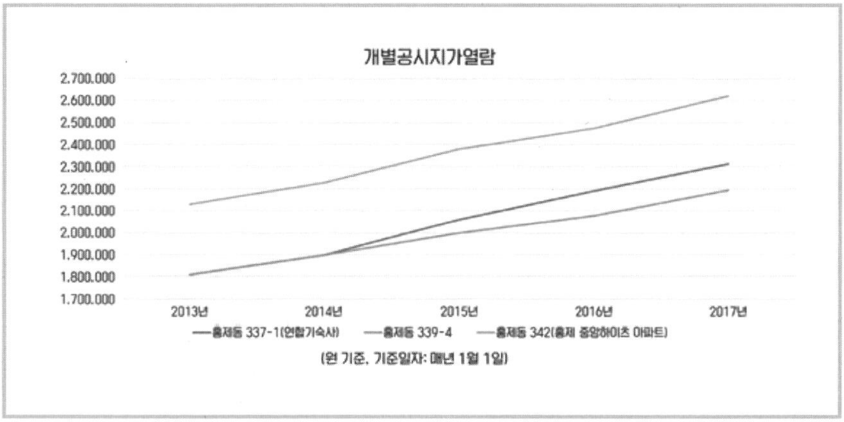

〈그림 2〉 홍제동 기숙사 주변 지가 추이

(출처 : 부동산정보 통합 열람. http://kras.seoul.go.kr/land_info/info/baseinfo/baseinfo.do.)

다. 또한 실제로 홍제동 행복(연합)기숙사 주변을 조사하고 다닌 결과, 대학생들로 인한 슬럼화의 문제는 보이지 않았으며 비행청소년들의 아지트로 이용될 공간은 보이지 않았다. 그리고 혹시 이용될 수 있는 공간이 발생할 경우, 기숙사 관리 직원의 관심과 지역 지구대와의 연계로 방지할 수 있다.

마지막으로 살펴볼 내용은 새로 기숙사를 건립하는데 가장 중요한 토지와 자금에 관한 이야기이다. 토지와 자금과 같은 경우엔 고려해야 할 변수가 너무 많고, 지역마다 상황이 천차만별로 다르기 때문에 구체적인 장소와 자금규모를 제시하기에는 어려움이 있다. 팀 '소라게'는 보완책으로 토지는 서울시 재정비촉진지구에 주목하였고 자금은 한국사학진흥재단에서 진행중인 행복 기숙사 지원사업의 모델에 주목하였다.

재정비 촉진지구란 도시의 낙후된 지역에 대한 주거환경개선과 기반시설의 확충 및 도시기능의 회복을 광역적으로 계획하고 체계적이고 효율적으로 추진하기 위하여 「도시재정비 촉진을 위한 특별법」에 의하여 지정, 고시된 지구를 말한다. 즉 기존 도시에서의 주택공급 확대와 함께 도시의 균형발전을 도모하고자 도입된 제도이다.[3] 현재 서울시에는 대표적으로 은평, 아현, 노량진, 신림, 천호, 흑석, 상계 등이 있으며 재개발이 진행되고 있다. 만약 이런 재개발 과정에서 주변에 대학교가 있는 아현동이나 신림, 흑석 또는 교통이 편리한 노량진 등지에 공공 기숙사가 들어선다면 학생들이 이용하기도 편하고, 재정비 촉진지구의 목적인 대학생의 주거환경개선 및 도시의 균형발전 측면에도 합당할 것이다. 또한 오직 공공 기숙사 건립만을 위해서 기존에 건물이 존재하는 부지를 확보하여 건설하는 것보다 재개발 과정에서 주변과 함께 건설하는 것이 공사장의 소음문제나 먼지문제에 대한 반발에서 자유로울 수 있다.

자금 문제와 관련해선 〈그림 3〉를 살펴보자. 기숙사를 건설하는 부지는 국가 및 지방자치단체의 부지를 이용한다. 먼저 SPC(특수 목적법인)를 설립한다. 이 SPC에는 한국사학진흥재단, 국가 및 지자체, 주변 대학(대학도 기숙사 건립 비용을 지원하고 참여) 등이 참여할 수 있다. SPC는 기숙사를 짓는다. 완공 후에는 부지가 원래 국가 및 지자체 소유였기 때문에 기숙사 자체를 국가 및 지자체에게 기부한다. 국가 및 지자체는 다시 운영권을 SPC에 부여해서 기숙사 운영을 통해 벌어들인 수익을 가질 수 있도록 한다. 이런 형태를 통해 SPC는 시간이 오래 걸리긴 하지만 투자원금을 회수할 수 있게 된다.

3 [네이버 지식백과] 재정비촉진지구 (토지이용 용어사전, 2016.국토교통부). https://terms.naver.com/entry.nhn?docId=1827310&cid=42154&categoryId=42154.

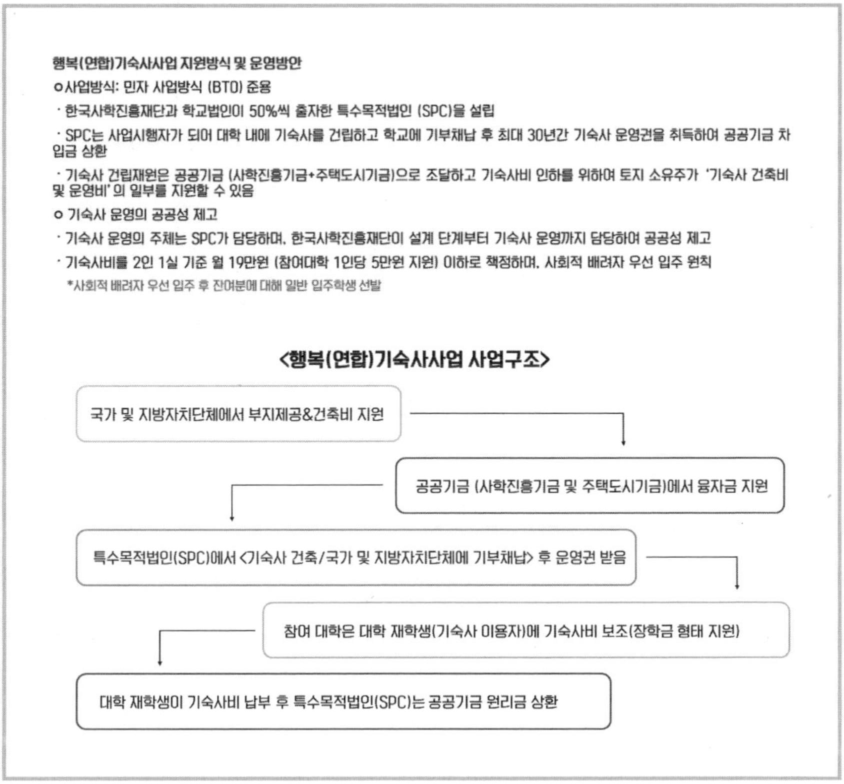

행복(연합)기숙사사업 지원방식 및 운영방안

ㅇ사업방식: 민자 사업방식 (BTO) 준용

· 한국사학진흥재단과 학교법인이 50%씩 출자한 특수목적법인 (SPC)을 설립

· SPC는 사업시행자가 되어 대학 내에 기숙사를 건립하고 학교에 기부채납 후 최대 30년간 기숙사 운영권을 취득하여 공공기금 차입금 상환

· 기숙사 건립재원은 공공기금 (사학진흥기금+주택도시기금)으로 조달하고 기숙사비 인하를 위하여 토지 소유주가 '기숙사 건축비 및 운영비'의 일부를 지원할 수 있음

ㅇ 기숙사 운영의 공공성 제고

· 기숙사 운영의 주체는 SPC가 담당하며, 한국사학진흥재단이 설계 단계부터 기숙사 운영까지 담당하여 공공성 제고

· 기숙사비를 2인 1실 기준 월 19만원 (참여대학 1인당 5만원 지원) 이하로 책정하며, 사회적 배려자 우선 입주 원칙

*사회적 배려자 우선 입주 후 잔여분에 대해 일반 입주학생 선발

그림 3 행복(연합)기숙사사업 사업구조 개괄

(출처 : 한국사학진흥재단 행복(연합)기숙사. https://www.happydorm.or.kr/hub/20/2010.kmc.)

Ⅵ. 정책 결정자의 반응

팀 '소라게'는 제일 처음 서울 시장의 유력후보 3인에게 정책 제안을 시도하였다. 주요 정당 홈페이지에 나와있는 연락처를 통해 선거 캠프 사무실에 직접 전화를 하여 정책에 대해 말씀드렸다. 모든 선거 캠프 사무소에서 정책 개발 담당자의 e-메일 주소를 알려주셔서 e-메일을 통해 팀 '소라게'의 정책 제안서를 보냈다. 〈그림 4〉 참조. 그러나 3명의 후보 캠프 모두

서울시 대학생과 주민들 모두에게 행복을 주는

서울맞춤형 공공기숙사

발신일자	2018. 05. 24
발　신	연세대학교 정치외교학과 수업 '마을학개론'의 '집 없는 소라게' 팀
수　신	바른미래당 서울시장 안철수 후보 캠프
제　목	6.13 지방선거를 맞이하여 대학생이 제안하는 '서울맞춤형 공공기숙사' 정책

1. 더 나은 서울을 위해 고민하시는 바른미래당 서울시장 안철수 후보 캠프의 노고에 감사드립니다.

2. 정치외교학과 '마을학개론'은 6.13 지방선거를 맞아, 수강생 본인이 살고 있는 지방자치단체에 필요하다고 생각하는 정책을 제안하고 그 정책을 후보자의 공약으로 현실화시키고 공론화시키는 것을 목표로 하는 수업입니다. 특히 이 수업의 '집 없는 소라게' 팀은 서울시에 거주하는 대학생들이 서울에 있는 대학을 다님에도 불구하고 장거리 통학으로 인해 학교생활에 어려움을 느끼고 있으며, 서울시에 소재해있는 기숙사의 혜택을 누리지 못하는 현실을 어떻게 해결할 수 있을지 고민하는 팀입니다.

3. '집 없는 소라게'는 지난 3개월 동안 서울시에 거주하는 대학생들의 의견과 서울시 소재 기숙사의 현황, 운영방식을 조사하였습니다. 이를 통해 서울시에 거주하는 대학생들은 비서울에 거주지가 등록되어 있는 대학생에 비해 기숙사 배정 과정에서 우선 순위가 밀리며, 자취나 하숙 등의 대안들의 비용 부담으로 인해 울며 겨자 먹기로 왕복 두시간에서 세시간이 걸리는 통학을 하고 있음을 알 수 있었습니다. 이에 더해 기존의 공공 기숙사가 착공 과정에서 주민들과 갈등이 있었다는 사실을 파악하였습니다. 따라서 저희는 서울시에 거주하는 대학생들이 이용할 수 있고 기숙사 준공 과정에서 주민들의 반발을 최소화하고, 더 나아가 지역 주민들에게 이득이 될 수 있는 공공기숙사의 필요성을 절감하였습니다.

4. '집 없는 소라게'는 서울 대학생과 인근 주민들 모두에게 편리를 제공해주는 '서울맞춤형 공공기숙사' 정책을 개발했습니다. 저희는 안철수후보 캠프에 '서울맞춤형 공공기숙사'를 공약으로 내걸어주실 것을 요청드립니다. 서울시 공공기숙사의 현황과 '서울맞춤형 공공기숙사'의 개괄적인 내용을 담은 첨부파일을 꼼꼼히 읽어보시고 좀 더 구체적인 실현방안들에 대해 저희와 대화를 나눠 보고 싶으신지 알려주시면 감사하겠습니다.

• 첨부파일: 서울시 기숙사 현황, '서울맞춤형 공공기숙사'의 정책틀, 연세대학교 정치외교학과 협조요청문, 신분을 증명할 수 있는 마을학개론 이태동 교수님의 서신

• 연락처
이상근: 010-4083-0639
김하종: 010-2909-7263
윤지호: 010-4905-3517
윤자명: 010-4116-4278

〈그림 4〉 서울 시장 유력 후보자에게 메일 발송

정책제안서를 읽어 보셨지만 따로 답장이 오지는 않았다. 이에 더해, SNS를 통해 정당페이지, 후보자 개인 계정에 메시지를 보냈으나, 자유한국당 청년위원회 페이지에서만 답장을 받을 수 있었다.

자유한국당 청년위원회는 팀 '소라게'에게 서대문구 시의원 문성호 후보의 개인 연락처를 주었고 이를 토대로 서울시장 후보 차원의 정책 제안이 아닌 서울시 의회의원 후보 차원에서 정책 제안을 하는 방향으로 계획을 수정했다. 이후 팀 '소라게'는 서대문구, 광진구, 성북구 그리고 동대문구의 시의원 후보 선거 캠프 사무실을 직접 찾아 정책을 제안하고 서울시 대학생들의 기숙사의 필요성을 알렸다. 뿐만 아니라 좀 더 많은 정치인들이 대학생의 기숙사 필요에 공감해주길 바랐기 때문에 서울시의회의원 후보뿐만 아니라 구청장, 구의원 후보의 선거 캠프 사무실을 찾아 정책을 제안했다.

자유한국당으로부터 연락처를 직접 받은 문성호 후보를 제외하고는 중앙선거관리위원회 홈페이지만을 통해서는 선거 캠프 사무실의 연락처를 알기 어려워 대학 밀집 지역인 서대문구, 광진구, 성북구, 그리고 동대문

구를 직접 찾아가 후보자 혹은 정책 담당자와 면담을 가졌다. 정책 제안서를 바탕으로 총 13명의 후보자들과 면담을 진행하였으며, 그 중 4개의 면담을 소개하고자 한다.

가장 먼저 면담을 진행한 후보는 서울시의회 의원선거 서대문구 자유한국당 문성호 후보이다. 문 후보는 부시 분제도 기숙사 신축이 실질적으로 어려운 서대문구의 상황에 맞추어, 건물을 신축하지 않고 폐건물을 매입해 쉐어하우스 개념의 기숙사를 신설하는 신선한 방안을 제시했다. 그 외에도 홍제동 행복기숙사 인근 치안 관리, 대학교 기숙사 신설 시 환경부담금 등의 세금 완화 조례 입법화, 원룸 · 고시촌 거주 중인 학생들에 대한 보조금 지원 등 다양 한 방안을 이야기 하였다.

바른미래당 이기수 후보는 현재 별다른 용도 없이 주차장으로 방치되어 있는 연희동 내 공터를 매입하여 공공 기숙사를 건립하는 방안을 제시했다. 또한, 원룸 · 고시촌 등에서 자취하는 서대문구 내 대학생들에게 종량제 봉투를 제공하는 생활 지원 정책 또한 구상 중이라고 밝혔다.

서대문구 구청장선거에 출마한 바른미래당 이은석 후보는 서울맞춤형 공공 기숙사 배정 과정에서 저소득층이나 취업반은 우선 선발 등의 방식으로 우대해 주면 좋겠

다는 의견을 제시했다. 기숙사 신설에 대해서는 서울시 예산에 한계가 있는 것은 사실이나, 서울시에서 현재 낭비하고 있는 불필요한 예산을 줄인다면 충분히 실현 가능한 정책이라고 솔직한 의견도 들을 수 있었다.

동대문구 구청장선거 자유한국당 신재학 후보자는 기업 연계에 주안점을 둔 방안들을 제시했다. 신 후보자는 대기업과 연계하여 동대문구 차원에서 장학제도를 마련해, 인턴 등의 방식으로 기업에서 실무 경험을 쌓는 동시에 경제적 어려움 또한 해소할 수 있는 정책을 준비하고 있다고 밝혔다. 또한 동대문구를 주소지로 하고 거주중인 대학생들이 창업을 할 경우 인센티브를 제공하는 방안을 제시했다.

Ⅶ. 결론

청년 중에서도 대학생들은 더 나은 미래를 위한 교육을 받고 있는 집단이다. 교육은 스스로를 위한 투자임과 동시에 대한민국을 위한 투자이기도 하다. 그런데 국가의 미래를 이끌어갈 대학생들은 취업에 특화된 청년복지의 사각지대에 놓여, 주거문제로 고통받고 있는 상황이다. 청년들에게 산적한 문제들 중에도 최소한 의식주에 대한 고민은 해결해 주어야하지 않을까?

팀 '소라게'는 현재 상황을 개선하기 위해 "서울상생맞춤형 기숙사" 정책을 구상, 지방선거의 서울시장 및 각 구의 구청장 및 시의원, 구의원 후보자들에게 제안하였다. 많은 후보자들을 만나고 이야기를 나누며, 정치권이 청년의 목소리를 일방적으로 외면하고 있지 않음을 알 수 있었고 특히 중간중간 상당히 많은 관심을 보여주는 후보자들과 면담에선 사회가 더 나은 방향으로 나아가고 있다는 희망을 가질 수 있었다. 다양한 후보자 사무실을 방문하며 흥미로운 점은 정당별로 선거의 상황이 다른 만큼 각각의 정당이 보여준 반응성의 정도가 다른 점이었다. 아무래도 이번 지방선거에서 상당히 불리한 위치에 있는 야당(자유한국당, 바른미래당)의 경우 훨씬 더 민감한 반응을 보여주었다. 바른미래당은 청년관련 이야기를 주의 깊게 경청해주는 모습이 특히 인상적이었고, 자유한국당은 기존 보수정당에 가졌던 이미지 편견과 달리 굉장히 친절하게 응대해주고 정책에 가장 적극적인 반응을 보여주어, 정당에 가졌던 선입관과 실제는 다를 수 있음을 알게 되었다. 현재 여당인 더불어민주당과 같은 경우 대통령과 당의 지지율이 굉장히 높기 때문에, 여유로운 모습이 보였고 야당과 비교하였을 때 정책 이야기에 대한 반응성도 상대적으로 떨어졌다.

이번 활동을 통해 지역별 특성이나 상황 별 특성 등으로 정책의 방향성이나 실행 계획이 얼마나 달라질 수 있는지 관찰할 수 있었다. 이상적인 하나의 정책 방향도 중요하지만, 충분한 현장조사를 통해 자료를 확보하고 분석한 내용을 토대로 지역 맞춤형 정책을 만드는 것이 정책실행의 성공에 큰 영향을 미침을 알 수 있었다.

시민이 정치에 참여하는 한 방법으로 우리는 지방선거 후보자들에게 우리가 직접 구상한 정책을 제안하였다. 목표는 제안한 정책의 실현이다. 어떤 이들은 이렇게 말할 수 있다. "그렇게 해도 바뀌는 거 없어. 일반 시민들의 목소리를 정치인들이 들을 거 같아?" 그렇다, 일반 시민이 제안한 정책이 실현되는 것은 쉬운 일은 아니다. 공공 기숙사도 마찬가지로 지금 당장 확충되지 않을 수 있다. 그러나 대학생들의 목소리가 정책입안자들에게 더욱 진솔하고 현실성 있게 전달 되었다면, 시민들의 목소리가 정치인들에게 전달 되었다면, 거기서부터 시민들의 정치참여는 시작이 아닐까?

〈논문〉

- 문찬주 · 화광영 · 김영식 · 정동욱. 2017. "행복(공공)기숙사 사업의 타당성 분석: 2019년 시행 예정 사업에 대한 비용–편익 분석". 『교육재정경제연구』. 제26 제3호.

〈기타 자료〉

- 이오주은, 2017.12.06, 서울시–6개 지자체, 대학 밀집 신촌 역세권에 공공 기숙사, http://www.conslove.co.kr/news/articleView.html?idxno=47764.
- 박준규, 2016.03.04, 월 12만원, 그래도 빈방... 공공 기숙사의 비밀, http://biz.heraldcorp.com/view.php?ud=20160304000130.
- 행복주택 공식 블로그: http://www.molit.go.kr/happyhouse/info.jsp.
- 강윤경. "행복주택 입주는 로또 당첨". 『마이더스』. 2016권 7호. 2016. http://www.yonhapmidas.com/print/160706205013_790794.

우리 동네 출퇴근 공동체: 지역기반형 전기차 카풀제

김성덕 · 양창석 · 하경희

Ⅰ. 서론

1. 프로젝트 배경

최근 미세먼지를 비롯한 대기오염 문제가 심각해지면서 서울에서 맑은 하늘을 보는 것이 힘들어졌다. 많은 전문가들은 서울시내의 대기오염 문제를 해결하기 위해서 승용차량 이용 억제의 필요성을 제기하고 있으며, 실제로 세계 여러 도시들에서 승용차량 운행 감축을 통해 괄목할 만한 대기질 개선효과를 가져온 바 있다.

이에 비해 서울시의 정책은 차량 운행을 효과적으로 감축하고 있지 못하며, 실질적으로 눈에 띄는 대기질 개선을 이루지 못했다는 비판을 받아왔다. 대표적인 서울시의 미세먼지 대책으로는 미세먼지 비상저감조치의 일환으로 시행된 자율적 차량 2부제와 대중교통 무료 정책이 있었다.[1] 하지만, 두 정책은 시민 참여를 이끌어낼 인센티브의 부족이나 과도한 비용부담 등의 문제로 시내 대기오염에 대한 효과적 대책이 되지 못하였다.

이에 우리는 저조한 시민 참여, 고비용 · 저효율 등 기존의 정책들에서 지적된 다양한 문제점들을 극복할 수 있는 대기, 환경 정책으로서 지역기반형 전기차 카풀제를 제안하고자 한다. 우리는 차량배기가스를 줄이기 위해서는 일회성 대책이 아닌 장기적인 교통 문화의 변화가 필요하다고 판단하였고, 이에 출퇴근길의 승용차 운행을 줄이고 친환경차의 이용을 활성화할 수 있는 전기차 카풀제를 고안하였다. 우리는 사업안을 구체화하기에 앞서 기존의 카풀 사업이 겪었던 문제를 분석하여 시민들이 겪었던 불편이나 우려사항을 해결하고, 시민들에게 여러 이익이 돌아갈 수 있는 모델을 고안하여 적극적 참여를 이끌어내고자 하였다.

---

1 서울특별시. 2018. "미세먼지(PM−2.5) 고농도시 서울형 비상저감조치 개선대책".

2. 연구방법

본 연구는 여러 소재(素材)와 연관되어 있었기에 문헌 조사를 비롯하여 관계자를 통한 정보 수집, 서베이 등 다양한 방법을 활용하였다. 우리는 우선 카풀 및 카셰어링과 관련된 선행 연구 및 실제 시행 사례들을 조사하였고, 관련 논문 및 문헌을 검토하여 기존에 시행되었던 사업의 현황과 문제점들을 파악하였다. 또한 본 사업의 효과와 사업 확대에 소요되는 비용 산정을 위해 여러 통계 자료와 국내 · 외 사례들을 조사하고 정리하였다. 나아가 사업의 구체화를 위해서 추가적인 조사를 진행하는 한편, 본 사업과 서울시 현행사업인 〈나눔카〉와의 연계를 추진하기 위하여 서울시의 관련 부처와 사업에 참여하고 있는 주요 카셰어링 업체들에 문의하였다. 그 결과 서울시 도시교통본부, 기후환경본부 산하 그린카 보급팀의 관련 담당자와 인터뷰를 진행하였고, 또한 카셰어링 업체로부터 답변을 들을 수 있었다. 이후 카풀 이용자들을 중심으로 서베이를 진행하여 카풀앱을 중심으로 한 현행 카풀 제도의 문제점과 본 사업에 대한 의견을 수렴하고, 사업의 내용을 보완하였다. 이렇게 수집한 정보들을 토대로 최종적으로 제 7회 지방선거에 출마한 서울시장 후보자들에게 사업을 제안하였다.

Ⅱ. 모델 제시

1. 모델 소개

이 사업은 시 당국과 개별 구(區), 카셰어링 업체 간 연계에 기반하여 지역 주민들이 전기차를 이용해 출퇴근을 함께하는 카풀 제도이다. 본 사업의 모델은 서울시의 각 구에서 카풀을 이용하고자 하는 지역 주민들에게 전기차량을 대여해 주는 방식으로 진행되며, 차량은 현 서울시의 〈나눔카〉 사업에 참여하고 있는 민간 카셰어링 회사의 차량을 활용하는 것으로 한다.

구체적으로, 시 당국은 카풀 매칭 플랫폼을 구축하는 한편, 구체적인 업무에 대한 권한을 개별 구에 위임하고 업무 수행을 관리 · 감독하기 위한 제도를 설계한다. 각 구는 시에서 구축한 플랫폼을 매개로 동네별 주민들을 대상으로 카풀 팀을 조직하고, 이들을 주거지 근처의 차량과 연결하는 등 일련의 과정을 진행한다. 뿐만 아니라, 개별 구는 아파트 단지 주차장 등 접근이 편리한 곳에 카풀 차량 전용 주차공간을 마련하여 출퇴근 시간을 제외한 나머지 시간대에 해당 차량을 보관하여 충전하도록 한다. 이로써 출퇴근 시간을 제외한 시간대에 해당 차량을 구의 업무나 지역주민의 사적 목적으로 사용하도록 하는 방안 또한 고려할 수 있을 것이다.

무엇보다, 본 사업은 기존에 카풀이 비활성화되었던 이유로 지목된 문제들을 상당 부분 해결할 수 있다. 먼저, 기존 카풀 사업에서는 탑승자간 상호 신뢰 및 안전 문제가 지속적으로 거론되어 왔다. 특히 최근 활성화된 카풀앱을 통한 카풀의 경우 일면식도 없는 사이에 차량을 함께 탑승하는 데다가 동승자에 대한 정보가 극히 제한적으로 제공되어, 운전자와 탑승자의 안전 문제는 더욱 심각해진 상황이다. 이와 관련하여 본 사업은 운전자와 탑승자의 안전확보를 위해 운전경력 등 추가적인 정보 제출을 요구하는 한편, 동네의 이웃과 지속적으로 동승함으로써 기존의 안전과 신뢰 문제를 해소할 수 있을 것이다.

또한, 우리 사업은 지역주민이 함께 탑승하는 형태이기 때문에 탑승객 간 승 · 하차 위치가 달라 발생했던 문제도 해결할 수 있다. 즉, 일전에는 카풀앱의 이용자 간 사용 시간대가 다르고, 또 승하차 지점이 달라 매칭에 있어서 추가적으로 발생하는 비용 문제와 시간적 효율 문제가 있었다. 하지만 우리가 제안하는 사업은 지역주민들이 아파트 단지를 중심으로 하는 각 구역에서 함께 탑승한 뒤 업무지구를 중심으로 한 각 목표 지점에서 함께 하차함으로써 비용을 절감하고 시간을 단축할 수 있을 것으로 보인다.

2. 카풀의 효과

1) 환경적 효과

먼저 본 사업은 온실가스, 미세먼지 등의 대기오염 문제 완화에 상당한 기여를 할 것이다. 현재 우리나라는 등록된 차량 대수가 2100만 대를 상회하여 약 2.4명당 자동차 1대를 보유하고 있다고 집계되었으며,[2] 이에 따라 자동차 배기가스가 환경오염의 주 원인 중 하나로 지목되고 있는 실정이다. 특히 인구가 밀집되어 있는 서울 지역의 경우 문제가 더욱 심각하다. 이에 대한 해결 방안으로, 본 사업은 자동차 운행률을 낮춰 주행거리를 감소시키는 한편 친환경차를 확대 운행함으로써 기존의 자동차 배기가스로 인한 다양한 환경오염물질 배출을 감축할 수 있을 것이다.

한편, 카풀의 환경적 효과와 관련된 연구들이 국내외에서 상당수 진행된 바 있다. 수전 샤힌에 따르면, 카풀 어플리케이션인 우버풀 서비스는 2017년 연초 3개월 간 3,380만 km의 주행거리를 감소시킴으로써 약 3,800톤의 이산화탄소 배출을 감축하였다고 한다.[3] 한국에서도 도시 간 이동에 카풀을 활용함으로써 환경오염 완화가 가능하다는 결론을 도출한 연구가 존재하는데,[4] 해당 연구로부터 도시 내 카풀 도입의 환경적 효과 또한 예상할 수 있다.

---

2 조영주 외 4인. 2017. "카풀 인원수에 따른 차량 할인 적용 IOT 주차 시스템", 『한국컴퓨터정보학회 동계학술대회 논문집』 제25권 제 1호, 63-66.

3 Caulfield. B. 2009. "Estimating the environmental benefits of ride-sharing: A case study of Dublin".

4 고준호 · 유경상 · 박지훈. 2013. "공유교통의 시대, 무엇을 나눠쓸 것인가." 서울연구원 정책연구자료.

〈표 1〉 서울시 승용차 운행률 감소에 따른 이산화탄소 저감량

운행률	74.8%	74.75%	74.70%	74.65%	74.60%
운행대수(대)	1,785,844	1,784,650.5	1,783,457	1,782,263	1,781,069
감소대수(대)	–	1,193	2,386	3,579	4,772
배출량(톤)	4,031,667	4,028,972	4,026,227	4,023,582	4,020,887
절감량(톤)	**–**	**2,695**	**5,390**	**8,085**	**10, 780**

주) 현재 서울시 승용차 운행률은 국토교통부 "2015년도 국가교통조사 및 DB구축사업 교통수단 이용실태조사"를 참고하여 74.8%로 산정하였음.

우리는 본 사업의 시행과 확대에 따른 온실가스 배출량의 감소 효과를 자체적으로 추정해 보았다. 여기서 온실가스는 일반적으로 이산화탄소가 가장 많이 이용된다는 점, 카풀 이용자의 차량 대부분이 승용차란 점을 고려하여 승용차가 배출하는 이산화탄소량을 산정하기로 하였다. 서울시의 차량운행 실태에 관한 자료는 국토교통부와 서울시의 공식 홈페이지에서 수집하였고[5], 산술 방식은 이정범(2017)의 방식을 준용하였다.[6]

위의 표는 직접 산정한 결과자료로서 서울시의 승용차 운행률 감소에 따른 이산화탄소 저감량을 보여준다. 현재 서울시 승용차의 운행률을 74.8% 정도로 보고, 사업의 규모를 고려하여 0.05%씩 운행률을 줄여가며 이에 따른 이산화탄소 저감량을 계산하였다. 위의 표에 따르면 차량 운행이 0.05%씩 감소할 때 마다 2,695톤의 이산화탄소 절감이 가능하다. 이때, 0.05%의 운행감축을 위해서는 1,200대 가량의 차량 운행을 줄여야 하는데, 차량 한 대에 4명이 탑승하는 것을 기준으로, 전기차 카풀차량 한 대당 혼자 운행하는 차량 3대의 운행을 줄일 수 있다. 따라서 400여 대의 카

5 서울시의 차량 등록 대수, 승용차 운행률, 승용차 주행거리 등의 자료는 국토교통부. 2015. "2015년도 국가교통조사 및 DB구축사업 교통수단 이용실태조사" 참조. 서울시 차량의 평균속도는 서울시. 2018. "2017년 서울시 차량통행속도 보고서" 참조.

6 이정범. 2017. "대전시 카풀 도입 및 활성화 방안." 대전세종연구원 연구보고서.

풀을 도입할 시 1,200여대의 차량 운행 감축이 가능한 것이다.

위 자료는 출퇴근길이 아닌 차량 운행까지 포함한 자료이므로 출퇴근을 목적으로 하는 본 사업과 단순한 비교는 어려우나, 차량 감축 대수에 따른 이산화탄소 저감량을 참고하여 환경효과를 유추해 볼 수 있다. 특히 전기차를 이용하는 경우 내연기관 차량에 비해 운행 중 이산화탄소 배출량이 적기에 효과는 더욱 클 것으로 보인다. 장기적으로 사업을 확대하여 운행 중인 나눔카 차량 2000여 대 전량을 전기차로 전환하여 사업에 투입하는 경우, 이산화탄소 저감량은 극대화될 것으로 보인다.

2) 경제적 효과

다음으로 본 사업은 서울시 및 이용자 개인에게 상당한 경제적 이익을 가져올 것으로 보인다. 먼저 시 차원에서는 앞서 언급했던 바와 같이 환경 문제를 완화하여 환경 정화를 위해 소요되는 정부 예산의 절감이 가능하다. 아일랜드의 Dublin을 연구한 자료에 따르면, 매주 평일 출근 통행에 카풀을 도입할 경우 약 12,600톤의 이산화탄소 감소 효과가 있는데, 이는 706,248 유로(한화 약 9억 500만 원)의 비용을 절약하는 효과를 지닌다고 분석하고 있다.[7] 이는 환경 정화에 소요되는 비용과 더불어 도로 · 교통 부문에 소요되는 예산 또한 절감이 가능하다는 점을 보여줌으로써 시의 경제적 부담이 완화될 수 있음을 확인할 수 있다. 이와 관련하여 서울시에서 '카풀 및 카셰어링'이 활성화된다면 주차면 감축으로 상당한 경제적 효과가 발생할 것이라고 분석한 연구 결과도 있다.[8]

뿐만 아니라, 사업을 이용하는 개인도 이익을 얻을 수 있는데, 본 사업

---

7 도명식 · 정호용. 2017. "혁신도시이전 공공기관의 카풀 도입 편익분석." 『한국ITS학회논문지』16권 6호 통권 74호, 169–181.

8 고준호 · 유경상 · 박지훈. 앞의 논문.

은 자차를 보유하지 않은 사람과 보유한 사람 모두에게 경제적 이익이 돌아간다. 전자의 경우 자차를 구매하지 않더라도 저렴한 가격으로 일반차량을 통한 출퇴근이 가능하게 된다. 즉, 이들은 차량 구매로 발생하는 비용을 감수하지 않아도 되는 것이다. 한편, 후자의 경우 자차를 두고 카풀에 참여함으로써 기존 차량 유지비의 상당 부분을 절약할 수 있다. 실제로 서울시민의 차량 유지비는 매달 약 78만 원에 육박하며, 이 가운데 유류비로 매달 약 30만 원 가까이 지출하고 있다.[9] 이에 대해 본 사업은 유류비를 대폭 절감하고, 기타 유지비용 부담 역시 줄이는 효과를 가져올 것이다. 더불어, 본 사업의 활성화를 위해 시 정부 차원에서 카풀 이용자들에게 통행료 · 보험료 · 주차료 등에 소정의 할인 혜택을 제공하는 한편 카풀 동승 인원에 따라 할인 비율을 단계적으로 상향 조절하는 방안도 고려해 볼 수 있다. 이러한 방안들은 시민의 사업 참여 동기를 고취하고 시민 개인이 얻는 경제적 이익을 높이는데 긍정적으로 작용할 것이다.

3) 공동체 효과

마지막으로 카풀 사업은 지역 내 공동체를 형성하고 지역 주민 간의 교류를 활성화하는 효과를 가진다. 현대인이 겪고 있는 가장 큰 문제 중 하나는 '외로움'이라 할 수 있다. 현재 서울시 가구의 약 30%를 차지하는 1인 가구는 앞으로 점점 더 늘어날 전망이며[10], 식사시간과 여가 시간을 혼자 보내는 문화가 확산되고 있다. 이러한 상황에서 공동체는 해체되고 다수의

---

9 특히 주차료, 통행료, 연료비 등을 합친 변동비가 약 53만원으로 많은 부분을 차지하였으며, 자동차 구입비 14만원 가량, 보험료 7만원 가량 등 고정적으로 매달 25만원 가량을 지출하고 있다. 현대자동차그룹, 2017. "자동차 유지비, 다들 얼마나 쓰고 있을까?." https://blog.hmgjournal.com/TALK/car-maintenance-cost.blg(검색일: 2018.06.05.).

10 정영미. 2015. "서울 인구가구 변화". 서울시 서울통계.

시민들이 시간적, 심리적 여유의 부재 등의 이유로 동네 이웃과의 교류도 없이 살아가고 있다.

이와 관련하여 본 사업은 스트레스였던 통근 시간을 주민 간 소통의 시간으로 전환함으로써 이웃 간 대화를 통해 단절된 인간관계를 회복하고 상호 신뢰와 이해를 제고하는데 기여할 것이다. 나아가 주민들이 지역의 안건에 대해 의견을 교환할 수 있는 공간을 제공하여, 단순한 대화의 장을 넘어 공론장(公論場)으로 기능할 것이다. 즉, 지역 기반형 카풀은 파편화된 현대 사회에서 지역 주민들 간의 끈끈한 공동체를 형성하고, 소위 '동네 민주주의'를 실현하는데 크게 일조할 것이다.

3. 예산

〈표 2〉 사업 확대에 따른 비용

	2018	2019	2020	2021	2022
나눔카 전기차량 누적보급대수(대)	180	680	1,180	1,680	2,180
비용(천만 원)	–	800	800	800	800

주) 비용은 서울시에서 지급하는 전기차 보조금을 참고하여 대당 1600만 원을 기준으로 산정하였음.[11]

전기차 카풀 제도의 핵심은 카풀에 이용할 전기차를 확보하는 것이다. 본 사업에서는 나눔카사업에 참여하는 카셰어링 업체에 보조금을 지급함으로써 기존의 나눔카 차량을 전기차로 교체하는 방식으로 전기차량을 확대할 계획이다. 위의 표는 해마다 500여 대씩 전기차를 보급하여 사업을

11 서울시 기후환경본부 기후대기과. 2018. "서울시, 올해 전기차 보급 1만대 시대… 12일부터 보조금 접수". http://opengov.seoul.go.kr/press/14605439(검색일: 2018. 06.18.).

확대한다는 시나리오를 설정하고, 이에 기반하여 소요되는 예산을 추정한 것이다. 비용의 산정에 있어 현재 서울시에서 전기차량 확대보급 사업의 일환으로 민간에 지급하고 있는 보조금을 참고하였다. 사업의 시범 단계에서는 현재 보급되어 있는 전기차 나눔카 차량 180여 대를 이용하며, 매년 500여 대를 확충해 2022년까지 현재 나눔카의 절반 이상을 전기차로 교체하는 것을 목표로 한다.

한편, 전기차 확대 도입에 대한 기존 서울시 사업과 카셰어링 업체의 입장을 고려할 때, 실제 사업에 소요되는 비용은 이보다 적을 것으로 전망된다. 이미 서울시에서는 전기차 나눔카를 신규 도입하고 기존의 나눔카를 전기차로 전환하는 계획을 시행 중에 있다.[12] 또한 전기 차량의 확대는 친환경 차량의 공유를 통해 환경에 기여한다는 점에서 기존 카셰어링 업체들의 가치와 부합한다. 실제로 그린카 등 나눔카 사업에 참여하고 있는 카셰어링 업체들은 전기차 확대도입을 적극 추진 중에 있다.[13] 이러한 점들을 종합해볼 때, 기존에 서울시와 카셰어링 업체가 추진하던 사업과 연계할 시 이들의 원활한 협조를 기대할 수 있을 것으로 전망된다.

무엇보다 본 사업은 현재 서울시가 겪고 있는 가장 큰 문제 중 하나인 대기오염 문제를 완화할 수 있다는 점에서 관련된 예산을 확보하는 것이 수월할 것으로 여겨진다. 최근 미세먼지 등 환경 문제에 대한 유권자의 관심이 높아지면서 환경 문제는 단연 이번 서울시장 선거의 화두로 떠올랐다. 박원순 서울시장은 임기 내 서울시 전기차 8만 대 보급을 선언하였고[14],

---

12 서울시 교통정책과. 2016. "18년 어디서나 5분 내 '나눔카' 이용 가능". http://traffic.seoul.go.kr/archives/28036(검색일: 2018. 06.18.).

13 엄주연. 2018. "공유경제도 '전기차 · 자율주행' … 카셰어링 업계, '미래차' 경쟁 본격화" http://biz.newdaily.co.kr/site/data/html/2018/05/21/2018052110046.html(검색일: 2018.05.23.).

14 황현택. 2018. "서울시장 후보, 누가 마스크 벗겨줄까?" http://news.kbs.co.kr/news/view.do?ncd=3650980(검색일: 2018.05.23.).

자유한국당 김문수 후보는 임기내 환경예산을 2조 원에서 4조 원으로 확대하겠다는 공약을 제시하였다.[15] 바른미래당 안철수 후보도 스모그 프리타워 건설 등의 공약을 내세우며 미세먼지 등 환경 문제를 우선순위에 두고 있음을 보여준 바 있다.[16] 이처럼 후보자들이 환경 문제에 높은 관심을 보이며 앞다퉈 환경 분야 공약을 내세우고 있음을 고려할 때, 본 사업의 실현 가능성은 상당히 높을 것으로 보인다.

Ⅲ. 예상 문제 및 해결책

1. 카풀 사업 활성화 장애 요인

위에서 우리는 본 사업이 기존의 카풀 사업에서 지적되었던 안전 문제와 승하차 지점 불일치에 따른 비효율 문제를 개선할 수 있을 것이라 주장한 바 있다. 한편, 이와 같은 카풀 사업의 내적 문제 이외에도 국내 카풀 활성화를 제약한 외적 요인들이 존재한다. 대표적으로 교통사고 발생 시의 보험 처리 문제와 발달된 대중교통 체계가 이러한 예에 해당한다. 따라서 이번 장에서는 앞의 두 문제가 왜 카풀 활성화의 장애요인에 해당하는지 살펴보고, 그에 따른 해결방안을 제안하려 한다.

---

15 류효 · 김현상 · 권욱. 2018. "[6 · 13지방선거 인터뷰] 김문수"환경예산 2배 이상 올려 미세먼지 문제 해결할 것"" http://www.sedaily.com/Event/Election2018/NewsView/1RZLU6H7YO(검색일: 2018.05.23.).

16 박순봉. 2018. "안철수 "스모그 프리타워로 미세먼지 해결". http://news.khan.co.kr/kh_news/khan_art_view.html?artid=201805171612001&code=910100(검색일: 2018.06.19.).

1) 보험 처리

보험 처리 문제는 카풀 이용 중 발생하는 사고 처리에 있어 매우 중요한 사안에 해당한다. 그럼에도 불구하고, 우리나라에서는 오랜 기간 이와 관련된 법규정이 모호하거나 미비한 상태가 지속되었다. 이 문제는 최근 카풀앱이 활성화되면서 다시 부상하게 되었다. 이와 관련하여 국내 보험사들은 카풀 이용중 사고가 날 경우 국내법상 카풀과 관련된 '자가용 유상운송'은 보험 처리에 한계가 있음을 들어 카풀 이용객들에 대한 보험 처리가 불가능하다는 입장을 발표한 바 있다.[17] 여기에는 보험사들이 복잡한 처리 과정을 피하고자 하는 동기가 작용한 것으로 보인다. 이것은 일견 카풀앱을 이용한 카풀만의 문제로 보일 수 있으나, 결국 카풀앱이 등장하기 전부터 계속되었던 카풀의 산업재해 및 보험처리 가능여부 논란의 연속선상에 있다고 볼 수 있다. 이처럼 보험 처리와 관련된 제도적 문제들은 카풀 문화의 미정착에 큰 영향을 미쳤다고 생각된다. 따라서 우리는 카풀 운영 중에 발생하는 사고를 효율적으로 처리하기 위한 보험 제도의 도입이 필요하다고 판단하고, 독일에서 운영하고 있는 제도를 참고하였다.

독일 재해보험의 근거법인 '사회법전 제7권(Sozialgesetzbuch)'에서는 동료와의 카풀 도중 발생한 사고를 출퇴근재해로 명백하게 인정하고 있다.[18] 또한, 사고 발생 시 피해자들이 직접 손해배상청구를 하는 것이 아니라 '재해신고'를 하도록 만듦으로써 손해배상과 관련된 사고 과정 처리 등의 문제를 '재해보험조합'[19]에게 넘기고, 해당 기관이 위 과정에 대한 조사와 처

---

17 신선종. 2017. "택시업계 "자가용 불법 카풀 앱 철저히 단속을." http://www.munhwa.com/news/view.html?no=2017112101071321076001(검색일: 2018.05.18.).

18 조성혜. 2017. "독일의 출퇴근재해와 교통사고 시 재해보험과 자동차보험 간 손해의 조정." 『법과 정책연구』17권 4호, 95-136.

19 독일재해보험조합(DGUV, Deutschen Gesetzlichen Unfallversicherung)은 산업재해 예방 · 보상, 재활 기능을 담당하는 공공기관이다.

리를 진행하는 방식을 채택하고 있다. 이를 통해 카풀 이용자와 보험사의 부담을 크게 덜 뿐만 아니라 처리 과정에 있어 비용과 시간을 줄일 수 있는 것으로 보인다. 동시에 사고 당사자에 대한 보험보장비용을 처리함에 있어 재해보험조합은 개인들의 '자동차보험'과 분담하는 방식을 채택하고 있다. 재해보험조합과 자동차보험 간의 발생한 손해비용의 분담은 그 비율에 있어 4:6에서 6:4 사이로 나누는 관례가 확립되었다고 한다.[20] 이는 각 보험사의 보험비용 부담도 덜어주는 역할을 하고 있다고도 볼 수 있다.

앞선 사례를 고려할 때, 한국에서도 카풀을 이용함에 따라 발생할 수 있는 사고를 조정할 수 있도록 관련 법규('출퇴근재해법')를 마련해야 하며, 이를 위해 독일의 제도를 참고할 필요성이 있다. 독일의 제도를 참고하는 것은 법을 제정하는데 있어 우리나라 보험사들의 부담을 완화하여 이들의 저항을 최소화하는데 상당한 도움이 될 것이다.

2) 발달한 대중교통 체계

또다른 비활성화의 이유로 대중교통체계가 발달되어 카풀에 대한 수요가 많지 않음이 지적되었다. 즉, 카풀 이용의 장점에 해당하는 경비 절약, 이동시간 단축, 편리성 등이 버스나 지하철 등의 대중교통 이용 시의 장점들과 중복된다는 것이다.

그럼에도 불구하고, 카풀은 현재 대중교통체계의 운영에서 발생하고 있는 문제를 상당 부분 보완할 수 있어 여전히 그 도입의 필요성이 존재한다. 서울시내 대중교통 시스템은 세계적 명성을 얻을 만큼 발달해 있음에도, 과포화로 인해 여러 문제가 제기되고 있는 실정이다. 최근 이러한 문제가 점차 부각되자 대중교통 혼잡으로 인한 사회적 비용을 계산한 연구도 증가하고 있다. 이와 관련하여 지하철 혼잡과 열차지연으로 발생하는 사회

---

20 조성혜, 앞의 논문.

적 비용이 연간 약 7,247억원 수준이라는 연구가 발표된 바 있다.[21] 이 외에도 시민들은 소위 '지옥철'이라고 불리는 출 · 퇴근길 지하철에서 불쾌감과 육체적인 피로에 시달리고 있다. 이와 관련하여 본 사업은 대중교통 이용자의 일부를 흡수함으로써 지하철과 버스의 과포화 문제 해결에 어느 정도 기여할 수 있으리라고 생각된다.

2. 사업 도입시 예상 문제

1) 택시업계 반발

어떤 개혁을 시행하든 그에 대한 저항이 존재하기 마련인데, 본 사업과 관련해서는 택시업계의 반발이 예상된다. 이전부터 택시업계는 이용자 수의 감소를 우려하여 카풀 사업에 상당한 저항을 해온 바 있다. 따라서 우리는 실제로 카풀 운영이 택시업계의 영업에 어떠한 영향을 미치는지 살펴보고 이들과의 상생방안을 강구하고자 노력하였다.

이와 관련하여 실제로 시민들은 요금 부담 등의 이유로 인해 택시를 출퇴근에 이용하는 경우가 많지 않을 것으로 여겨진다. 시민들은 주로 긴급한 용무 등 출퇴근 이외의 다른 목적으로 택시를 이용하는 것으로 보인다. 이 점을 근거로 하여, 출퇴근 시간에 카풀을 운영하는 것이 택시의 운영에 큰 위해가 되지 않을 것이라는 프레임을 형성하고 이를 활용한다면 운송업계의 반발을 최대한 완화할 수 있을 것이다.

다만 카풀 운행의 목적을 '출퇴근'으로 한정하고 '출퇴근 시간'의 규정을 명확히 함으로써 운송업계와의 충돌을 방지할 필요가 있다. 프레임의 주된 가정이 카풀 운영을 출퇴근시간의 경우로 한정할 시 택시업계에 큰 손해가

---

21 김승준. 2016. "서울시 지하철의 혼잡비용 산정과 정책적 활용방안." 『서울연구원 정책리포트』208호, 1-23.

발생하지 않는다는 것인만큼, 일반 직장인들의 일정을 고려하여 출·퇴근 시간을 가급적 명확하게 규정하여야 할 것이다.

2) 전기차 충전소 보급 문제

전기차의 보급과 관련하여 충전 시설의 부족 등 관련 인프라 확충에 대한 문제도 제기될 수 있다. 그러나 최근 정부에서는 대기오염에 대한 적극적인 대응의 하나로서 전기차 도입 확대를 추진하고 있고, 이에 발맞춰 전기차 관련 인프라 확대 사업도 본격화되고 있어 이 문제는 점차 해결될 것으로 보인다. 즉, 정책적으로 전기차와 관련 인프라 시설의 조기 확대를 준비하고 있으며, 이에 더해 산업통상자원부는 선제적인 충전설비의 확충을 통해 전기차를 주력으로 하는 수출산업의 성립까지 꾀하고 있는 상황이다. 이와 관련하여 2016년에 산업통상자원부를 필두로 하여 전국적으로 급속 충전기 위주의 개방형 충전기를 설치하고, 4천개 내외의 아파트 단지에 완속 충전기 3만 기 보급을 추진하는 '전기차 충전 인프라 구축방안'이 발표되었다.[22] 또한, 서울시에서도 연내 전기차 충전소를 664기까지 확대할 계획을 추진 중에 있다.[23] 또한 전기차의 보급은 지방선거의 화두 중 하나로 떠올랐고, 많은 후보들이 전기차 관련 공약을 들고 나왔기에 더욱 빠른 시일 내 전기차 인프라가 확충될 것으로 전망된다.

전술한 바를 종합해볼 때, 우리의 〈우리동네 출퇴근 공동체〉 사업은 시대적인 흐름에 맞는 대안이라고 생각된다. 또한 이러한 국가 사업 전반의 기조에 따라 우리 사업이 문제제기를 넘어서 광범위한 지역을 대상으로 준비되고 있는 전기차 충전소 보급 대책과 맞물려 진행될 수 있는 만큼 인프

---

22 민덕기. 2017. "서비스디자인 기반의 전기차셰어링 서비스 분석 및 제안: 서울디지털산업단지를 중심으로." 한양사이버대학교 석사학위논문.

23 서울시 기후환경본부 기후대기과. 2018. "서울시, 올해 전기차 보급 1만대 시대… 12일부터 보조금 접수."

라 문제를 넘어 정책 간의 큰 시너지 효과를 갖는 방향까지 기대할 수 있을 것이다.

3) 전기차의 성능 문제

대부분의 사람들은 전기차의 성능이 일반 차량보다 떨어진다는 인식을 가지고 있고, 실제로도 전기차는 일반차보다 뛰어난 성능을 가지고 있지는 않다. 특히 전기를 연료로 함에 따라 짧은 운행거리와 운행시간을 갖는 것에 대한 우려가 많이 있다. 하지만 상술했듯이 전국적으로 충전소의 보급이 추진되고 있으며, 기술의 발달로 전기차 배터리의 성능 역시 향상되고 있다는 점을 고려할 때 해당 문제는 자연스럽게 해결될 수 있을 것으로 여겨진다. 또한, 우리가 추진하는 사업은 출 · 퇴근 시간대의 서울시내 카풀 운영이기 때문에 단시간 · 단거리 운행이라는 점에서 전기차의 성능과 관련한 문제는 충분히 극복할 수 있을 것이다.

역으로 전기차이기에 가지고 있는 장점도 존재한다. 전기차의 부품 수는 내연기관차량에 비해 1/3 내지 절반 정도에 불과하고 내구성도 좋아 고장이 잘 나지 않기 때문이다. 이는 곧 차량의 고장으로 인해 부담해야 할 비용의 절감을 의미한다. 뿐만 아니라 전기차는 내연기관이 다른 차종에 비해 적은 편이기에 소음이 거의 발생하지 않는다는 장점을 지니고 있다.[24] 전술한 바를 고려할 때, 우리 사업은 추진 과정에서 장점은 강화하고 단점은 보완하는 방향으로 운영해 나갈 수 있을 것으로 보인다.

4) 이용 시간의 문제

카풀 이용자들 간의 출근 시간이 대부분 비슷한 반면 퇴근 시간은 비교

---

24 황상규 · 김규옥 · 정연식. 2010. "전기자동차의 수요 전망에 따른 대응방안 기초연구."『수시연구』2010(10):1-99.

적 다양하게 분포하고 있다는 문제가 존재한다. 서로 퇴근 시간이 맞지 않는 경우 결국 일부 카풀 그룹이 사라지는 결과까지 초래할 우려가 있기에 이에 대한 대응책을 마련할 필요성이 존재한다.

이 경우 시나 구가 그 문제에 개입하기보다는 카풀에 참여하는 그룹에서 내부 규정을 정하여 이를 조절하도록 유도하는 방안을 생각할 수 있을 것이다. 혹은, 일부 카셰어링 업체의 편도 서비스 운영방식을 참고할 수 있다. 일부 이용자들이 출근 시간대나 퇴근 시간대에만 카풀을 이용하는 '편도이용'을 할 수 있도록 만들거나[25], 같은 구역 내 다른 모임의 카풀 차량을 이용하는 방안의 도입을 꾀할 수 있을 것이다. 한편, 같은 구역 내의 다른 차량을 이용하는 방안의 경우에는 또 다른 사람들과 탑승하는 것이기에 신원 등의 확인이 다시금 필요하다는 점에서 '안전 문제'가 제기될 수 있을 것이다. 그러나 우리의 사업이 기본적으로 같은 구역에 거주하는 주민들 간의 동승으로 진행되며, 이는 서로 신원을 확인할 수 있는 상태에서 카풀을 운영하는 것이기 때문에 해당 문제는 어느 정도 완화될 수 있을 것으로 보인다.

Ⅳ. 피드백과 정책 제안

1. 관과의 접촉

우리는 서울시장 후보자들에게 정책 제안을 하기에 앞서, 본 사업의 실현가능성을 파악하는 한편 이를 보다 구체화하기 위하여 관련 기관 및 업무 담당자와의 접촉을 시도하였다.

25 카셰어링 업체 쏘카는 편도 이용객을 위한 서비스를 제공하고 있다.

기본적으로 우리는 본 사업의 확대를 위해서는 전기차량을 확보하는 것을 관건으로 보았고, 이는 서울시 공유차량인 〈나눔카〉를 통해 달성가능할 것이란 점을 전제로 하여 조사를 진행하였다. 우리는 먼저 서울시의 보도자료를 통해 서울시의 주거지역 〈나눔카〉 배치계획과 〈나눔카〉 전기차의 확대 계획을 입수하였다. 하지만 문헌 조사만으로는 나눔카 사업의 운영에 있어서 서울시와 참여 사업자의 관계 및 구체적 운영현황 등을 확인하는데 한계가 있었다.

이에 따라 우리는 '서울시 응답소'를 통하여 두 차례에 걸쳐 나눔카 사업 운영 현황과 구체적인 운영방식 및 확대 계획에 대해 문의하였다. 이에 대한 서울시 답변에 따르면, 서울시 전역 1,351개소에서 4,217대의 차량을 운영 중이며, 차량은 사업 참여 업체인 쏘카와 그린카가 보유하고 있었다. 또한 보도자료에서 확인한 대로 주거 지역으로의 확대도 추진하고 있으며, 구체적으로는 2020년 1월부터 청년주택이 순차적으로 완공되면 주거지역 확대배치가 가능할 것으로 보고 있다고 답변하였다. 나눔카의 전기차 전환계획에 관해서는 보도자료에서 밝힌대로 나눔카 차량 교체 및 신규 구매시 전기차량 구매 비율을 의무화하고 있다는 답을 받을 수 있었다. 하지만 서울시는 사업자별 차량 보유 현황 등 구체적인 정보는 제공할 수 없다고 밝혔고, 이에 따라 우리는 현재 나눔카 사업에 참여중인 민간기업 그린카와 쏘카 측에 추가적으로 문의하였다.

나아가 우리는 〈나눔카〉 사업 운영방식과 전기차 확대 사업과 관련하여 보다 구체적인 설명을 듣기 위해 이전에 답변을 주었던 정부부처인 서울시 도시교통본부 교통기획관과 직접 접촉하였다. 이들에 따르면, 〈나눔카〉 사업의 대표적 이해관계자는 서울시와 카셰어링 민간기업이고, 〈나눔카〉 사업에 활용되는 전기차량은 카셰어링 업체의 소유이며 시는 이들에게 공간을 제공하는 방식으로 사업이 운영되고 있었다. 카셰어링 업체에 대한 서울시의 공간 제공은 참여 기업들에게 기존 공용주차장의 일부 면적을 할

인가로 제공하는 한편, 이들 기업에게 개인주차장을 대여해주는 민간사업자들에 대해 세금혜택을 부여하는 방식으로 진행되고 있었다. 즉, 〈나눔카〉 사업은 '비(非)'예산 사업인 것으로 파악되었다.

한편, 해당 부처에서는 전기차 확대 사업에 대한 자세한 정보를 얻고자 한다면 기후환경본부 산하 그린카보급팀에게 문의하라 조언해 주었다. 이에 우리는 서울시 기후환경본부 그린카보급팀에 연락하여 전기차 관련 문의를 하였다. 답변 내용에 따르면, 정부는 전기차량을 구매하는 기업 또는 개인들에게 보조금을 지원하고 있었고, 〈나눔카〉 사업에 참여하는 기업들에게는 이에 더하여 추가 지원을 하고 있었다. 한편, 이와 관련하여 보다 상세한 보조금 액수 및 해당 사업의 규모는 매년 서울시 홈페이지에 공시해두었기에 직접 확인할 수 있었다.[26]

2. 민과의 접촉

서울시 행정부처에서는 〈나눔카〉 사업에 참여하고 있는 민간 카셰어링 회사 각각이 보유한 전기차 대수와 구체적 차종에 대해서는 정확히 답변할 수 없다는 입장을 전달하였다. 이에 〈나눔카〉 사업에 참여하고 있는 민간 카셰어링 회사로부터 직접 답변을 듣고자, 현재 사업에 참여중인 쏘카와 그린카와의 접촉을 진행하였다.

우리는 두 기업에 전기차 보유 현황 및 차량 모델, 그리고 그 가운데 〈나눔카〉 사업에 활용하고 있는 전기차 대수에 관해 문의하였다. 그 결과, 쏘카는 자사의 전기차 보유 현황 및 〈나눔카〉 사업에 투입된 전기차 수량에 관한 정보 공개는 거부하였으나, 차종은 현대 아이오닉 일렉트릭이라

---

26 올해 서울시는 전기승용차 및 전기화물차 2254대를 지원할 예정이며, 지원액은 차종에 따라 상이하다. 서울시. 2018. "2018년 전기차 및 수소차 보급사업 공고."

답변하였다. 한편, 그린카는 현재 150대의 전기차를 보유하고 있으며, 차종은 쏘울, 아이오닉, 볼트를 사용한다고 답변하였다.

이후 두 기업에 기존의 〈나눔카〉 사업과 전기차량 구매에 있어 정부로부터 지원받았던 혜택에 대한 기업 측 평가에 대해 재차 문의하였다. 더불어, 기존의 〈나눔카〉 사업을 우리의 사업과 연계하여 보다 확대 실시할 의향이 있는지, 관련 정부 지원이 어떠한 방향으로 개선되었으면 하는지 질문하였다. 그러나 이에 대해 기업 측은 답변하기 곤란하다는 입장을 밝혔다.

3. 정책제안

최종적으로 우리는 지방선거에 출마한 서울시장 후보자를 중심으로 정책을 제안하였다. 사업은 정책 전달의 효율성을 위하여 사업 내용 모두를 담은 장문의 보고서 대신 2페이지 내외의 프로포절 형식으로 제시하였다. 먼저, 우리는 주요 정당 3당인 민주당 박원순 후보, 자유한국당 김문수 후보, 바른미래당 안철수 후보의 선거캠프에 프로포절을 전달하였다. 이후, 군소정당 후보자들에게도 프로포절을 전달하였다. 정의당 김종민 후보와 민중당 김진숙 후보에게는 프로포절을 후보자의 이메일을 통해 직접 전달하였으며, 녹색당 신지예 후보의 경우 선거캠프를 통해 전달하였다. 더불어 자유한국당의 중진의원 한 명에게도 추가적으로 정책을 제안하였다.

결과적으로 우리 사업에 대해 주요 정당 두 당으로부터 답변을 얻을 수 있었다. 두 정당은 모두 우리가 제안한 사업에 긍정적인 반응을 보여주었으나 선거 공약이 사실상 결정된 시기에 해당 제안을 정책으로 반영하는 것은 힘들다고 답변하였다. 그리고 양 당 모두 사업이 정책에 반영되지 않을 경우 선거캠프나 당 차원에서 직접적인 피드백을 제공하기는 곤란하다는 답변을 주었다. 하지만 한 당의 경우 차후 시민제안을 통해 해당 정책을 다시 제안해달라는 말을 덧붙여, 추후 사업을 검토해볼 의사를 표현하였다.

한편, 답변을 준 두 당 중 한 당으로부터 보좌관의 개인적인 피드백을 들을 수 있었는데, 카풀의 이용에 있어 신원절차 확인이 명확하지 않으면 안전상 위험하다는 점을 들어 이에 대해 보완을 할 필요가 있다는 의견을 전달하였다. 즉, 운전경력을 제출하게 한다 해도 기본적인 정보를 추가적으로 제출하는 정도에 불과하기에 카풀을 이용하는 사람들에게 직접적으로 안심을 줄 수 있는 신원 정보의 확보가 필요하다는 의견이었다. 그리고 카풀 이용에 있어 같은 사람과 지속적인 동승을 하여 신뢰를 쌓는다는 주장에 대해 이는 서로 간에 신뢰가 쌓일 수도 있지만 반드시 그렇지만은 않다는 점을 지적하였다. 즉, 횟수와 기간에 비례하여 신뢰가 쌓인다는 논거를 뒷받침할만한 연구 결과 등의 구체적 데이터를 제시해야 할 필요성이 존재한다는 의견을 제시하였다. 본 의견은 위에서 언급하였듯이 당 보좌관의 개인적인 의견이었으며, 두 정당 모두 정책으로 반영되지 않는 한 선거캠프나 당 차원의 공식적인 의견은 제공할 수 없음을 확실히 전달하였다. 기타 다른 정당들은 프로포절을 받은 뒤 연락을 주지 않았으며, 따라서 피드백도 받기 어려웠다. 특히 그 중 한 당의 경우에는 수차례 접촉을 시도하였으나 선거캠프 내에서의 기술적인 문제로 인해 접촉이 사실상 불가능하였다.

우리는 서울시장 후보 선거캠프와 국회의원에 프로포절을 제안한 후 시민이 정책을 제안할 수 있는 플랫폼에 추가적으로 제안을 게시하였다. 먼저 민주주의 서울 플랫폼과 중앙선거관리위원회 '우리동네 공약제안' 페이지에 정책 제안서를 게시하였고, 그 중 민주주의 서울 플랫폼에 게시한 정책제안에 대한 행정평가단의 답변을 받을 수 있었다. 행정평가단은 사업의 기대효과에 공감하는 한편 서울시의 현행정책을 들며 서울시가 미세먼지 저감과 대기오염 문제 해결을 위해 노력하고 있다는 입장을 전해왔는데, 사업 도입의 어려움을 우회적으로 표현한 것으로 보인다.

V. 평가 및 반성

1. 정책제안에 대한 반성

우리는 후보자들이 우리가 정책을 제안한 시기에 이미 환경, 교통과 관련한 공약과 정책 선정을 거의 마친 단계였다는 점이 제안이 받아들여지지 않은 큰 이유 중 하나라 판단하였다.

먼저 더불어민주당 박원순 시장은 서울 도로 내 교통량을 줄임으로써 환경문제를 개선하고자 한다는 점에선 우리와 같은 입장을 견지하였으나, 이를 달성하기 위한 공약으로서 차량 의무 2부제라는 방안을 마련한 상태였다. 이와 관련하여 박 시장은 고농도미세먼지 비상저감조치 발령 시 서울시장 특별명령으로 차량 2부제를 강제하도록 하는 대기환경보전법 시행령 개정을 추진할 것이라 밝힌 바 있다. 또한, 박 시장은 대중교통 무료 정책의 실효성 비판에 대해 해당 정책은 미세먼지 대처에 대한 사회적 인식을 개선하고 확산하는데 도움이 되었으며, 종국적으로 차량 2부제로 가기 위한 중요한 발판으로 작용할 것이라 반박하여 환경오염 문제와 관련한 서울시의 기존 정책을 긍정적으로 평가하고 있었다.[27] 이러한 점들을 고려할 때, 우리의 친환경 카풀정책은 현재 박원순 시장이 추진하고자 하는 정책과 상당 부분 중복되었던 것으로 여겨진다.

자유한국당의 김문수 후보의 경우에는 미세먼지 및 환경정책에 있어 예산을 2배로 증액한다는 공약을 내놓았다. 하지만 노면 청소차 · 고압 살수차를 증편하여 도로 위에 물을 뿌리는, 노면살수의 횟수를 증가시키는 방

---

27 김훈찬. 2018. “박원순 시장 “비상저감조치 때 차량 2부제 의무화 추진”” http://www.tbs.seoul.kr/news/bunya.do?method=daum_html2&typ_800=7&seq_800=10260759(검색일: 2018.05.20).

식과 '타워형 공기청정기'를 각 구당 4대씩 설치하여 서울 시내에 총 100대를 설치하는 방식의 환경정책을 내세웠었다. 또한, 교통 정책에 있어서도 기본적으로 자유한국당은 카풀 사업에 대해 규제를 원하는 택시노조의 입장을 지지하고 있으며[28], 김문수 후보 또한 대중교통 활성화와 도로 확장을 통한 교통 문제 완화 정책에 중점을 두고 있었다.[29]

바른미래당의 안철수 후보는 미세먼지 및 환경문제에 대한 대응 방안으로서 공기청정기 확대 보급에 주안점을 둔 것으로 파악된다. 실제로 안 후보는 이전부터 실내 공간과 더불어 실외 지역에 공기정화장치 설치를 주장한 바 있다. 이와 관련하여, 실외의 경우 지하철역과 중앙버스 정류장을 중심으로 다량의 공기정화장치를 설치함으로써 스모그 프리존으로 만드는 한편, 서울시 10개의 주요 거점지역에 '한국형 스모그 프리 타워'를 설치할 것이라 공약하였다.[30]

한편, 우리의 제안이 받아들여지지 않은 데에 있어서 지방선거 직전이라는 시기적인 문제도 있었던 것으로 보인다. 지방선거 직전의 시기는 후보자들이 가장 바쁜 시기로, 새로운 정책 제안을 수용하기 보다는 기존의 제안을 검토하여 어떤 것을 공약에 반영할 것인지를 결정하는 경우가 많다. 이런 상황에서 새로운 제안을 검토할 시간은 매우 부족했을 것이라고 생각된다. 또한, 서울시장 선거에서의 공약들은 최대한 많은 유권자들에게 매력적으로 보일 수 있는 정책 위주로 선정되어야 하기에, 이번 선거에 출마한 후보자들 역시 완전히 새로운 정책보다는 많은 유권자의 반응을 끌어

---

28 김우성. 2018. "택시노조 "카풀 앱 퇴출"..한국당과 연계 '투쟁'" http://www.edaily.co.kr/news/news_detail.asp?mediaCodeNo=257&newsId=03168486619148568(검색일: 2018.06.15.).

29 소미연. 2018. "[서울시장 후보 인터뷰② 김문수] "선거결과 낙관하는 이유 있다"" http://www.sisaweek.com/news/articleView.html?idxno=109307(검색일: 2018.06.15.).

30 문혜원. 2018. ""반값 공공임대 10만호… 진짜 일자리 만들수 있다"" http://www.dt.co.kr/contents.html?article_no=2018060702100457031001(검색일: 2018.06.15.).

낼 수 있는 공약을 선정하는 데에 주안점이 있었던 것 같다. 따라서 우리는 새로운 사업을 제안하는 것은 선거가 끝나고 지방정부가 출범한 이후 검토를 요청하는 것이 적절하다 판단하였고, 학기가 끝난 이후에 프로젝트를 보완하여 다시 한 번 정책 제안을 진행하고자 한다.

2. 활동을 통해 느낀점

사업을 추진하면서 어려웠던 점은 크게 두 가지였다. 첫 번째는, 다른 지역이 아닌 서울시라는 지역이 갖는 특수성에서 비롯되는 문제였다. 먼저 서울시는 대한민국의 수도일 뿐만 아니라 1,000만 명에 가까운 인구가 거주하는 거대도시로서, 서울시의 정책은 한국 사회 전체의 주목을 받는다. 따라서 시정에서 예산의 투입을 필요로 하는 새로운 사업을 도입하는 것은 언제나 큰 부담이 따르는 것으로 볼 수 있다. 이와 관련하여 우리의 사업에 대해 서울시에서 그 기대효과에 긍정적인 반응을 보였다는 점을 고려하면, 정책이 받아들여지지 않고, 활동에 애로가 있었던 것이 서울시장 후보들이나 현 서울시 행정이 사업 자체의 필요성에 공감하지 못했다기 보다는 새로운 사업의 추진에 부담감을 느꼈던 것에서 기인하였던 것 같다

또한 주민의 참여로 정치를 만들어나간다는 의미의 '동네민주주의'를 시나 도 단위로 확장하기 위해선 정책의 필요성에 공감하는 시민들의 목소리를 모으기 위한 많은 노력이 필요함을 절감하였다. 우리는 사업을 추진하면서 우리 사업에 대한 시민의 의견을 듣고 기존 사업의 한계점을 극복하고자 현재 카풀에 참여중인 수 십 명의 시민들을 대상으로 의견을 요청하였는데, 오직 10여 건의 답변만을 들을 수 있었다. 이렇듯 본 사업에 대해 많은 시민들의 의견을 듣고 이들의 지지를 이끌어내는 것이 어려웠던 점 또한 정책 제안이 실패한 요인 중 하나로 보인다. 정책은 시민의 지지를 기반으로 운영되므로, 정책을 추진하는데 있어 적극적인 홍보와 소통을 통해 다수 시민

들의 지지와 공감을 이끌어 내는 것이 중요하다는 교훈을 얻을 수 있었다.

프로젝트 추진과정에서 많은 어려움을 겪었음에도 불구하고, 우리는 현실 정치에서 동네 민주주의 실질적 의미와 그 중요성을 느낄 수 있었다. 처음 프로젝트를 기획할 때는 평범한 대학생의 제안이 현실 정치에 반영될 수 있을까 의심이 들었지만 실제 활동을 진행하면서 '우리가 만드는 정치'의 실현 가능성을 엿볼 수 있었다. 우리는 주민의 의견을 듣고 제안을 채워나갔고, 민간 기업 및 정부기관에 정책안에 대한 정보를 요구하였으며, 그렇게 최종적으로 완성한 정책안에 대해 서울시장 후보 선거캠프와 서울시 행정으로부터 긍정적인 반응을 들을 수 있었다. 일련의 과정을 통해 우리는 정치적 효능감이 높아지는 경험을 하였을 뿐만 아니라, 개인이나 소수로 구성된 단체라도 충분히 정치 체계에 그들의 목소리를 담을 수 있을 것이라는 생각을 갖게 되었다.

우리는 본 수업과 프로젝트 진행을 통하여 주민 참여를 통해 정치를 만들어가는 '동네 민주주의'의 활성화 가능성을 볼 수 있었다. '동네 민주주의'가 실현된 사회에서 '동네' 혹은 '마을'은 주민들 간의 상호 신뢰와 적극적인 주민 참여를 기반으로 마을 정치를 만들어간다. 이것은 마을 단위에서 끝나지 않고, 보다 큰 층위의 지역적 정치, 국가적 정치, 더 나아가서 지구적 층위의 정치와 상호작용한다.[31] 보통의 시민이 '정치'라 했을 때 떠올리는 거시적 정치의 영역은 시민 개개인의 생활세계와 긴밀하게 연결되어 상호 작용하는 것이다. 동네 민주주의가 구현된 사회에서 시민 개인은 마을을 만나면서 '우리'가 되고, 더욱 높은 층위의 정치의 주체가 된다. '우리가 만드는 정치'는 마을과 개인이라는 작은 단위에서 시작되는 것이다.

---

31 안정배 · 이태동. 2016. "도시의 에너지 전환 분석: 서울시의 원전하나줄이기 정책을 중심으로." 『환경사회학연구 ECO』 20권 1호, 105-141. 이태동, 2018, "동네 민주주의 개념과 적용 연구."에서 재인용

- Caulfield. B. 2009. "Estimating the environmental benefits of ride-sharing: A case study of Dublin."
- 고준호. 2015. "공유서울의 대표사업, 나눔카의 효과와 운영방향". 『서울연구원 정책리포트』197호
- 고준호 · 유경상 · 박지훈. 2013. "공유교통의 시대, 무엇을 나눠쓸 것인가". 서울연구원 정책연구자료.
- 국토교통부. 2015. "2015년도 국가교통조사 및 DB구축사업 교통수단 이용실태조사."
- 김남정 · 강명수. 2011. "일본 환경모델도시의 계획적 특성과 추진성과에 대한 고찰". 『LHI journal of land, housing and urban affairs』Vol. 2(4): 429-437.
- 김승준. 2016. "서울시 지하철의 혼잡비용 산정과 정책적 활용방안". 『서울연구원 정책리포트』208호, 1-23.
- 김종범. 2010. "자동차 배기가스 중 미세먼지의 탄소성분분석에 의한 PAHs의 추정에 관한 연구". 서울시립대학교 석사학위논문.
- 도명식. 2016. "카풀 중개서비스의 개발과 정책 과제". 『대한토목학회 학술대회』 2016(10): 234.
- 도명식 · 정호용. 2017. "혁신도시이전 공공기관의 카풀 도입 편익분석", 『한국ITS학회논문지』16권 6호 통권74호, 169-181.
- 민덕기. 2017. "서비스디자인 기반의 전기차셰어링 서비스 분석 및 제안: 서울디지털산업단지를 중심으로". 한양사이버대학교 석사학위논문.
- 변완희. 2016. "공유경제의 새로운 희망, 카풀",『한국ITS학회논문지』
- 서울특별시. 2018. "2017년 서울시 차량통행속도 보고서."
- 서울특별시. 2018."미세먼지(PM-2.5) 고농도시 서울형 비상저감조치 개선대책."
- 서울특별시. 2018. "2018년 전기 수소차 전기 보급 계획."
- 성열산. 2013. "정책의 성공 및 실패요인에 관한 연구: 천연가스자동차 및 전기자동차 보급을 중심으로." 서울대학교 석사학위논문.
- 안정배 · 이태동. 2016. "도시의 에너지 전환 분석: 서울시의 원전하나줄이기 정책을 중심으로." 『환경사회학연구 ECO』20권 1호, 105-141.
- 오지혜 · 김민규 · 최은창. 2013. "단체를 대상으로 한 카풀 정보 제공 서비스 시스템 구현 방법에 대한 연구". 『한국통신학회 종합 학술 발표회 논문집 (하계)』

2013(6), 828-829.
- 이정범. 2018. "대전시 카풀 도입 및 활성화 방안."대전세종연구원 연구보고서.
- 이정범 · 이재근 · 기호영 · 변완희. 2018. "도시간 카풀의 경제-환경적 효과 분석."『한국환경기술학회지』19권 1호: 30-36.
- 이태동 · 김한샘 · 고인환. 2018. "동네 민주주의 개념과 적용."『한국정치연구』27권 2호. 143-171.
- 정영미. 2015. "서울 인구가구 변화". 서울시 서울통계.
- 조성혜. 2017. "독일의 출퇴근재해와 교통사고 시 재해보험과 자동차보험 간 손해의 조정". 『법과 정책연구』17권 4호, 95-136.
- 조영주 · 김진혁 · 노창희 · 권순필 · 소윤정. 2017. "카풀 인원수에 따른 차량 할인 적용 IOT 주차 시스템."『한국컴퓨터정보학회 동계학술대회 논문집』25권 1호, 63-66.
- 조인동, 2013, "새로운 도시 패러다임, 공유 서울", 『건축』57권 11호, 14-17.
- 황상규 외. 2010. "전기자동차의 수요 전망에 따른 대응방안 기초연구."『수시연구』2010(10):1-99.

인터넷 자료
- 김우성. 2018. "택시노조 "카풀 앱 퇴출"..한국당과 연계 '투쟁'" http://www.edaily.co.kr/news/news_detail.asp?mediaCodeNo=257&newsId=03168486619148568(검색일: 2018.06.15.)
- 김훈찬. 2018. "박원순 시장 "비상저감조치 때 차량 2부제 의무화 추진"" http://www.tbs.seoul.kr/news/bunya.do?method=daum_html2&typ_800=7&seq_800=10260759(검색일: 2018.05.20)
- 류효 · 김현상 · 권욱. 2018. "[6 · 13지방선거 인터뷰] 김문수"환경예산 2배 이상 올려 미세먼지 문제 해결할 것"" http://www.sedaily.com/Event/Election2018/NewsView/1RZLU6H7YO(검색일: 2018.05.23.)
- 문혜원. 2018. ""반값 공공임대 10만호… 진짜 일자리 만들수 있다"" http://www.dt.co.kr/contents.html?article_no=2018060702100457031001(검색일: 2018.06.15.)
- 박순봉. 2018. "안철수 "스모그 프리타워로 미세먼지 해결". http://news.khan.co.kr/kh_news/khan_art_view.html?artid=201805171612001&code=910100(검색일: 2018.06.19.)

• 서울시 교통정책과. 2016. “18년 어디서나 5분 내 ‘나눔카’ 이용 가능”. http://traffic.seoul.go.kr/archives/28036 (검색일: 2018. 06.18.)
• 서울시 기후환경본부 기후대기과. 2018. “서울시, 올해 전기차 보급 1만대 시대… 12일부터 보조금 접수”. http://opengov.seoul.go.kr/press/14605439(검색일: 2018.06.18.)
• 소미연. 2018. “[서울시장 후보 인터뷰② 김문수] “선거결과 낙관하는 이유 있다”” http://www.sisaweek.com/news/articleView.html?idxno=109307(검색일: 2018.06.15.)
• 엄주연. 2018. “공유경제도 ‘전기차 · 자율주행’ … 카셰어링 업계, ‘미래차’ 경쟁 본격화” http://biz.newdaily.co.kr/site/data/html/2018/05/21/2018052110046.html(검색일: 2018.05.23.)
• 현대자동차그룹, 2017. “자동차 유지비, 다들 얼마나 쓰고 있을까?.” https://blog.hmgjournal.com/TALK/car-maintenance-cost.blg(검색일: 2018. 06. 05.)
• 황현택. 2018. “서울시장 후보, 누가 마스크 벗겨줄까?” http://news.kbs.co.kr/news/view.do?ncd=3650980(검색일: 2018.05.23.)

도시 보건:
서울시 시립병원 중심의 CRE대처

신진우 · 도재훈 · 임송수 · 문준혁

Ⅰ. 서론

동네 민주주의는 기성 정치인들의 일방적인 정책 제정의 틀에서 벗어나서 시민들이 그들의 수요에 맞는 정책을 제안해서 정치적 효능감을 높이는 데에 큰 의미가 있다. 그러나 동네 민주주의의 또 다른 의미는 정치권에서 주목되지 않는 문제에 대해 시민들이 직접 문제의식을 갖고, 공론화시키는 데에서도 찾을 수 있다. 우리 팀은 아직 공론화되지 못 하고 있는 CRE문제의 심각성을 인식했다. 그리고 서울시민으로서 CRE를 둘러싼 문제를 조사하고, 그 결과를 토대로 만든 정책대안을 정치권에 제시해보기로 했다.

1. CRE란?

슈퍼박테리아의 일종인 카바페넴 내성 장내세균속균종(이하 CRE)은 장내 세균감염 시 사용할 수 있는 '최후의 항생제'로 불리는 카바페넴 계열 항생제에 내성을 가진 세균으로서, 면역력이 떨어진 환자들이 항생제를 지속적으로 복용하면서 발생한다. CRE는 요로감염, 위장감염, 폐렴 및 패혈증 등 다양한 감염증을 유발하며, 항생제 사용이 제한되기에 치료가 힘든 치명적인 세균이다. 감염 환자와의 단순한 신체 접촉만으로도 비교적 쉽게 전염되어 전염성이 높으며 특히 중증질환 환자가 많은 종합병원 및 요양병원에서 주로 발생하고 있어 심각성에 대한 우려가 커지고 있다. 이에 정부는 지난해 6월부터 두 종류의 CRE를 3군 감염병으로 지정해 감시하고 있는데, 질병관리본부 조사 결과 2018년 4월 11일까지 감염 신고는 모두 8천31건으로 나타났다. 17년 12월 기준 5천 명에서 18년 4월 기준 8천명으로 4개월간 약 3천 명이 증가한 것이다. 이러한 빠른 속도의 확산은 CRE의 토착화라는 최악의 결과를 가져올 수 있다.

그러나 이에 대한 대응은 원론적인 수준에 그치고 있으며, 일반 시민들은 빠르게 확산되는 CRE에 사실상 무방비로 노출되어 있다. 우리나라 의료체계에서 감염병 관리 시스템이 효과적으로 작동하지 않고 있기 때문이다. 메르스 사태를 크게 겪고 난 이후에도 효과적인 개선이 이루어지지 않았다. 감염병을 컨트롤할 수 있는 전문적 간병인 양성 시스템, 감염병 관리 및 추적시스템, 복지 시스템에 대한 예산이 모두 미비하다. 특히 의료시설이 밀집된 서울시는 CRE 감염에 가장 취약한 지역인 만큼 정부 차원의 노력뿐만 아니라 지자체 차원에서의 예산 투입 및 신속한 대응체계 마련이 절실하다고 할 수 있다.

Ⅱ. 문제점 파악

1. 요양병원을 중심으로

1차 조사를 통해 파악한 문제는 요양병원 등 군소 의원에 관련된 문제였다. 요양병원은 대형병원보다 감염병 예방시설과 전문 인력이 부족할 수밖에 없다. 반면 대형병원은 CRE를 효율적으로 관리할 수 있는 전문 간호인력과 격리시설을 갖추고 있다. 그러나 병원 입장에서 평상시 증세를 보이지 않는 CRE 보균자에 대해 고급 인력과 관리시설을 지속적으로 투자할 수 없고, 보균자 입장에서도 보이지도 않는 병 때문에 비싼 입원비용을 지불할 수 없다. 결국 CRE 보균자들은 비교적 값싼 요양병원으로 향하게 된다.

그러나 요양병원에서는 CRE검사를 진행하기도 힘들고 격리시설도 없으며, 무엇보다도 전염성이 강한 CRE를 관리할 수 있는 전문 인력이 부족하다. 그렇기 때문에 CRE 환자가 대학병원에서 감염에 대한 대비가 잘 이뤄지지 않는 요양병원으로 전원할 경우, 기존 요양병원 환자들에게 CRE가 전파될 가능성이 농후한 것이다.

2. 의료수가 문제를 중심으로

그러나 우리가 인터뷰한 인천시 보건정책과장과 한림대 이재갑 교수, 연세대 염준섭 교수는 한 목소리로 보다 근본적인 원인은 의료수가에 있음을 강조했다. 우리나라의 의료수가제도는 요양병원과 일반병원이 상이하게 적용 받는다. 일반병원의 경우 의료 행위에 대하여 수가를 지급하는 행위수가제를 적용 받지만, 요양병원의 경우 환자 1인에 대하여 약 10만 원의 수가가 결정되는 고정수가제를 적용 받고 있는 것이다. 이러한 수가제도 아래서 일반병원은 CRE 등 감염병 환자 진료 행위에 대한 의료감염관리료를 지급받지만, 요양병원은 감염병 진료 행위를 하더라도 수가를 보전받을 수 없다.

따라서 요양병원은 감염병 환자를 치료할 유인도, 여력도 없는 상황에서 아예 감염병 환자를 받지 않거나 병원 내 환자의 감염병 감염 여부를 적극적으로 확인하지도 않는 것이 현실이다. 결국 요양병원은 기본적인 위생용품의 비용을 줄이는 식으로 부족한 수가를 충당하고 있는 상황이다. 또한 기본적인 감염병 관리가 안 되는 상황에서 병원 내 감염자가 급속도로 증가하는 경우, 당국의 폐쇄 명령을 받아 병원 문을 닫아야 할 수도 있다. 상황이 이러하니 요양병원은 더욱 CRE 환자를 받으려고 하지 않거나 심지어 환자가 있음에도 당국에 신고를 하지 않고 있다. 이런 현실에서 CRE 환자는 지역사회에 방치되거나 병원 내에서도 제대로 감염 관리를 받지 못한 채 지금 이 순간에도 다른 환자들에게 CRE를 전파시키고 있다.

한편 수가 문제는 일반 대형병원 내에서도 문제를 일으킨다. CRE 환자의 경우 접촉 감염의 위험성 때문에 1인실에서 격리해야 한다. 그런데 감염병 관리를 위해 1인실에 강제 입원해야 하는 경우, 환자는 극히 일부만을 부담하고 대부분을 병원이 부담해야 한다. 이러한 비합리적인 의료수가 문제 때문에 1인실 확충을 꺼려하는 분위기가 형성되지 않을 수 없는 것이다. 게다가 정부는 '국민건강보험 요양급여의 기준에 관한 규칙'에 병동의 50% 이상을 다인실로 구성할 것을 요구[1]하고 있다. 결국 정부의 병동 관리 정책과 의료수가 문제가 감염병 관리의 가장 기초가 되는 1인실 설치에 대한 유인을 감소시키고 있는 것이다.

검사에 대한 비용지원 역시 문제다. CRE를 검출하는 방식은 두 가지가 있는데, 하나는 대변을 받아 CRE를 검출하는 방식인 대변배양법이고, 다른 하나는 유전자 검사를 통해 CRE를 검출하는 방식이다. 대변배양법은 비용이 저렴한 대신 검출까지 3일 정도 소요되는 반면 유전자 검사는 4시간이면 결과가 나온다. 그러나 비용이 10만 원 이상이며, 그마저도 보험처리가 되지 않아 비용부담 때문에 잘 선택하지 않는 방식이다. 병원 입장에서는 CRE 감염 여부를 최대한 신속하게 파악해서 병원 내 전파를 막아야 하지만, 유전자 검사를 강제할 수는 없다. 결국 병원이 손해 보면서 유전자 검사를 시킬 수도, 그 비용을 환자에게 전가할 수는 없는 상황에서 저렴한 대변 배양법을 사용하게 된다. 그러나 그럴 경우 배양기간 동안 환자를 다인실에 방치하게 되면서, 병실 내 전파가능성이 높아지게 된다. 이렇듯 수가 문제는 CRE 등 감염병 예방이 취약한 요양병원 등 군소 의원과 감염병 관리의 일선에 있는 일반 대형병원 모두의 상황을 악화시키고 있다.

3. 정부기관 중심으로

1차 조사자료를 토대로 전문가들과의 인터뷰를 진행한 결과, CRE의 근본 원인은 의료수가 문제에 있다는 결론까지 도달할 수 있었다. 한편으로는 의료수가 문제의 경우 중앙정부에게 전적인 해결의 권한과 책임이 있는 부분이라, 우리의 정책 제안 대상인 서울시가 관여할 수 있는 부분이 극히

1 국민건강보험 요양급여의 기준에 관한 규칙, 제9조 제1항 관련 별표2

한정적일 수 있다는 우려도 제기됐다.

그러나 계속되는 전문가들과의 인터뷰 결과, 그 동안 주목하지 않았던 새로운 문제점이 발견되기 시작했다. 그것은 질병관리본부 등 CRE를 대처하는 정부 기관의 역량이 너무나도 부족하다는 사실이었다. 질병관리본부는 감염병이 발생하면 발생 원인을 규명하고 감염 경로와 감염 현황을 파악하는 역학조사 기능과, 이를 토대로 밝혀진 감염병에 대한 정보와 대처 메뉴얼을 지역사회에 전파하는 기능을 동시에 수행해야 한다. 그러나 우리나라 질병관리본부는 담당 부서의 직원 수가 터무니없이 부족하여 CRE와 같은 대규모의 감염병 감염에 대처하는 역량이 부족할 수밖에 없다. 몇 년 전까지만 해도 질병관리본부에서 전담 부서 없이 2-3명의 공무원이 우리나라 전체 의료기관의 감염관리를 담당했다. 작년 5월에야 의료감염관리과가 신설되었지만, 소속 공무원 수는 아직도 10명에 그치는 상황이다.

우리나라의 감염병 관리 체계 하에서는 원칙적으로 역학조사가 지자체의 관할에 속하지만, 질병관리본부에서 전문적인 역학조사를 위한 역학조사관을 각 지자체에 파견하는 구조이다. 그러나 그 수는 전국에 30명으로 매우 적다. 파견된 역학조사관 모두가 전문 인력은 아니라는 점도 문제이다. 의사 간호사의 지원율이 낮아 일반 공무원들로 자리를 채우고 있기 때문에 전문성이 떨어지는 것이다. 이러한 상황에서 이미 지역사회에 광범위하게 퍼져 있는 CRE에 대한 질병관리본부의 공식적인 대응은 항생제 내성 관리 강화라는 원론적인 수준에 그치고 있다.

Ⅲ. 정책대안: 시립병원 중심의 CRE대처

1. 왜 시립병원인가?

그 동안의 감염병 관리는 질병관리본부를 중심으로 진행되어왔다. 그러나 앞서 언급했듯이 질병관리본부는 인력 및 자원의 부족에 시달리고 있으며 CRE를 포함한 감염병 관리 전반에 있어 미흡한 모습을 보였다. 감염병의 특성상 신속한 대처가 필수적이고 인적, 물적 역량이 집중되어야 효과적인 관리가 가능하다. 메르스 사태와 같이 시의성이 강한 이슈의 경우에는 중앙 정부가 '정치적' 역량을 집중시킬 동기가 있기 때문에 예산을 충분하게 투입하고 비교적 신속하게 대처할 수 있었다. 그러나 CRE는 가시적으로 문제가 드러나지 않고 있는 상황이기 때문에 정부의 우선순위 고려대상에 포함되기에는 한계가 있다. 이와 같은 일원화된 중앙 집중적 감염병 관리시스템의 맹점은 치명적 결과를 초래할 수 있으며 따라서 관리 메커니즘의 수정이 요구된다.

우리는 지역적 특성에 영향을 많이 받는 감염병에 대처하기 위해서는 지역의 실정을 고려하여 인력 및 자원의 동원을 용이하게 할 수 있는 지자체 차원의 노력이 필요하다고 판단했다. 특히 서울시는 의료 시설이 밀집되어 있어 CRE 감염에 가장 취약한 지역으로서, 이에 대한 정보를 가장 많이 가지고 있으며 예산을 투입할 동기가 강한 서울시가 대응 노력을 기울이는 것이 적절해 보였다.

그 중에서도 시립병원에 주목하게 된 이유는 시립병원이 서울시에서 실질적인 예산 운용 및 운영 관리를 할 수 있는 의료기관이기 때문이다. 감염병 환자의 경우 의료수가가 다른 환자들에 비해 적게 발생하기 때문에 병원 운영의 측면에서 수익성이 떨어지는 것이 사실이다. 이 때문에 민간병원에서는 감염병 환자를 수용한 인센티브가 적으며 감염병 관리를 위한 인프라 확충이나 관리시스템 마련을 기대하기 어렵다. 그러나 시립병원은 의료수가 문제로부터 비교적 자유로우며, 관리 대책을 강제할 수 있다는 점에서 감염병 관리의 거점이 될 수 있는 최적의 기관이라고 할 수 있다. 따라서 빠른 대처가 필수적인 감염병의 특성을 고려할 때, 시립병원에 대한 직접적인 지원을 통해 감염병 관리의 효과성과 효율성을 극대화할 수 있을 것으로 기대된다. 우리는 시립병원을 CRE 관리를 위한 거점으로 설정하여 역학 조사 센터, 전문간병인 양성 기관을 설치하고 직접적인 예산 지원을 통해 격리를 위한 1인실 확충 방안을 제시하고자 한다.

2. 상설 역학조사센터 운영

서울시 산하 시립병원 중심의 CRE 대처의 첫 번째 단계는 '상설 역학조사 센터' 설치 및 운영이다. 현재 CRE 감염의 추세에 대해 서울시는 물론 중앙 정부 차원에서도 전혀 파악을 못하고 있다. 단지 의료기관 내에서 CRE 감염환자를 확인 시 질병관리본부에 신고하면 질병관리본부는 역학조사관을 해당 병원에 파견하여 검사를 진행하는 방식으로 CRE에 대처하고 있다. 그러나 증가하는 CRE 감염 추세를 고려하면 질병관리본부의 인원으로는 실질적으로 관리가 불가능한 상황이라고 할 수 있다. CRE는 2017년 6월부터 2018년 4월까지만 약 8,500명 감염 사례가 발생했는데, 이렇게 단기간에 많은 감염자가 나타날 경우가 없었고 결국 인원 부족 때문에 현실적으로 역학조사를 진행하기가 불가능했다. 결국 현재 CRE 환자의 감염 경로와 보균 및 발병 여부도 파악하고 있지 못하는 실정이다.

감염병의 예방 및 관리에 관한 법률 제18조(역학조사)에 의하면 감염병이 발생하여 유행할 우려가 있다고 인정하면 질병관리본부장 뿐만 아니라 시 · 도지사 또는 시장 · 군수 · 구청장 역시 역학조사를 실시할 수 있다. 지자체에서 역학조사를 할 수 있는 법적 근거는 충분하다. 실질적인 대처를 지자체에서 해야 할 당위성도 있다. 이에 대해 한림대학교 강남성심병원 감염내과 이재갑 교수는 지자체에 소속되어 있는 의료기관을 중앙정부차원에서 관리하는 것은 한계가 있다는 점을 인정해야 하며, 지자체가 실질적으로 행동할 수 있는 예산도 확보하고 인원을 육성해야 한다고 지적했다.

다행히도 서울시는 자체적으로 CRE에 대한 전면적인 역학조사를 계획 중이라고 밝혔다. 그러나 역학조사는 비단 CRE에 국한되어서는 안 되며 일회성으로 끝나서도 안 된다. 따라서 시립병원을 거점으로 하는 상시적인 역학 조사 담당 센터를 마련하여 다양한 감염병에 대한 역학조사를 수행할 수 있어야 한다. 단순히 서울시 내에 담당 부서를 설치하는 것으로는 충분하지 않다. 비록 지자체 차원의 관리 시스템이 만들어진다는 점에서 인력 확충 측면을 충족시킬 수는 있으나, 신속성이 중요한 역학조사에서 검사 장비 및 시설이 중앙에 집중시키는 것은 비효율적이다.

그보다는 거점마다 역학 조사 센터를 설치함으로써 조사의 효율성을 향상시켜야 한다. 그리고 단축된 조사 기간은 대응 방안의 신속한 도출로 이어져 감염병의 확산을 비교적 조기에 방지할 수 있다는 점에서 관리의 효과성까지 기대할 수 있을 것이다. 또한 이미 운영되고 있는 병원 내에 센터를 설치하는 것이기 때문에 비용적인 측면에서도 부담이 되지 않는다. 역학 조사 센터의 거점은 서울 내 지역별로 비교적 균등하게 분포되어 있으며 서울시가 직접 관여할 수 있는 시립병원이 적절해 보인다. 혹은 서울시에서 추진 중인 권역별 응급센터 건립과 연계하여 역학 조사 센터를 설치하는 것도 가능할 것이다. 이처럼 시립병원을 거점으로 상설 역학 조사 센터를 설치 및 운영한다면 현재 지지부진한 역학 조사의 효율성과 효과성을 극대화할 수 있을 것으로 기대된다.

3. 시립병원 내 1인 격리 병동 설치 및 확충

감염내과 전문의들은 1인 격리가 감염병 관리의 기본이라는 점을 입을 모아 강조한다. CRE 뿐만 아니라 모든 감염병에 대한 첫 번째 기본적인 조치는 환자를 1인 격리하는 것이다. 현재 우리나라는 다인실 위주의 병실로 운영되고 있다. 병원 건설 단계부터 다인실로 기획하기도 했지만, 의료수가 문제로 인해 일반 민간 병원들은 1인실 확충을 꺼려하는 분위기이다. 2015년 중동호흡기증후군(메르스) 사태 이후 빽빽한 병상이 감염 확산에 일조했다는 지적이 나오면서 보건복지부에서는 2017년 2월부터 신축 또는 증축하는 모든 의료기관의 병상간 거리를 1.5m를 유지하도록 제도를 바꿨다. 그러나 이와 같은 조치는 결국 격리의 개념을 충족시킬 수 없다는 점에서 미봉책이라고 할 수 있으며, 보다 근본적인 격리 방침이 필요하다. 그러므로 우리는 서울시가 효과적인 감염 관리를 위해 시범적으로 시립병원들에 격리병동을 확충 및 운영함으로써 감염병 관리의 선도적 역할을 해야 한다고 보았다.

서울시 주요 시립 병원들의 행정정보 공개 자료를 통해 손익계산서를 분석한 결과, 2017년 대부분의 시립 병원들은 의료수익과 의료 외 수익을 포함하여 순이익을 남겼다. 그리고 여기서 의료 외 수익의 대부분은 서울시의 지원금이 차지한다. 일반병원보다 낮은 의료수가를 유지하기 때문에 어쩔 수 없는 의료 수익 감소를 서울시의 의료 지원금으로 충당하고 있는 것이다. 만일 재정지원을 받은 시립병원들이 적자에 시달리고 있다면 우리가 제안하는 추가적인 감염병 관리 사업들을 시행하기 힘들겠지만, 표에서 확인할 수 있듯이 시립병원들은 모두 일정 수준의 순이익을 남기고 있다. 특히 서울의료원의 2016년 약 60억 원의 순수익을 남겼다.

우리는 이 같은 시립병원의 재정상태를 바탕으로 1인 격리 병실 확충을 위한 현실성을 기하고자 하였다. 우선 각 시립병원들의 기획과 또는 운영

〈표 1〉 서울시 산하 시립병원의 손익 계산

(단위: 천 원)

구분	수입	지출	의료 외 수익	당기순이익(지출)
서울의료원	149,142,324	143,402,693	24,129,208	7,533,993
보라매 병원(2015)	223,122,631	231,242,308	18,254,605	-8,119,677
동부 병원	27,313,604	29,569,830	5,652,352	2,256,225
북부 병원	21,204,155	20,975,407	6,652,005	228,748

과 직원과의 인터뷰를 통해 격리 병동의 운영 비용과 설치 비용에 대한 정보를 얻었다. 보라매 병원 기획과에 문의한 결과 음압격리병실을 신설하는데 병실 당 1~2억 원 정도 비용이 소요되고 병실 당 운영비용은 연간 약 1억 원에 이르는 것으로 파악됐다. 2017년 기준 서울의료원이 약 75억 원의 순이익을 남겼다고 할 때 서울시의 추가적인 재정지원이 없이도 대략 22~32개의 격리 병실을 확충 및 운영 가능하다. 동부 병원 역시 위와 같이 계산했을 때 7~11개의 격리 병실을 설치하고 운영할 수 있다. 이처럼 1인 격리 병실을 확충 및 운영하는 것은 비현실적인 대책이 아니다.

실제로 서울시는 현재 보라매 병원에 약 400억 원의 예산을 투입하여 감염병 센터 건립을 계획 중이며, 이를 통해 30개의 음압격리병상이 설치될 예정이다. 또한 서울시는 현재 권역별 의료센터를 건립하는 정책을 추진 중인데, 단순한 의료센터에 그치지 않고 감염 병동을 설치하는 방안까지 고려해볼 가치가 있을 것이다. 그렇게 된다면 우리가 제안하는 시립병원 중심의 대처와 시너지효과를 낼 수 있을 것으로 보이며, 재정건전성까지 확보할 수 있는 현실적인 CRE 관리 대책이라고 할 수 있다. 이를 통해 급속도로 확산되고 있는 CRE는 물론 다른 감염병에 대한 서울시의 대응능력이 상당히 향상될 것으로 기대된다.

4. 감염병 관리를 위한 전문간병인 교육센터 건립

감염병 관리가 가능한 전문 인력 육성 사업도 필수적이다. 현재 감염병에 대해 병원 차원에서 전문적인 관리를 할 수 있는 병원은 소수의 대형병원에 불과하다. CRE와 같이 전국적으로 확산되기 쉬운 감염병에 대해서는 감염병 관리 경험이 없는 일반 병원들을 위해 질병관리본부에서 전문가들을 파견하여 관리지침을 교육하고 감독하는 것이 원칙이다. 그러나 앞서 문제점 부분에서 지적했듯이 질병관리본부는 인력 및 예산부족은 물론이고 전문성 확보에도 어려움을 겪고 있다. 따라서 서울시 차원에서 전문적인 감염병 관리가 가능한 인력을 육성하는 프로그램을 운영하여 지자체에서 감염 관리 전문인력을 수급할 수 있어야 한다.

우리는 전문 간병인 교육 센터를 시립 병원에 설치하여 감염 전문 간병인을 배출하는 방식의 지원책이 적절해 보인다는 데에 의견을 모았다. 현재 요양 병원 등에서 근무하는 간병인들은 감염 관리 교육을 적절하게 받지 못했을 뿐만 아니라, 심지어 감염병 환자가 발생한 병원을 기피하는 경향을 보이고 있다. 이로 인해 감염병 환자 관리를 위한 인원이 전반적으로 부족한 상황이며, 특히 요양병원의 환자들은 더욱 감염병에 취약한 환경에 놓여져 있다. 이러한 문제를 해결하기 위해서는 교육을 받은 인원에게 전문 간병인 자격을 부여하여 감염 관리의 인센티브를 올려주는 정책이 필요하다.

우리가 제안하는 방식은 다음과 같다. 우선 서울시는 거점 시립병원에 전문 간병인 교육 센터를 설치하고 감염관리 전문가를 파견하여 교육 시스템을 마련한다. 그리고 감염 관리 교육을 이수한 인원들에 한해 전문 간병인 자격을 부여한다. 이들에게는 단순히 자격을 부여하는 것이 아니라 전문 간병인에 대해 각 병원에서 재정적 인센티브를 제공하도록 하는 것이다. 단기적으로는 추가적인 인건비가 걱정되겠지만, 장기적으로 보면 전문

간병인들을 도입함으로써 감염병 전파를 조기에 억제하는 것이 더 큰 추가 비용을 막는 길이다. 오히려 지금과 같이 전문성이 떨어지는 인력들의 허술한 관리라면 CRE뿐만 아니라 간단한 관리로도 억제할 수 있는 다른 감염병들에 대해서도 불필요한 추가비용이 발생할 수 있기 때문이다.

시립병원을 중심으로 한 CRE 대처'라는 정책을 설계하면서 우리는 서울시라는 지자체가 주체가 된 CRE 및 감염병 대처에 집중했다. 그래서 서울시가 현실적으로 수행 가능한 정책들을 위주로 구상했고, 그 결과 위와 같은 세 가지 정책을 고안하게 되었다. 그리고 이들 정책은 현재 서울시에서 추진중이거나 계획중인 다양한 정책들과 어느 정도 접점들이 존재한다는 점에서 실현가능성이 낮지 않은 정책이라고 평가할 수 있다.

그럼에도 불구하고 대한민국의 감염병 관리 시스템의 가장 근본적인 문제는 의료수가라는 것이다. 이는 대한의사협회를 비롯 다양한 이익단체들이 얽힌 문제이기 때문에 지자체에서는 근본적인 해결책을 찾을 수 없고 중앙정부의 과감한 정치적 결단이 필요한 부분이다. 즉, 우리가 제안한 정책안들은 중앙정부의 질병관리본부가 제기능을 못 하는 현실에서 CRE 및 기타 감염병들에 대한 최선의 대처를 하기 위함이지, 근본적인 해결책이 될 수는 없다. 다만, 대한민국 수도인 서울에서 CRE에 대한 적극적인 대처를 시작하면 현재 철저히 외면 받고 있는 CRE문제를 정치권의 주요 이슈로 만들 수 있는 계기가 될 것으로 기대된다.

Ⅳ. 결론 및 제언

1. 우리의 정책 제안 과정에 대한 총평 및 한계

우리는 이번 서울시장 선거에 출마한 모든 후보들에게 우리의 정책대안을 담은 제안서를 메일로 발송하고 선거사무소 혹은 후보자 사무소, 그것도 아니면 당 정책담당관에게까지 연락을 취해서 우리의 정책대안을 전달하고자 했다. 그러나 더불어민주당 캠프에서만 실질적인 반응이 있었고 나머지는 연락을 주겠다며 회신하지 않거나 무응답이었다. 심지어 한 후보자 캠프는 나중에 혹시라도 정책으로 쓰게 되면 알아서 쓰겠다는 반응을 보이기도 했다.

이로써 3월부터 시작한 우리의 정책 제안 프로젝트는 다소 아쉽게 막을 내렸다. 2018-1학기 '마을학개론'의 주제였던 '마을학과 지방선거의 연계'에서 정책 제안 대상자들 중 가장 거시적 단계였던 광역자치단체장(서울시장)을 과감히 목표로 삼고 '시립병원 중심의 CRE 대책마련'이라는 정책을 고안하여 제안했지만, 현재(6월 초)까지 가시적인 성과 없이 각 선거캠프에서 검토를 한다는 답변만 확보한 상태이다. 몇 달 간의 정책 고안 과정에 비해 결과가 만족스럽지 못하다는 느낌도 들지만, 스스로 우리 팀의 프로젝트 진행과정을 되돌아 보며 평가를 해보았다.

우선 한계점으로는 크게 3가지를 들 수 있는데, 첫 번째는 CRE라는 주제가 요구하는 높은 전문성 때문에 정책 고안 작업이 길어졌다는 것이다. CRE라는 질병 자체가 조원을 포함한 일반 시민들에게 생소한 질병이다. 또한 평소에는 큰 관심을 가지지 않았던 의료계의 현황을 파악하는 작업에서 수많은 자료조사와 여러 전문가들과의 인터뷰가 필요했다. 서론에서 지적했듯이, CRE는 정치권은 물론 언론에서도 주목하지 않는 주제여서 그 흔한 보도자료도 없어서 하나부터 열까지 직접 조사해야 했다. 결국 촉박한 선거일정 속에서 서울시장 후보자들을 접촉할 시간적 여유가 부족했다.

둘째, 'CRE 대처'라는 이슈가 시민 건강 관점에서는 반드시 대처해야 하는 당위적 중요성을 가지지만, 현 지방선거의 주요 이슈와는 다소 동떨어졌다는 점에서 각 후보 선거캠프에게 매력적인 정책으로 다가가지 못 했다. 현 시점에서 서울시민의 건강과 관련해 제일 중요한 이슈는 '미세먼지'

이고, 실제로 서울시장 후보들의 대부분의 대표공약에 미세먼지 대책이 포함되어 있다. 그에 반해 잘 알려지지도 않은 CRE는 공약에 넣기 좋은 주제가 아니다. 입론에서 밝혔듯이, 우리는 동네 민주주의의 의미를 정치권에서 주목하지 않는 문제에 대해 시민들이 문제의식을 갖고 대안을 제안하고 해결을 요구하는 것으로 보고 CRE라는 주제를 택한 것이다. 이러한 맥락에서는 의미 있는 프로젝트였지만 지방선거 후보자에게 공략으로 넣을 정책대안을 제안하기에는 무리가 있는 주제선택이었다고 볼 수 있다.

마지막은 첫 번째 한계점과 연관되는데, 촉박한 지방선거운동기간으로 인해 서울시장 후보 캠프에서도 충분한 시간을 두고 우리의 정책을 검토하지 못했다는 점을 들 수 있다. 대부분의 선거캠프 관계자들이 바쁜 선거일정 속에서 후보는 고사하고 정책담당자와의 인터뷰도 힘들다는 것은 정책제안 과정에서의 분명한 한계점으로 작용하였다. 실제로 더불어 민주당의 정책담당관은 우리의 정책을 상당히 긍정적으로 평가했지만, 바쁜 선거일정 때문에 더 자세하게 이야기를 나누지 못 했다. 만일 선거기간이 아니었다면 우리의 정책대안에 대한 정치권의 더 자세한 피드백을 받을 수 있었을 것이라는 아쉬움이 남는다.

이러한 한계점에도 불구하고 우리 조의 프로젝트는 소기의 성과를 얻었다고 평가할 수 있다. 가장 큰 성과는 역시 이번 더불어민주당 선거 캠프에서 시장 후보와의 인터뷰 신청절차까지 밟을 정도로 실무적인 협의가 진행되었다는 점이다. 비록 바쁜 일정 때문에 인터뷰가 성사되지는 못 했지만, 여론조사에서 시민들의 상당한 지지를 받고 있는 후보의 선거캠프에서 소기의 성과를 받았다는 것은 우리 조의 정책이 결코 허무맹랑하거나 현실성 없는 제안이 아니었음을 입증한다. 타 선거캠프에서도 복지정책 부서까지 우리 조의 제안이 전달되어 검토가 되었다는 것이 확인되었다.

2. 마을 정치에 대한 평가

각 정당들은 선거를 통해 소속 정당인들을 서울시장의 후보로 시민들에게 선보이고, 후보의 입을 통해 각 정당의 정체성에 맞으면서도 시민들의 요구에 부합하는 정책들을 공약으로서 제안한다. 그러기 위해서는 정당 내에서의 정책 연구도 중요하지만, 평상시 시민들의 목소리가 정책화되는 과정도 중요하다. 그러나 이번 프로젝트를 진행하면서 평상시 시민들이 각 정당에 정책을 제안하는 제도적 플랫폼이 빈약하다는 점을 느낄 수 있었다. 고작해야 각 정당 사무실에 전화 혹은 메일을 통해 정책을 제안할 수밖에 없고, 그마저도 어느 정도로 검토되고 있는지 피드백을 받기 힘들다. 설령 플랫폼이 존재한다고 하여도 그것이 시민들에게 홍보가 되지 않은 채 쓸쓸히 외면 받으며 존재할 뿐이다. 선거철에는 수많은 선거운동과 캠페인으로 시민들의 요구가 즉각적으로 반응될 수 없는 현실적 한계를 고려할 때, 시민들의 목소리를 제도권 정치에 반영하는 정당에서 평소 시민들의 목소리에 귀 기울이는 제도적 장치가 없다는 것은 '마을정치'의 관점에서 반드시 개선되어야 할 사항으로 보여진다.

3. 우리의 최종 제언

우리나라는 현재 지방분권화가 개헌의 주요 포인트로 논의되고, 참여민주주의가 중앙정치와 지방정치 모두에 요구되고 있다. 이러한 흐름에서 시민들의 여론을 수렴하여 정치적 권력을 획득하려는 정당은 시대적 요구를 앞장서서 받아들여야 한다. 그러나 앞서 언급했듯이 현재 각 정당들은 시민들의 목소리에 상시적으로 귀를 기울이는 제도적 장치를 보유하고 있지 않다.

이에 대해 우리는 '시도정당의 상시적 여론 수렴 제도 설치'를 제안한다.

향후 지방분권화가 진행된다면 현재보다 시도정당의 역할이 확대되고 권한도 강해질 것이다. 이러한 흐름에 맞추어 각 정당이 위와 같은 플랫폼을 제도화한다면 각 시도정당과 시민들, 지방자치단체 모두 '민의를 받드는 정치'를 구현하는데 효과적일 것으로 기대된다. 시도정당의 입장에서는 시민들의 여론을 직접적으로 수용하기 때문에 차후 선거에서 유권자들에게 매력적인 공약을 구상하는데 효과적이다. 또한 시민의 입장에서는 기존의 지방의회 및 지역행정부서에 더해 시민의 목소리를 전달할 또 다른 정지적 활로가 생기기 때문에 정치적 효능감을 키울 수 있다. 마을정치의 발전의 두 주체인 정치권과 시민 모두에게 긍정적인 효과를 기대할 수 있는 것이다.

이러한 우리의 결론이 어떠한 방식으로든 제도권 정치에 전달이 되어, 한국의 '마을 정치'가 한 단계 발전될 수 있기를 바라며, 이상으로 우리의 프로젝트를 끝맺음 한다.

참고문헌

- 연합뉴스TV. 2018. 슈퍼박테리아 감염 열달새 8천여건…토착화 우려. (4월 11일).
- http://www.yonhapnewstv.co.kr/MYH20180411010000038/?did=1825m
- 질병관리본부. 2017. 2017년도 의료관련감염병(VRSA/CRE) 관리지침. 59-62.
- 한국일보. 2018. 병상 간격 '1m룰' 앞두고…속병 난 중소병원. (5월 7일).
- http://www.hankookilbo.com/v/37c04728e91a4d0fa7562e880a2fc25c
- 아시아경제. 2017. 메르스 사태 잊었나…서울시 감염병전문센터 '난관'. (7월 19일).
- http://www.asiae.co.kr/news/view.htm?idxno=2017071911332393226
- 에너지경제. 2015. 서울시 8961억 메르스 추경 확정…예산 확보 위해 1000억원

단기차입. (7월 16일).
- http://www.ekn.kr/news/article.html?no=147622
- 서울북부병원. 2017. “2017년도 예산서”.
- 서울동부병원. 2017. “2017년도 제14기 회계연도 결산자료(행정정보공개)”.
- 서울동부병원. 2018. “2018년 주요 사업계획”. 8.
- 서울동부병원. 2018. “2018년도 예산(행정정보공개).
- 서울의료원. 2018. “2018년 주요 사업계획”.
- 서울의료원. 2018. “결산서”.
- http://rhs.mohw.go.kr/Disclosure/View02.do?hospitalNumber=10000001&searchYearMonth=&pageNum=02&subNum=03
- 김승연. 2005. “시립병원 운영형태별 경영성과 비교”. 성균관대학교 행정대학원.
- 강혜영. 2007. “서울시 시립병원의 의료서비스 만족도에 관한 연구. 한양대학교 행정대학원.
- 김윤. 2015. “메르스 이후 한국 의료체계의 진단과 해법”. 『행국행정포럼』, (150). 22-29.
- 이연우. 2015. “메르스 이후 의료정보화의 발전방향”. 『행국행정포럼』, (150). 38-43

대학생과 경기도의 마음이 통通하는 통통通通버스

류수환 · 이주원 · 장연수 · 정소희

Ⅰ. 서론

1. "왜" 정치를 만들어야 하는가?

2018년 6월 13일, 제7회 전국동시지방선거를 통해 4년 임기의 광역자치단체 · 기초자치단체 · 교육청의 장과 의원이 선출되었다. 이번 선거를 통해 4,016명(재보궐선거를 통해 선출된 국회의원 제외, 비례대표 및 제주특별자치도 교육의원 포함)의 대표자를 시민들이 선출하였고, 투표율은 60.2%로 1995년 제1회 지방선거 이후 23년 만의 최고치를 기록하였다. 하지만 지방선거에 대한 관심은 여타 선거에 비해 낮아서, 지방선거 투표율은 대선 투표율에 비해 한참 낮은 수치를 기록하고 있으며, 총선과는 2010년대에 들어서서야 투표율이 비슷해지고 있는 상황이다.[1] 지방선거가 '지방정치'를 이끌어가는 대표자들을 선출하는 장인 점을 고려했을 때, 낮은 지방선거 투표율은 곧 지방정치에 대한 적은 관심으로 해석할 수 있다.

그러나 지방정치는 대의민주주의를 넘어 시민들이 직접행동과 직접민주주의적 기제를 활용할 수 있는 배경[2]이 되며, 주민 자신의 삶과 직결이 되는 생활정치[3]라는 점에서 지방정치의 상위 정치에 비견할 만한 중요성을 가진다. 중앙정치가 국가의 중차대한 정치적 결정과정을 도맡는다면, 지방정치는 '당장 나에게 영향을 미칠 수 있는' 정치적 결정을 담당하기 때문이다. 따라서 시민들은 지방선거에 참여함으로써 지방정치에 관여할 수도 있으나, 직접 후보자에게 정책을 제안하거나 입안을 위해 노력하는 적극적인 태도로 '나에게 긍정적인 영향을 미치는' 지방정치를 만들어가려는 노력을 할 필요가 있다.

---

1 중앙선거관리위원회. 2012.『제19대 국회의원선거 투표율 분석』. p. 10.

2 김의영. 2015.『동네 안의 시민 정치』. 서울:푸른길. p. 40.

3 앞의 책. 41쪽.

2. “어떤” 정책을 만들어야 하는가?

다음의 7개 문장은 지방정치에 제안할 정책을 만들 때의 고려사항들이다. 이 사항들은 〈마을학개론〉 강의에서 배운 정책 제안 전반에 대한 내용을 바탕으로 고안되었으며, 이 보고서에서 소개하고자 하는 〈통통버스〉 정책을 수립함에 있어서의 기준이 되었다.

① Feasible: 실현가능성이 높은 정책을 수립해야 한다. 허황된 정책 구상은 정책 입안을 위한 구체화 과정에서 많은 비용을 들게 하며, 입안될 가능성 또한 낮추는 부정적인 기능을 한다.

② Solution-focused: 지역사회 문제의 해결에 초점을 맞춘 정책을 수립해야 한다. 이는 정책 입안자에게 정책의 당위성과 매력을 높일 수 있는 요소가 된다.

③ Targeting: 정책을 어느 정치인에게 제안할 것인지, 이 정책이 누구에게 적용되어야 하는지 명확히 드러나는 정책을 수립해야 한다.

④ Creative: 무(無)에서 유(有)를 창조하는 정책을 만들 수도 있겠으나, 지금까지의 정책에 보완하는 정책을 수립하는 것도 좋은 방법이다.

⑤ Predictable: 정책이 입안자에 의해 받아들여질 것인지, 그렇지 않을 것인지 고민의 흔적이 묻어난 정책을 수립해야 한다. 이는 정책의 입안가능성을 높일 수 있는 기제가 된다.

⑥ Attractive: 정책 입안자에게 ‘매력이 있는’ 정책을 수립해야 한다. 입안자의 흥미를 끌지 못하는 정책은 정책제안서를 전달하는 과정에서부터 반려될 가능성이 높다.

⑦ Fittable-for-the-law: 법에 저촉되지 않는 정책을 수립해야 한다. 또한 이미 시행되고 있는 정책과의 대립이 없는 정책을 수립해야 한다.

Ⅱ. 통통버스, 시동을 켜다

〈통통버스〉; 서울로 通하고, 대학생과 경기도의 마음이 通하다

경기에서 서울로 이동하는 대학생들의 등교를 담당하는 통학버스 개념으로, 일반 대중교통을 이용한 통학보다 더 짧은 시간에 그리고 사전 예약한 자리에서 편히 앉아갈 수 있도록 하는 버스입니다.

1. 정책 구상 계기

1) "우리의 이야기" ('통통이'라는 가상인물에 〈통통버스〉팀 조원의 이야기를 담았다.)

경기도 수원시에 살고 있는 통통이는 오늘 1교시 수업이 있다. 집에서 학교까지는 약 1시간 40분이 걸리는데, 날씨가 좋지 않거나 배차 간격에 문제가 생겨 조금만 열차가 연착되어도 2시간까지 훌쩍 시간이 지나버리기 때문에 서둘러 나가야 한다. 시끄럽게 울리는 알람을 끄고 인상을 찌푸리며 일어난 통통이는 아침 6시부터 등교 준비를 시작한다. 준비를 마치고 7시를 조금 넘긴 시간에 집을 나선 통통이는 집 앞에서 92-1번을 탄다. 성균관대역까지 연결해주는 버스로 약 5분간 타고 가지만, 걸어가는 것보다는 확실히 시간이 절약된다. 버스에서 내려 횡단보도를 뛰어서 건너 성균관대역에 도착한 통통이는 전광판에서 '4전 역 도착'이란 문구를 보고 절망감에 빠진다. 저 열차를 기다려 타면 강의실에는 아무리 일찍 도착해도 9시 정각일 것을 생각하니 막막하다. 15분을 기다려 도착한 1호선 지하철을 탔지만, 역시나 앉을 자리는 없다. 4정거장을 지나 환승역인 금정역을 지나니 지하철은 이미 만원이다. 전후좌우로 사람이 가득 차서 몸을 움직일

공간조차 없는 곳에서 통통이는 이어폰을 꽂고 음악으로 위안을 삼아본다. 신도림역에 간신히 도착해 만원 지하철에서 휩쓸려 나오듯 탈출한 후 통통이는 빠르게 환승 계단을 내려가 2호선 승강장으로 향한다. 이번에도 늦으면 정말 지각이기 때문이다. 신도림역을 정신없이 가로질러 2호선 열차에 올라탄 통통이는 모처럼 자리에 앉아 한숨을 돌린다. 하지만 숨돌리자마자 6정거장 뒤인 신촌역에 도착했고, 또 바쁘게 내려 계단을 뛰어올라간다. 신촌역에서는 서대문 03 버스를 타야 정문까지 5분을 단축할 수 있다. 또 다시 만원 버스를 타고 정문 앞에 도착한 통통이는 이제 강의실까지 10분만 걸어가면 된다. 강의실에 도착했지만 벌써 진이 다 빠졌다. 벌써부터 하교길이 걱정이다. 통통이의 아침은 '굿모닝'이었을까?

2) 경기도에 사는 우리의 '현실'

① 서울권 대학생을 위한 통학 버스는 왜 필요한가요?

통계청에 따르면, 2017년 기준으로 경기도에 거주하고 있는 대학생의 수는 172,240명이다. 이 수치는 전국 광역자치단체별 대학교 재학생 수에서 서울에 이어 2위다[4]. 대학생은 숫자만 많을 뿐, 또다른 소외계층일지도 모른다. 법적으로는 '성인'이지만 별도의 수입 없이 학업을 계속하고 있는 '학생'이기 때문이다. 성인이라는 이유로 경제적 지원은 줄어들고 스스로 해결해야 할 문제의 폭은 더욱 넓어졌다. 그러나 동시에 학생이기 때문에 직장인처럼 고정적 수입원이 있는 것도 아니다.

또한 통계청에 따르면, 2015년 경기도 인구 중 시, 도 간 통근 · 통학 인구는 252만 7천 명이며 이 중 경기에서 서울로 이동하는 인구가 127만 7천 명으로 가장 많은 비율을 차지했다.[5] 2017년의 통계 자료에 따르면, 경

---

4 통계청 지역통계총괄과, 2018.『시도별 대학생 재학생 수』.

5 통계청 인구총조사과, 2017.『2015 인구주택총조사 표본 집계 결과(인구이동, 통근 ·

기도 전체 통근 · 통학 중 서울로 이동하는 비율이 20.9%, 도 내 다른 지역으로 이동하는 비율이 20.7%를 차지했다.[6] 이는 타 도시로 이동하는 경기도민의 반절 이상이 서울로 향하고 있다는 압도적인 '서울 몰림 현상'을 시사한다.

경기도에서 통학하는 대학생들은 위의 "대학생 인구"와 "서울권 통학 인구"의 교집합에 속한다. 즉 '성인'과 '학생'의 중간에서, 서울로 통근 · 통학하는 수많은 계층의 틈바구니 속 외로운 분투를 이어나가고 있다.

② 대학생, 이대로 경기도를 떠나게 할 것인가요?

대학생은 경기도 내의 소비를 증진시켜 경제발전에 기여할 수 있는 잠재력을 가진 주체다. 경기도에 거주하며 서울 소재 대학교에 재학 중인 대학생들은 교통 불편으로 인해 서울에서 자취나 하숙을 하는 경우가 많다. 만약 이들이 경기도에서 서울로 편하게 통학할 수 있다면 자연스레 경기도 내에서 더 많은 여가 시간을 보내게 될 것이고, 경기도 내의 소비 증진에 일정 정도 도움을 줄 것이다. 경기도 각 도시의 구 시가지에서 경기도의 청년들이 일상을 보내게 된다면 경기도의 경제에 활기를 불어넣을 수 있을 것이다.

또한 대학생들의 통학 문제를 개선하는 것은 '삶의 질 개선'이라는 측면에서 큰 의미를 지닌다. 대학생들은 학비, 생활비, 학점, 취업까지 많은 걱정거리를 안고 있고 이에 정부와 지방자치단체들은 장학금, 취업 지원금, 기숙사 등을 제공하며 대학생들의 복지를 증진하기 위해 노력하고 있다. 그러나 단순히 학비와 기숙사를 제공하는 것은 대학생들이 외부 지역으로

통학, 활동제약)』.

6 경기도. 2017. "통근 · 통학 여부, 교통수단 및 소요시간(편도 기준)". 『경기도사회조사 2017』.

유출되는 것만 증진시킬 뿐 지역 내에서 대학생들의 실질적인 삶의 질이 개선되는 효과를 만들어내지는 못한다. 실제로 이탈리아에서는 청년 취업 지원금 등의 청년 복지 정책을 폈으나 독일, 프랑스 등 인접한 유럽 국가들의 복지 정책에 비해 대학생들의 삶의 질을 실질적으로 개선하는 효과를 주지 못했고, 결국 다른 국가들로 청년들이 이주하며 국가 경쟁력이 약화되는 현상을 겪기도 했다.[7]

통통버스는 통학 문제를 효과적으로 개선함으로써 대학생들이 학업을 위해 서울 등 외부 지역으로 나가지 않고도 경기도 내에서 보다 나아진 생활을 누릴 수 있게 한다. 대학생들이 경기도에 거주하고 생활하면서 지역사회에 효과적으로 기여할 수 있게 함으로써 경기도의 젊은 잠재력을 끌어올릴 수 있는 것이다.

2. 유사 정책 분석

2000년대 이후 서울시의 주거 과포화 문제로 경기도에 신도시 개발이 시작되었고 경기도에서 서울시로 통근 · 통학하는 인구가 증가하면서, 이후 경기도지사 선거 공약에는 꾸준히 교통 정책이 포함되었다. 하지만 지하철 증차 및 연장, 버스 노선 확대 등 획기적인 변화가 없는 정책들이 주로 제기되어, 교통 문제 해결에 큰 효과가 나타나지 못했다.

1) 2010년 민선 5기 경기도지사

2010년 지방선거에서 김문수 당시 경기도지사 후보는 용인경전철 설치, 분당선 연장, GTX 및 SRT 노선 설치 등의 공약을 내걸었고, 당선 후

---

7 손진석. 2018. "伊경제 어쩌나" 『조선일보』 http://m.news.naver.com/read.nhn?mode=LSD&mid=sec&sid1=104&oid=023&aid=0003379018(검색일: 2018. 06. 23).

실제로 용인경전철 설치와 분당선 연장 공약을 실현했다. 그러나 교통 공약 중 가장 큰 효과를 낼 수 있는 GTX 및 SRT 설치 공약은 김문수 지사의 임기가 끝난 2016년 12월에서야 GTX A노선(수서평택고속선)의 개통이 확정되었고, 2018년에 사업자 모집을 시작해 착공 후 약 60개월의 공사 기간이 소요될 것으로 예상되고 있다. 완공까지 소요되는 향후 5년 동안 경기도의 교통을 책임질 별도의 정책이 요구된다.

2) 2014년 민선 6기 경기도지사

2014년 지방선거에서 남경필 당시 경기도지사 후보는 경기도의 교통 거점과 서울시의 교통 거점을 한 번에 연결해주는 버스인 '굿모닝 버스' 설치를 공약으로 내걸었다. 굿모닝 버스는 거점 환승 정거장의 도입, 2층 버스 도입, 예약제 실시 등의 세부 정책을 포함해 경기도에서 서울로의 교통에 불편을 겪는 도민들의 큰 기대를 모았다. 남경필 지사는 임기 내 신규 출퇴근 광역버스를 총 179대 투입하겠다고 공약을 내걸었으나, 2018년 6월 현재 9개 노선을 증설하고 약 70대의 신규 버스를 투입한 데 그친 상태로 노선 및 버스 증차가 요구된다. 또한 굿모닝 버스의 종점이 서울역, 광화문과 같은 주요 출근 지역으로 한정되어 있는 등 정책이 직장인들에게만 초점이 맞춰져 있어 통학하는 대학생들을 위한 맞춤형 정책도 요구되고 있다.

3) 2018년 민선 7기 경기도지사

2018년 지방선거에서 남경필 자유한국당 후보는 경기도의 기존 정책의 연장선에 있는 교통 정책을 제시했다. GTX A, B, C노선에 경기순환 노선을 더한 '굿모닝 철도'의 조기 추진, 수도권 제 2 순환 고속도로 건설, 굿모닝 2층 버스와 버스 준공영제의 확대, 교통 취약지역에 '따복버스', '따복택시'의 확대, 수도권 광역 교통청 신설, 일산대교, 신분당선 등의 통행료 인하 추진 등이었다. 그러나 굿모닝 철도 공약을 제외하고는 기존 경기도의 정책에서 크게 달라진 점이 없고, 새롭게 추가된 정책도 실질적으로 자가용을 보유하지 않은 도민들에게는 도움이 되지 않는다는 점에서 한계를 보였다.

이재명 더불어민주당 후보는 현재 운영되고 있는 교통 시스템을 개선하는 측면에서의 공약들을 주로 내세웠다. 출퇴근 광역버스의 확대, 심야 '올빼미 버스' 운영, 느림보 광역버스 노선 조정 및 광역 급행 확대, 수노권 급행열차 확보, GTX 조기개통, 경기교통공사 설립, 경기도대중교통위원회 구성 및 운영 등이었다. 그러나 이재명 후보의 공약 또한 경기도의 교통 문제를 실질적으로 해결할 만한 대안이 되기 어렵다는 점에서 분명한 한계가 존재했다.

더욱이 두 후보 모두 직장인 통근에 초점이 맞춰진 기존의 교통 정책에 대한 개선을 고려하지 않았다는 점에서 아쉬움을 낳았다.

3. 사전 설문조사 진행

1) 설문 준비

경기도 거주지와 서울 지역 대학 간의 통학을 담당하는 버스 정책을 기획하기 위해, 정책의 수요층인 대학생을 대상으로 설문조사를 진행하였다.

설문조사를 진행한 목적은 (1) 수요자의 주요 거주지가 어디인지, (2) 대중교통을 이용한 통학시간은 어느 정도인지를 파악한 후 (3) 가장 수요가 많을 것으로 예측되는 노선을 개발함에 있다.

설문조사는 2018년 4월 3일부터 7일까지 5일간 온라인 설문조사(구글독스) 형태로 진행되었다. 조원들이 속해있는 개별 카카오톡 채팅방과 대학생 커뮤니티 어플 '에브리타임' 등을 설문 링크를 공유하였다. 또한 설문조사는 '경기도에 거주하는 서울 소재 대학 재적생'으로 한정하였다.

설문조사에는 (1) 응답자 분의 소속 대학교는 어디입니까?, (2) 응답자 분의 경기도 내 주소지는 어디입니까?, (3) 응답자 분의 현재 거주형태는 어떻습니까?, (4) 통학을 하고 계신다면, 집에서 나와서 강의실까지 얼마나 걸리나요? 등의 질문을 포함하였다.

2) 응답자 분석

총 235명이 응답하였으며, 고려대 · 국민대 · 서울대 · 서울시립대 · 성균관대 각 1명, 명지대 2명, 서강대 101명, 연세대 69명, 이화여대 8명, 중앙대 19명, 한국외대 31명이 참여하였다.

3) 응답 분석

설문조사 결과는 다음의 표로 정리하였다.

〈표 1〉 권역별 통학 설문 조사 결과

경기 권역별 거주지 분석*		통학시간(편도) 분석		서울 권역별 재적 대학 분석**	
권역	거주자 수(명)	통학시간	응답자 수(명)	권역	재적자 수(명)
북서부	47	~1시간	11	북서부	181
북동부	21	1~1.5시간	80	북동부	34
남서부	101	1.5~2시간	114	남서부	20
남동부+성남	30+36	2시간~	30	남동부	0

* 경기 권역 구분은 다음과 같다.
- 북서부: 고양/김포/파주
- 북동부: 구리/남양주/의정부
- 남서부: 과천/광명/군포/부천/수원/시흥/안산/안양/오산/의왕/평택/화성
- 남동부: 용인/이천/하남

** 서울 소재 대학 권역 구분은 다음과 같다.
- 북서부: 국민대/명지대/서강대/연세대/이화여대
- 북동부: 고려대/성균관대/서울시립대/한국외대
- 남서부: 서울대/중앙대

4. 정책 구체화

위의 설문조사를 바탕으로 만든 정책은 다음과 같다. 정책에 대한 높은 이해를 구하려 경기도지사 후보자에게 전달한 정책제안서에 담은 이미지를 통해 정책을 설명하고자 한다.

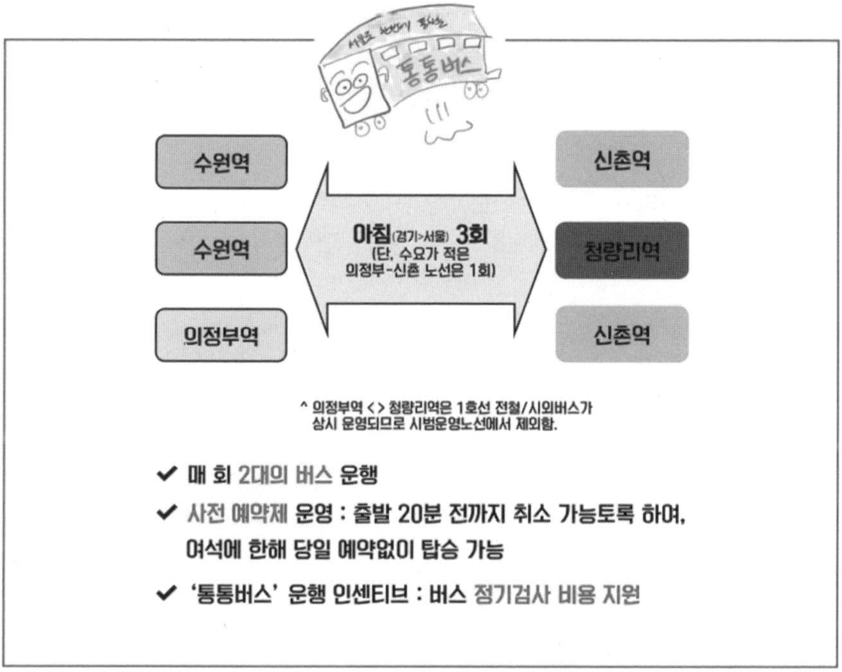

〈그림 1〉 통통 버스 정책 제안

5. 수립된 정책과 함께하는 이 프로젝트의 목표 - **"사통팔달을 위해 소통을 하다"**

"어느 지역에서든, 대학생들의 등굣길은 편하고 뚫려 있어야 한다"는 〈통통버스〉 정책 목표 달성을 위해 수많은 "소통"을 하는데 노력하였다.

목표 달성을 위한 구체적인 방안은 다음의 글상자에 담아 별도로 설명하고자 한다.

〈통통버스의 '四通'팔달을 위해 '疏通'을 하다〉

一通, 다분야의 정책실무자와 소통: 민, 관을 구분하지 않고 정책에 관하여 다각적인 시각에서 피드백을 주실 수 있는 분과 소통하는 것을 목표로 한다. 특히 각 분야의 전문가를 면담하여 법적 · 제도적 차원에서 〈통통버스〉 정책의 실효성을 검증받는다.

二通, 다수의 정책 수요자와 소통: 정책을 개발하고 제안하려는 노력의 과정에서도, 끊임없이 정책 수요자(대학생)와 소통하는 것을 목표로 한다. 더 많은 대학생들에게 정책을 소개하고, 수요자의 입맛에 맞게 정책을 개선할 기회를 마련한다.

三通, 정책 집행자와 소통: 경기도 학생을 위한 정책인 만큼, 민선7기 경기도지사 후보인 '자유한국당 남경필 후보'와 '더불어민주당 이재명 후보'에게 〈통통버스〉정책을 제안하는 것을 목표로 한다. 각 후보를 정책 제안의 타겟으로 지정한 이유는 다음과 같다. 각 후보에 대한 설명은 정책제안 당시를 기준시점으로 한다.

① 자유한국당 남경필 후보: 현 도지사로, 2014년 지방선거에서 '굿모닝버스'를 공약으로 내걸고 일부 실현한 바 있다. 본인이 내걸었던 공약을 완성하는 차원에서, 그리고 기존에 자유한국당이 확보하기에 어려움을 겪었던 20대의 표심을 얻기 위해서라도 이 정책이 남경필 후보에게 매력으로 다가갈 수 있을 것으로 보인다.

② 더불어민주당 이재명 후보: 지난 12년 동안 자유한국당이 독점했던 경기도지사 직에 도전하는 입장에 있는 후보로서, 대학생을 주요 수혜대상으로 하는 통통버스 정책을 통해 더불어민주당의 고정 지지층인 20대의 표심을 확보하는 것에 큰 도움이 될 것으로 보인다. 새로운 버스 공약을 통해 경기도 교통 문제에 대한 이슈를 선점할 수 있다는 점이 이재명 후보에게 매력적으

로 보일 것으로 추측된다.

四通, 정책의 미래와 소통: 정책을 제안함에서 끝나지 않고, 향후 결정될 민선 7기 당선자와의 지속적인 소통으로 정책을 현실화할 창구를 마련하는 것을 목표로 한다. 또한 통통버스 이용객 사이의 신뢰를 쌓아 또 하나의 공동체를 만들 수 있는 '커뮤니티 버스'를 기획하는 것을 목표로 한다.정책의 현실화가 어려울 경우 도청 산하의 '통통버스추진단(가칭)' 또는 '대학생 통학버스 노선 신설을 위한 상설 협의체' 구성을 유도하는 것을 목표로 한다.

Ⅲ. 一通, 다분야의 정책실무자와 소통

1. 스타트업 기업 '눈뜨면 신촌' 대표자 서면면담

통통버스 팀은 다분야의 정책 실무자와 소통하고자 하는 마음이 있었다. 먼저 접촉하고자 노력한 것은 민간기업인 '눈뜨면 신촌'이었다. 수업 중 피드백을 통해 알게 된 기업인데, 관련된 내용을 찾아보니 '눈뜨면 신촌'이라는 기업과 연세대학교 총학생회 '콜라보' 측이 연계하여 진행하는 셔틀버스였다. '눈뜨면 신촌'은 서강대학교 학생들이 만든 회사였다. 통학하는 대학생의 아픔을 누구보다 잘 아는 대학생들이 직접 노선을 짜고, 버스회사와 연락해 버스를 운영했다.

'눈뜨면 신촌' 측과 접촉하는 일은 쉽지 않았다. 이미 자취를 감춘 회사인 것처럼 보였기 때문이다. 홈페이지는 문을 닫았고 페이스북 페이지 역시 마찬가지였다. 결국 남은 것은 개인적으로 연락하는 방법밖에 없었다. 기한이 지난 포스터에 적힌 번호를 통해 4월 18일에 한 차례 '눈뜨면 신촌' 공동대표에게 연락을 취했지만 닿지 않았다. 5월 2일에는 다른 공동대표에게 SNS 메시지를 발송했다. 5월 12일에 답장을 받았고, 메일을 통해 인터뷰를 진행하기로 결정했다.

5월 15일에 노선 선정 방법, 운영 시 어려움, 운영과 관련하여 발생했던 법적 문제, 커뮤니티버스라는 애칭, 사업을 그만두게 된 이유에 대해 질문하는 이메일을 발송했고, 5월 24일에 솔직한 답변이 담긴 답장을 받을 수 있었다. '눈뜨면 신촌' 팀은 온디맨드 방식[8]으로 홈페이지를 통해 수요를 조사하고 이를 바탕으로 노선을 선정했다고 한다. 또한 성수기 때 안정적인 배차에 어려움을 겪었고, 관제 시스템을 개인이 구축하는 데에는 어려움이 많았다고 했다. 법적으로는 기존 대중교통을 운영하는 사업자들과 이권 충돌을 막기 위해, 민간 업체에서 허가 받지 않는 노선을 불특정 다수의 승객을 대상으로 정기적으로 운행하는 것이 금지되어 있는 점이 문제였다고 했다. 커뮤니티 버스의 경우 같은 버스를 이용하는 승객들을 위한 이벤트를 기획하기는 했으나 실현되지는 않았다는 답변을 들었다. 마지막으로 사업을 그만두게 된 데에는 금전적인 요인이 가장 컸다는 답변을 들을 수 있었다. 운영하는 데에 많은 비용이 들어 높은 공익성에도 불구하고 사기업으로서는 수익을 내기 어려운 구조였기 때문이다.

'눈뜨면 신촌'을 통해 우리는 민간 기업의 노하우를 들을 수 있었고, 실제 정책이 운영된다고 할 때 어떤 점에 주의해야 하는지를 잘 알 수 있었다. 우리가 실현하고자 하는 것은 지방자치단체에서 운영하는 '눈뜨면 신촌'이나 다름이 없었기 때문이다. 정책에 필요한 예산, 만약 정책이 실현된다고 했을 때 그 운영 과정, 그리고 정책이 운영됨에 있어 생길 수 있는 어려움에 대해 알 수 있었다. '눈뜨면 신촌'의 기본 정신은 우리와 맞닿아 있었다. 지역에 거주하는 사람들의 불편한 사람들이 그 문제를 주체적으로

8 '온디맨드 방식'이란, 수요자가 요구하는 대로 서비스, 물품 등이 온라인 또는 모바일 네트워크를 통하여 제공되는 방식을 말한다.

해결하려고 하는 것. 그 해결의 방식이 민(民)인지 관(官)인지만 달랐을 뿐이었다. '눈뜨면 신촌' 측에서도 이것을 지방자치단체의 정책으로 만들고자 부단한 노력을 아끼지 않았다. 한 때 경기도지사 예비후보였던 원혜영 의원과 이야기를 나누었다고 한다.

'눈뜨면 신촌' 공동대표였던 박주혁 씨는 운영 시스템을 민간에서 개발하고, 버스 운영을 지방자치단체에서 맡는 것을 제안했다. 대학생들의 발이 되어주던 고마운 기업은 예산 부족으로 허덕이다 끝내 파산했다. 우리는 그러한 점에서 더더욱 지방자치단체 차원의 재정적 · 행정적인 지원이 필요하다고 생각했고, 이를 성공시키는 것이 '눈뜨면 신촌'을 설립한 학생들과 '눈뜨면 신촌'을 이용하던 학생들에게 보답하는 길이라고 생각했다.

2. 경기도청 굿모닝버스추진단 주무관 면담

통통버스 팀이 다음으로 생각한 정책 실무자는 경기도청이었다. 이미 통근하는 직장인들을 위한 버스가 존재하고 있기 있고, 심지어 그것이 남경필 전 지사의 주요 정책이었기 때문이었다. '굿모닝버스'라고 불리는 버스가 그 중 하나였다. 경기도 지사 후보가 만약 정책을 받아들일 경우 경기도청은 직접적인 정책 실무자가 된다. 따라서 경기도청은 이번 정책 제안과 정책 실무자 연락에서 어쩌면 가장 중요한 대상이라고 볼 수 있었다.

경기도청의 경우에 연락의 필요성은 확실했지만 연결 방법은 쉽지 않았다. 도청에는 많은 부서가 있었고, 교통을 담당하는 부서도 하나가 아니었다. 따라서 어느 부서에 연락을 해야 하는지, 어떤 식으로 연락을 해야 하는지도 명확하지 않았다. 처음에는 무작정 전화를 걸었지만 담당하는 부서가 명확하지 않아 원하는 답변을 줄 수 없다는 이야기를 들었다. 그래서 또 한 번 실례를 무릅쓰고 국민신문고를 통해 문의할 수밖에 없었다. 담당하는 부서는 경기도청으로 지정하고, 솔직한 이야기를 적었다. 이러이러한 정책을 경기도지사 후보에게 제안하고 싶고, 실무 담당자와 만나 짧게라도 이야기를 나누고 싶다고 했다. 그러나 답변 기한은 점점 늘어났고, 마지막 수단으로 '굿모닝버스사업추진단' 주무관들의 메일 주소로 교수님께 받은 공문과 함께 사연을 보냈다. 4월 30일, 실무자로부터 시간을 내주겠다는 연락을 받았고, 서로 일정을 조율했다.

5월 11일, 예정대로 두 명의 직원과 약 1시간동안 면담을 진행할 수 있었다. 경기도청 직원 분들과의 만남은 처음에 예상했던 현실적인 어려움을 확인하는 과정이나 다름이 없었다. 서울시로 들어가는 버스의 대수 제한, 이미 많은 통근시간대 버스들, 선행되어야 할 수요조사의 어려움을 재확인했다. 또한 대학생만을 대상으로 해야만 하는 정당성의 부족 역시 지적을 받기는 했지만, 앞서 지적했던 대학생을 위한 정책의 필요성을 강조했다. 경기도청 측도 이에 공감하고 통통버스와는 약간 다르기는 하지만 실현 가능성이 높은 방향으로 '대학생을 위한 버스 정책'을 실현할 수 있는 방법도 제안하였다. 지금도 출퇴근하는 직장인들을 위해 배차된 버스들이 많은데, 이러한 버스들이 출퇴근 시간대가 지나면 수요가 급격히 줄어 운영난을 겪고 있다는 이야기를 들었다. 따라서 이러한 버스들을 대학생의 오후 통학을 위해 사용할 수 있을 것이라는 취지였다. 감사한 이야기였지만 처음에 기획했던 정책의 목적과 맞지 않아 그대로 수용하기는 어려웠다.

그럼에도 불구하고 긍정적으로 평가받은 지점은 어떻게든 담당자와 접촉을 시도하려고 했던 통통버스 팀의 의지와 정책의 제안 취지였다. 현실적인 어려움이 많고 극복해 나가야 할 문제가 있는 것은 맞지만, 굿모닝버스 역시 남경필 전 지사의 공약이었다가 실현되었다는 점에서 만약 경기도지사 후보 측에만 잘 어필이 된다면 충분히 현실화될 수 있으며, 대학생이 직장인에 비해 교통정책 측면에서 외면을 받아온 것이 사실이라는 의견을 들을 수 있었다.

경기도청과의 만남을 통해서는 관(官)에서 정책을 실현함에 있어 고려해야 할 사안이 많다는 것을 알 수 있었다. 실제 정책을 집행하는 공무원의 입장에서 이야기를 들음으로써 탁상공론에 그칠 수 있었던 정책이 현실로 한 발 더 다가오는 계기가 되었다. 보다 중요하게, 막연하게 생각했던 어려움들이 실재한다는 것을 확인하게 되었다. 따라서 이 문제를 다른 각도에서 접근하게 되었다. 우리가 구체적인 어려움을 모두 해결하려고 하는 것은 능력 밖의 일일 수 있으며, 오히려 후보 측에 어필을 보다 효과적으로 할 수 있는 방법을 강구하는 것이 중요하다는 생각을 하게 되었다. 따라서 다른 방법을 생각하게 되었다.

Ⅳ. 二通, 다수의 정책 수요자와 소통

1. 페이스북 페이지 운영

앞서 설명한 다분야의 정책 실무자와 소통한 것에 이어 우리는 정책 수요자와도 소통할 필요가 있었다. 소통의 목적은 세 가지로 (1) 수요자의 피드백 수합 (2) 정책의 이미지 쇄신 (3) 후보자의 동기 부여로 정리할 수 있다.

먼저 정책이 시행된다고 하더라도 최종 수요자에게 적합하지 않다면 정책으로서의 의미를 갖기 어렵기 때문에, 직접적인 정책의 대상에게 실용적 부분에 대한 피드백을 받고자 했다. 따라서 통통 버스의 주요 소비 계층은 대학생이라는 점을 고려해 현 시점에서 다양한 대학생들과 가장 쉽게 접할 수 있는 매체인 SNS를 활용하기로 했다.

SNS 활용은 또한 대학생들의 정치적 무관심이 팽배한 현 시점에서 '정책'이라는 프레임으로 접근할 경우 진실하고 다양한 피드백을 받기 어려울 것을 우려해 최대한 그들의 눈높이와 관심사에 근접한 방향으로 정책을 제시하는 방편이 되었다. 그 외에도 SNS는 '좋아요' 등의 공감 기능을 통해 여론을 비교적 직관적으로 보여줄 수 있다는 장점이 있다. 이는 통통버스가 후보자에게 매력적인–많은 유권자가 필요로 함을 명시하는–정책임을 어필할 수 있는 효과적인 수단이 될 것이라고 판단하였다.

이러한 이유에서 페이스북 페이지 '통통버스: 더 이상의 통학 지옥은 그만'을 개설[9]하고, 통통버스를 구상하게 된 배경, 정책의 당위성, 그리고 운영 방안 등을 대학생들의 관심을 유도할 수 있는 수준에서 어렵지 않게 카드 뉴스를 제작해 우리의 정책에 대해 소개하였다. 그리고 조원들의 개인 계정, 연세대학교 각 학번의 페이스북 페이지, 타 학교의 인터넷 커뮤니티 그리고 각 지하철 이용자를 위한 페이지를 이용해 게시글을 홍보했다.

결과부터 말하자면 SNS를 이용한 정책 수요자와의 소통 시도는 매우 성공적이었다. 페이지를 개설한 첫날부터 '좋아요'(페이스북 내 의견 표시 수단)가 100개를 넘었으며 꾸준한 홍보를 통해 2주 만에 처음 좋아요 수의 4배에 근접하는 수치를 달성할 수 있었고 현재도 지속적으로 증가하고 있다. 이처럼 가파르게 증가하는 지지층의 수는 많은 수의 유권자들이 통통버스 정책에 긍정적임을 보여주고, 후보자들은 다수의 유권자가 지지하는 정책에 충분히 매력을 느낄 것이다.

또한 많은 대학생들이 페이스북 메시지를 통해 통통버스에 대한 지지와 운영에 대한 의견을 보내주었다. 이 중 중복적으로 나타난 의견은 버스의 가격과 승차 지점, 그리고 실현 가능성에 대한 부분으로, 앞서 실시한 설문조사와 비슷한 양상을 보였다. 이는 견고한 지지층을 보완해주는 동시에 다수의 수요자들이 고려하는 부분이 위의 영역이라는 점을 시사한다. 다시 말해 위의 피드백들은 정책 수요자들의 주된 의견이 무엇인지 여실히 보여준다.

---

9 해당 페이스북 페이지의 주소는 다음과 같다.
(https://www.facebook.com/통통버스–더–이상의–통학지옥은–그만ㅠㅠ–2093454874212558/).

SNS는 모든 사람에게 열려 있는 절대적 개방의 공간이며 특히 젊은 세대에서는 SNS를 사용하지 않는 사람을 보기가 더 어려운 수준이다. 따라서 다수의 대학생과 교류하기에는 최적의 선택이었다고 할 수 있다.

하지만 지나친 개방감으로 인한 어려움도 따랐다. 기본적으로 카드 뉴스는 모든 사람에게 공개된 자료이며, 통통버스를 접하는 모든 사람들에게 이 페이지는 첫인상이나 다름없는 역할을 수행한다. 따라서 불특정 다수에게 정책의 본질을 훼손하지 않으면서 설득력 있는 컨텐츠를 만들고자 노력했다. 또한 탁 트인 벌판에서 방향을 잡지 못하는 것처럼 홍보의 방향성과 범위를 확정하지 못해 적지 않은 논의가 필요했다.

이러한 어려움이 있었지만 한편으로는 정책 홍보의 완성도를 위해서는 필연적인 과정이었다고 할 수 있다. 궁극적으로 좋은 호응을 이끌어 낼 수 있었으며 정책에 대한 당위성에 유의미한 기여를 한 점에 있어서 성공적인 전략이라고 결론지을 수 있다.

Ⅴ. 三通, 정책 집행자와 소통

1. 민선7기 경기도지사 후보자 정책제안

통통버스 팀은 다분야의 정책 실무자, 다수의 정책 수요자와 소통하며 정책을 구체화하고 현실화하기 위해 노력해왔다. 그러나 통통버스 정책을 실현하는 데에는 여러 가지 현실적인 문제점들도 존재했다. 따라서 통통버스 정책을 실현하는 데 무엇보다 중요한 것은 바로 정책 집행자의 추진 의지라는 판단에서 경기도지사에 출마한 자유한국당의 남경필 후보와 더불어민주당의 이재명 후보에게 정책을 제안했다.

정책 제안을 위해서 5월 15일부터 5월 25일까지 남경필 후보, 이재명 후보의 비서관, 선거사무소 등의 연락처를 통해 정책 제안서를 전달하고 면담을 요청했다. 5월 후반부터 경기도지사 선거가 국민적 화제를 얻게 되면서 후보자들과 접촉하는 것이 쉽지는 않았으나, 선거사무소에 전화하고 비서관이나 정책팀 담당자에게 이메일을 보내는 등 다양한 창구를 통해 꾸준히 요청했다. 그 결과 5월 24일에는 남경필 후보의 정책팀 담당자와 서면 질의응답을, 6월 1일에는 이재명 후보의 정책팀 담당자와 면담을 진행할 수 있었다.

5월 24일 진행된 남경필 후보의 정책팀과의 서면 질의응답에서 통통버스 팀은 정책의 현실적 어려움을 지적받기도 했으나 앞으로의 정책 실현을 위한 긍정적 피드백을 받을 수 있었다. 남경필 후보의 정책팀에서는 사업을 시행하기 위해서는 정책 대상의 수요조사 및 예산 추계 등이 필요하며, 서울 또는 그 밖의 지역으로 통학하는 경기도민 대학생에 대한 형평성 또한 고려되어야 한다는 현실적인 어려움을 먼저 지적했다. 그러나 남경필 후보가 당선된다면 민선 7기에서 연구용역 발주, 관련 간담회 등을 통해 통통버스 정책을 추진할 수 있도록 노력하겠다는 긍정적 답변 또한 받을 수 있었다.

6월 1일 통통버스 팀은 경기도 수원시에 위치한 이재명 후보의 선거사무소에 방문해 정책팀 담당자와 면담을 진행했다. 정책 팀 담당자는 미세먼지 문제 때문에 경기도에서 서울로 이동하는 버스의 통행량을 줄이려는 움직임 때문에 정책 상 충돌이 생길 수 있다는 현실적 어려움을 제시했다. 그러나 이는 통통버스 팀이 이미 예상하고 있었던 문제였으며, 이 문제에 대해서는 다음과 같이 면담자리에서 즉각적으로 대응할 수 있었다.

서울시와 경기도를 오가는 시외 · 광역버스 노선 운영 규정은 서울시청 도시교통본부가 마련한『시계외 버스노선 사업계획변경 협의 지침』에 따른다. 이 지침에 따르면, 경기도에서 서울 방향으로 운행하는 시외 · 광역버스의 일일 대수는 2017년 기준 6,972대로 한정되어있으며, 운행 대수 조정을 위한 협의에는 몇 가지 조건들이 따른다. 그러나 위 협의지침에 준하여 통통버스 정책을 검토했을 때, (1) 통통버스의 회차지는 신촌/청량리로, 서울시에서 회차를 허용한 부도심으로 지정된 지역이며 (2) 통통버스의 노선은 2호선 벨트로의 진입이라는 기존 서울시의 광역버스 인허가 조건에 부합하며 (3) 통통버스의 서울시내 운행거리가 30km이내이므로 『시계외버스노선 사업계획변경 협의 지침』과 『여객자동차운수사업법』에 따라 통통버스 신설허가 및 버스 총량의 증설에 대해 경기도가 서울시 측에 협의를 요청할 조건을 충족한다는 점을 알 수 있었다. 이 근거들을 바탕으로, 통통버스 팀은 정책 입안을 위해 가장 중요한 것은 이재명 후보의 정책 추진 의지라는 점을 후보자 캠프에 강력하게 피력하였다. 또한 서울시장과 경기도지사가 같은 정책 목표를 공유하면서 공동으로 정책을 시행하려는 의지를 가질 때 통통버스 정책이 현실화될 수 있다는 점을 강조했다.

또한 면담 당시가 이미 선거 2주 전이었다는 점에서 우리의 정책이 현실적으로 후보의 공약에 포함되기 어렵다는 점을 고려해 SNS를 통한 정책 협업을 제안했다. 이재명 후보가 평소 SNS를 활발하게 이용하기 때문에 당선 이후에도 통통버스 페이스북 페이지와 함께 SNS 상에서 정책을 추진해나갈 수 있는 당위성과 배경을 마련해두고자 하는 차원에서 나온 제안이었다. 이에 정책팀 담당자도 긍정적으로 반응하며 앞으로의 정책 추진 가능성을 열어두었다.

후보자들에게 정책을 제안하기 이전에는 광역자치단체의 장인 경기도지사에게 정책을 제안하고 피드백을 받는 데 어려움이 있을 것으로 판단했다. 더욱이 이번 경기도지사 선거에는 남경필 후보, 이재명 후보 등 전국구의 지명도를 가진 후보들이 출마했기 때문에 후보 컨택에 어려움이 컸다. 그러나 꾸준한 연락과 요청으로 각 후보 캠프의 정책 담당자들로부터 의미 있는 피드백을 받을 수 있었고, 앞으로의 정책 추진에 대한 긍정적 반응도 얻어낼 수 있었다.

Ⅵ. 四通, 정책의 미래와 소통

지난 3개월 동안 통통버스 팀은 다양한 주체와 소통하는 과정을 통해 정책으로서 완성도를 높여 왔다. 이후 정책 집행자에게 우리의 정책 제안서를 효과적으로 전달하고자 노력했고, 각 후보 측에서 긍정적으로 검토하는 쾌거를 이루었다. 하지만, 통통버스의 행보가 여기에서 멈춘다면 그것은 그동안 일궈낸 결실들을 한 순간에 무너뜨리는 처사일 것이다. 따라서 미래의 통통버스가 나아갈 방향으로, '하이브리드(hybrid) 형 정책으로서의 통통버스'를 제시하고자 한다.

1. 민선 7기 당선자와의 협의 및 정책 실현 노력

2018년 6월 13일에 치러진 선거에서 민선 7기로 이재명 후보가 경기도 지사에 당선되었다. 이재명 후보 측에는 6월 1일에 직접 선거 사무소를 방문해 정책을 제안했으며 긍정적인 답변을 받은 바가 있다. 통통버스는 이번 선거에 초점을 맞춰서 진행된 정책 프로젝트로, 선거가 끝난 현재 시점에서 확정된 정책 집행자와 어떻게 협의할 것인지 논의할 필요가 있다.

통통버스는 교통 정책인 동시에 청년을 위한 정책이다. 이전의 공약을 살펴보았을 때, 다른 계층에 비해서 청년에 대한 정책이 다소 미흡했다. 또한 교통 정책은 기존에 시행되던 내용에서 크게 벗어나지 않은 수준으로, 정책 관점에서 효용성이 떨어지는 것이 사실이다. 물론 이제 시작 단계이기 때문에 아직 구비되지 않은 부분은 고려해야 하지만, 그렇기 때문에 통통버스는 교통과 청년 두 분야를 한 번에 아우르는 '다면적인 정책'임에 초점을 맞춰 실현의 가치를 증명할 수 있을 것이다.

정책으로서의 정체성뿐만 아니라 현실적 장애물에 대한 보완책을 구비하는 것 또한 협의에 있어서 긍정적 영향을 줄 것이다. 정책 실무자 측에서 공통적으로 제기된 문제가 법적인 문제였는데, 서울시로 이동하는 버스의 수량 제한이 주요 제약이었다. 이 문제에 연관된 이해 당자사는 매우 복잡하기 때문에 당장 결정할 수 있는 사안은 아니지만, (1) 서울시와 경기도를 아우르는 국토교통부와의 면담을 통한 버스 현황 파악 및 절충점 모색 (2) 서울시-경기도 간 교통량 통제에 관한 협의체 설립 등의 현실적 방안을 제안할 수 있다.

2. 커뮤니티 버스

통통버스와 기존의 일반 대중교통의 두드러진 차이 중 하나는 '수요층'이다. 통통버스의 주 수요층은 대학생이라는 공통의 정체성을 가지고 있기 때문에 이를 기반으로 하는 '커뮤니티 버스'의 형태로 차별적인 버스 문화를 확립하고자 한다.

커뮤니티 버스(Community Bus)는 앞서 진행한 '눈뜨면 도착' 사업가와의 면담에서 제안받은 내용이다. 이는 버스 운행이 인근 지역에서 이루어진다는 특수성을 기반으로 하고, 단순 버스-승객 관계에서 벗어나 지역 사회 내 공동체를 형성하는 것을 목표로 한다. 구체적인 시행 방안으로는 (1) 기사와 승객 간 커뮤니케이션 활성화 (2) 대중교통 외의 장(場)을 통한 유대감 형성 (3) 원만한 공동체 유지를 위한 자치 규약 설정 등이 있다.

이와 같은 변화는 경기도 내 청년들에게 새로운 사회적 교류를 제공한다. 현재 대한민국에서는 긍정적인 대인 관계가 현격하게 줄어들고 있으며, 동시에 우울증이나 소외감 등의 정신적 질환이 크게 늘어났다. 커뮤니티 버스로서의 통통버스는 청년들에게 바람직한 사회적 관계를 맺을 수 있는 기회를 제공함으로써 '몸과 마음이 모두 건강한 경기도'를 만드는 데에 기여할 것이다.

Ⅶ. 결론

한 학기 동안 지방정치에 깊숙이 빠져 정책의 수립과 제안, 그리고 현실화를 위해 노력한 점은 정치학도에게 큰 배움이 되었음에 틀림없다. 지방정치의 매커니즘을 스스로 탐구하며 이해하고, 그 매커니즘 속에서 정책제안을 통해 '지방정치가 곧 생활정치'임을 깨달으려 노력하며, 지방정치를 이끌어가는 대표자들을 만나는 경험은 최고의 정치교육이기 때문이다. 지금은 구체적으로 어떤 배움을 경험하였는지 약간의 소감과 함께 정리해보고자 한다. 팀원들 각자의 배움을 모아, 우리의 배움을 정리해보고자 한다. 〈통통버스〉를 준비한 길을 추억하는 순서이기도 할 것이다.

1. "뻔뻔함과 무모함을 가지고 정치적 주체로 나아가기" _ 이주원

본격적인 수업이 시작되기 전 제출한 에세이에 나는 아래와 같이 적었다. '하남시장이나 경기도 도지사가 누가 되는지도 내 삶에 얼마나 영향을 줄 수 있는지 잘 모르겠다. 하지만 아직 수업이 끝나기 전이니까, 학기가 끝날 때쯤이면 이 질문에 답변할 수 있으면 좋겠다. 또한 수동적인 유권자에서 능동적인 정치 참여자로 변화할 수 있는 기회가 되면 좋겠다.' 이번 마을학개론 수업에서 얻은 게 있다면 약간의 뻔뻔함과 무모함인 것 같다. 또 하나의 이기주의적 행태가 되는 것은 아닐까 하는 우려 속에서 출발하기는 했지만 '말하지 않으면 모른다.'라는 생각으로 다소 뻔뻔하게 대학생을 위한 정책을 설계하고 필요한 곳에 조언을 구하며 결국 제안까지 했다. 조언을 다방면으로 듣는 과정에도 뻔뻔함이 필요했고 때로는 무모함이 많은 힘이 됐다. 그런 뻔뻔함과 무모함을 바탕으로 어느 정도 정치적인 '객체'에서 '주체'로 나아갈 수 있는 계기가 됐다.

2. "정책을 '소비'하는 주체가 만드는 정책" _ 정소희

대학 입학 후 그동안 기숙사에서 지냈는데, 이번 학기에 처음으로 경기도에서 통학을 하게 되었다. 평일 내내 광역 버스와 간선 버스를 타다 보니 자연스럽게 교통 정책의 필요성을 피부로 느낄 수 있었고, 이런 의미에서 나에게 통통 버스는 애정 어린 정책이었다. 내가 직접 정책을 '소비'하는 주체의 입장에서 구상했기 때문에 더욱 애착이 갔던 것 같다.

단순히 정책 제안서를 쓰는 것에 그치는 것이 아니라 집행자에게 우리의 생각을 전달했는데, 이 과정이 물론 쉽지 않았다. 하지만 이번 민선 7기가 지역 사회에 나의 의견을 반영할 수 있는 창구가 된다는 것을 직접 느낄 수 있는 계기가 되었으며, 후보자를 선택함에 있어서도 더욱 주체적으로 고를 수 있었다.

또한 쉽게 만들 수 없는 경험을 할 수 있게 해주신 교수님과, 혼자서는 절대 할 수 없는 일을 멋지게 해낸 조원들에게 모두 감사하는 동시에 우리의 통통 버스가 당장은 어렵더라도 언젠가 실현이 되었으면 하는 바람이다.

3. "협력과 소통으로 계속되는 여정" _ 장연수

예전에는 정치란 제도권 내에서 이루어지는 과정이고 내가 정치에 참여할 수 있는 부분은 선거밖에 없다고 생각했다. 막연히 "통학이 너무 힘들다"는 생각에서 출발했던 아이디어가 조원들과의 토의를 통해 살을 붙이고 여러 사람들의 생각을 모아 '통통버스'라는 그럴듯한 정책으로 탄생하는 과정에서 '우리가 만드는 정치'라는 구호의 진정성을 느낄 수 있었다. 또한 그 과정에서 조원들과 협력하고, 설문조사와 페이스북을 통해 다른 사람들과 소통하는 과정이 참 재미있었다.

통통버스는 실제로 대학생들이 겪는 불편에서 나온 정책으로, 정책을 구상하고 구체화하는 과정에서 많은 대학생들이 실제로 만들어줄 것을 당부했다. 비록 마을학개론 수업은 끝났지만 통통버스는 그를 응원하는 이들과 함께 그동안 달려온 길을 따라 여정을 계속할 것이다. 통통버스가 앞으로 갈 길을 기대해주길 바란다!

4. “열려 있는 정책제안의 길, 열려 있는 정책 집행자의 마음” _ 류수환

〈마을학개론〉 강의를 수강하며 한 가지 확신을 가지게 된 것이라면 ‘유권자가 정책을 제안할 길은 준비되어있고 열려있으며, 공무원과 정치인들은 유권자의 정책을 기다리고 있다’는 점이다. 긴장과 불안을 가지고 도청 공무원, 경기도지사 선거캠프 담당자와의 면담을 준비하기 마련이었다. 하지만 많은 고비를 넘기고 면담장에서 실무자를 마주하게 되었을 때는, 이전까지의 걱정이 모두 사그라들었다. 바쁜 일정 속에서도 면담에 정말 많은 시간을 할애해주셨고, 면담에 필요한 자료들까지 전부 준비하여 우리 팀에게 제공해주셨다. 면담의 과정에서 정책제안이나 대학생들의 모임과 같이 실질적으로 정책이 입안될 수 있는 많은 통로를 소개해주셨다. 정책을 제안할 길 또한 열려있던 것이다.

투표가 민주주의의 바탕이자 핵심인 점은 분명하지만, 투표로서 해소되지 않는 ‘정치적 갈증’은 정책을 제안할 수 있는 창구를 찾거나 정책 집행자를 직접 만나서 이야기를 나누는, 곧 정치참여에 적극적인 태도를 취할 때 비로소 해소될 수 있다. 그 노력의 순간에 정치는 우리 손바닥에 쥐어지게 될 것이며, 그 때부터 정치를 우리의 뜻에 따라 본격적으로 만들어나갈 수 있다.

참고문헌

- 김의영. 2015.『동네 안의 시민 정치』. 서울:푸른길.
- 경기도. 2017. "통근통학 여부, 교통수단 및 소요시간(편도 기준)".『경기도사회조사 2017』.
- 서울특별시 도시교통본부 버스정책과. 2017.『시계외 버스노선 사업계획 변경 협의 지침』.
- 손진석. 2018. "伊경제 어쩌나"『조선일보』http://m.news.naver.com/read.nhn?mode=LSD&mid=sec&sid1=104&oid=023&aid=0003379018(검색일: 2018. 06. 23).
- 중앙선거관리위원회. 2012.『제19대 국회의원선거 투표율 분석』.
- 제5회 전국동시지방선거 경기도지사 김문수 후보 공약집.
- 제7회 전국동시지방선거 경기도지사 남경필 후보 공약집.
- 제7회 전국동시지방선거 경기도지사 이재명 후보 공약집.
- 통계청 인구총조사과. 2017.『2015 인구주택총조사 표본 집계 결과(인구이동, 통근통학, 활동제약)』.
- 통계청 지역통계총괄과. 2018.『시도별 대학생 재학생 수』.

동네민주주의를 향한 언로: 미디어와 선거 후보 정책 토론회 개최 가이드라인

김화영 · 문성준 · 박성현 · 조연주 · 허보윤

Ⅰ. 미디어가 동네 민주주의를?

2018년 6월 13일, 제7회 전국 동시 지방선거가 시행되었다. 중앙선거관리위원회에서는 '아름다운 선거, 행복한 우리 동네'라는 캐치프레이즈로 '동네 민주주의'를 강조하며 이번 지방선거를 홍보하고, 유권자들의 참여를 독려하기 위해 '유권자 공약제안', '콘텐츠 공모전' 등의 이벤트를 개최하는 등의 노력을 지속해왔다. 그에 화답하듯, 이번 지방선거는 60.2%의 투표율을 기록하며 제1회 지방선거 이후 가장 높은 수치를 기록하였다. 하지만 투표율이 60%를 넘었다고 하여, 유권자들의 동네민주주의, 지방정치에 대한 관심과 참여가 증가했다고 말하기에는 섣부르다. 기존의 지방선거 투표율은 최저 48%에서 점차 꾸준히 올라가는 추세를 보였으나, 2014년 치러진 6회 지방선거의 56.8%에서 약 4%p 증가했을 뿐이며, 여전히 대통령이나 국회의원 선거 투표율에 비해서는 현저히 낮음을 알 수 있다.

또한 유권자의 지방정치에 대한 관심도는 단순히 투표율이라는 수치적 결과로만 판단할 수도 없다. 6월 13일 지방선거 전까지도 미디어가 전달하는 뉴스의 대부분은 중앙정부의 외교 · 안보 · 경제에 중점을 두고 있었다. 특히 이번 지방선거 이전에는 남북정상회담과 한미정상회담이 개최되었고, 지방선거 전날인 6월 12일 북미정상회담이 개최되어 모두가 한반도의 평화와 안보 이슈에 집중하고 있었기 때문에, 국민들 역시 지방선거 후보자들과 그의 정책들을 꼼꼼히 분석하고, 유권자로서 의사결정을 내리기까지의 정보가 다른 선거에 비해 턱없이 부족했을 것이라는 생각이 든다. 더불어 전 박근혜 정부의 탄핵, 그리고 현 정부의 유례없는 회담과 후속 조치가 대비되어 보여지는 이 상황에서, 사실상 지방선거는 주민들의 동네 민주주의에 대한 관심보다는, 집권여당과 야당에 대한 '평가'의 의미가 더 짙게 나타났다고 볼 수 있다.

즉, 우리는 유권자의 지방정치에 대한 관심도는 여전히 현재 보여지는 투표율 그 이하일 것이라고 생각하였다. 여러 원인들이 있겠으나, 가장 큰 이유는, 유권자가 표현하고 참여하고자 하는 의지가 있음에도 불구하고, 유권자가 능동적으로 참여하는 데에 필요한 정치적 정보와 지식이 부족하며(강명구 · 하세헌 2013), 유권자의 정치적 의사표현을 할 수 있는 공간과 제도가 부족하기 때문인 것이다. 지방정치 참여를 독려하기 위해 만들어진 주민참여 제도는 홍보 부족, 절차의 복잡성 및 까다로운 규제 등으로 효과적으로 운용되지 못했으며, 주민들의 의견 표출은 폐쇄적인 '민원 장구'로만 한정되었다. 4년마다 돌아오는 지방선거는 '후보자'를 뽑느냐 마느냐의 여부에 대한 답변일 뿐, 시민들이 구체적인 정책에 대한 참여 및 견제는 어렵다는 것이다. 그러니 결국 주민들이 "정치적 변화 또는 사회적 변화를 이루어 내는 것은 가능하며, 한 개인의 정치적 행위가 그러한 정치적, 사회적 변화에 영향을 미칠 수 있다는 느낌"인 정치 효능감을 느낄 리 없고[1], 이는 결국 지방정치의 무관심과 저조한 투표율로 나타나는 것이다.

'미디어'란 '어떤 작용을 한쪽에서 다른 쪽으로 전달하는 역할을 하는 것'으로 정의한다.[2] '언로(言路)'의 기능을 하며 사람들의 의견을 집약해 뉴스로 내보내고, 시민들이 접하기 어려운 정치적 정보를 제공하는 것이 미디어의 본질적인 역할이다. 우리 '미디어팀'은 이러한 역할을 고려하여 지방정치에 대한 무관심과 정치적 효능감의 부재 문제를 해결하기 위해 할 수 있는 것이 무엇인지에 대해 탐구하였다. 유권자들의 의견을 집약해 후보자들에게 전달하는 경로에는 미디어가 주로 하듯이 기사 작성, 영상 제작, 뉴스 보도 등 여러 가지가 있다. 하지만 '지방선거'라는 특수한 상황을 마주하고 있다는 점, 유권자들이 쉽고 자유롭게 참여할 수 있도록 해야 한다

---

1 Campbell, A., Gurin, G., & Miller, W. E.. 1954. The Voter Decides. Evanston. IL: Row, Peterson and Company.

2 국립국어원. 1999.『표준국어대사전』.

는 점, 면대면으로 직접 의견을 전달하고 답변을 받는 공간과 제도의 필요성을 인식한 점 등으로 비추어 보았을 때, 우리는 '후보자 초청 토론 · 대담회'의 개최를 통해 '정치 참여의 장'을 만들어주는 것이 가장 의미가 있을 것이라고 판단하였다.

토론회 개최를 위해서는 많은 준비 과정과 절차가 필요하지만, 가장 먼저 고려해야 하는 것은, '어느 수준의 정책 결정자를 대상으로 토론회를 개최할 것인가?'였다. 지방선거에는 광역자치단체장, 기초자치단체장, 광역 · 기초의원, 교육감 등 다양한 정책 결정자가 있고, 이들의 관할 지역, 그리고 권한의 범위가 각각 다르기 때문에, 현실적으로 한 단위의 정책 결정자를 택할 수밖에 없었다. 미디어팀에서는 본 '마을학개론' 수업이 지역기반 수업(Community Based Learning)이며 서울시 마을공동체 종합지원센터의 지원을 받고 있는 점을 고려하여, 우리가 재학 중인 연세대학교가 위치하고 있는 '서울시 서대문구'를 관할 지역으로 선정하였다. 더불어 서대문구에서도 구의회의원을 대상으로 토론회를 진행하기에는 그 수가 너무 많아 현실적으로 어려운 점, 또 본 수업에서 '서대문구' 지역을 기반으로 설정해 활동하는 서대문구팀들의 정책 제안 대상자가 대부분 서대문구청장인 점에서, '서대문구청장 후보자 초청 토론회'를 개최하는 것으로 결정하였다.

Ⅱ. 토론회, 하나부터 열까지

1. 토론회 개최를 통해 이루고자 하는 목표

우리는 토론회 개최를 결정한 후, 시민 단체 주최의 대담회에 참석하거나 서대문구 관련 의제 수집을 위해 시민활동가 분들을 대면하고, 온라인

상에서 시민들의 질문과 정책 제안을 받아가며 토론회의 성격과 형식을 기획하였다. 그 과정에서 우리가 선택할 방식의 효용을 판단하기 위해 토론회 개최를 통해 이루고자 하는 목표를 명확히 세분화할 필요성을 느꼈다. 그리고 거듭된 팀 내 토의와 외부 자문을 거쳐 "서대문구청장 후보자 토론회" 개최를 통해 성취하고자 하는 목표를 4가지로 구체화했다.

첫째, 유권자가 지방선거 과정에, 시민이 마을의 운영에, 보다 쉽게 참여할 수 있도록 마을정치참여의 선례를 남기고 매뉴얼화 하고자 한다. 서대문구의 경우, '서대문 정치하당', '서대문 시민협력 플랫폼' 등의 시민단체가 지방선거 후보자 소개 카드뉴스 및 선거 관련 정보 팟캐스트 제작을 통해 유권자의 정보 접근성을 향상시키고, 서대문 NPO 아카데미를 운영하여 유권자가 시민 활동가로서의 정체성을 함양하며 지역 사회 의제 발굴 및 해결 역량을 갖출 수 있도록 교육기회를 제공하고 있다. 그러나 시민의 정치참여를 독려하고, 시민활동가를 양성하는 이러한 노력이 실질적으로 지방 자치행정에 반영되기 위해서는 민관 협치 플랫폼이 필요하다. 현재는 지방자치행정과 입법을 총괄하는 선출직 공직자와의 소통과 협업의 선례가 부재하다. 그래서 구청에 민원을 넣는 방법 외에는 지역사회의 문제를 제기할 창구를 찾기 어렵다. 이 때 민원처리과정과 일선 공무원의 권한을 고려하면 신속한 해결이 가능한 단편적 사고처리가 아닌 장기적이고 거시적인 관점의 문제 해결 방식을 논의하기 힘들다. 따라서 선거 이전 후보자의 공약 선정 때부터 이후 당선자의 행정 업무 전반에 걸쳐 유권자의 필요와 요구가 반영될 수 있게 마을 정치 행정 대리인과 시민의 협치 플랫폼 선례를 토론회 형식으로 마련하고 지속 및 개선, 발전 가능하도록 기획 과정을 기록하고 정리하고자 한다.

둘째, 지방선거에 대한 유권자의 관심을 고취시키고자 한다. 서울시장, 경기도지사 선거 등을 제외하면 지방선거는 대선과 총선에 비해 미디어의 주목을 받지 못하고, 유권자의 관심 또한 끌지 못하고 있다. 일차적으로는 선거 결과가 미칠 영향력의 범위가 전국적이지 않고 지역 자치활동에 한정되어 있다고 여겨지기 때문일 것이다. 그러나 결국 실질적으로 시민들이 삶을 영위하는 기반인 지역구를 관리해줄 행정적 대리인을 뽑는 것이 지방선거의 핵심적 의미임을 상기하면 전국구 선거보다 유권자 개인의 삶에 직접적으로 큰 영향을 미치게 될 선택임을 알 수 있다. 따라서 토론회를 통해 시민들이 지방선거로 선출되는 자치단체장의 업무 권한, 구의 예산 규모 등을 확인하고 후보자들의 운용 계획을 검증하는 기회를 갖는 것이 지방선거에 대한 유권자의 무관심을 환기하는 계기가 될 수 있다. 마을 치안과 쓰레기 처리 등 안전, 위생 문제에서 건축 조례 등 시민 재산권의 문제에 이르기까지 지역구자치행정의 결과가 미칠 수 있는 영향력을 유권자가 실감한다면 이전보다 적극적으로 마을 선거에 임할 유인이 될 것이다.

셋째, 감시자로서 미디어와 유권자의 존재를 부각하여 후보자들이 경각심을 갖고 시민들의 목소리에 귀를 기울이도록 하고자 한다. 매 선거 때마다 시민들은 지방선거 후보자의 범죄 이력, 개인의 영달을 위한 출마가 의심되는 철새 선거구 등록, 지역민의 실제 필요보다는 인기에만 영합하려는 공약 등에 실망하고 인물의 부재를 지적한다. 후보자 자질과 역량에 대한 불신은 정치 혐오와 무관심을 낳고, 선거에 대한 유권자의 관심이 낮아지면 정당은 후보자 검증 절차를 철저히 할 유인을 잃는 악순환이 반복된다. 유권자들이 항시 감시하며 견제하고 있다는 것을 정당에서 인지하게 된다면, 공천 과정에서 더 철저한 검증절차를 통해 후보자를 배출하려 노력할 것이다. 또한 당선 이후에도 정책적 결정과 예산의 운용이 실시간으로 유권자에게 평가받고 있다는 긴장감을 갖고 지역구 행정을 총괄하면, 함부로 구의 예산을 낭비하거나, 특혜만 누리고 시정 및 구정에는 제대로 기여하지 않는 행태를 보이기 어려울 것이다.

마지막으로, 지방선거가 유력 정당의 공천이 당선으로 이어지는 정당 중심의 선거에서 정책 기반의 선거로 변모할 수 있도록 정책 검증과 제안을 공론화하고자 한다. 유권자는 계량적인 실적, 경력 혹은 정치적 입장 등 개인의 주관적 판단기준에 부합하는 후보자에게 한 표를 행사할 권리가 있다. 그런데 지방선거를 정당 간의 힘겨루기 정도로 치부하고 개인의 지지정당 출신 후보에만 투표를 강행하면, 지역에 지지기반을 구축한 정당의 영향력을 극복하기 어렵고, 후보자들도 민의를 파악하는 것 보다는 당 공천 담당자의 환심을 사는 데 주력할 유인이 높다. 또한 중앙정치의 영향하에 지역정치가 이루어질 것이라 기대하고, 국회 및 중앙 정부 내 유력정당 출신의 후보자만을 선출한다면, 지역주민의 생활상, 지역구가 당면한 문제에 대한 심층적인 이해, 그리고 이에 특화된 정책 입안과 행정 계획 대신 당내 영향력 및 중앙당과의 친분과시가 선거 유세의 주요 전략이 될 확률이 높다. 후보자들이 틀에 박힌 공약이나 정책에 안주하지 않고, 적극적으로 시민들의 의제와 정책 제안을 수렴하도록 하기 위해서는 공론장을 통해 주민들의 문제의식을 공유하며 후보자 개인의 공약 및 가치관을 검증받는 절차가 필요하다.

2. 기존 시민 주최 토론회 분석 및 차별화 전략

우리는 광진구 구청장 후보 대담토론회, 마포구청장 후보 토론회, 동대문구의사회 초청 토론회 그리고 노인회 주최 구청장 후보 선거 토론회 등 다른 지역구에서 진행된 시민 주최 토론회들을 살펴보면서, 우리가 개최할 토론회의 가이드라인을 세우고, 우리만의 특색과 목적을 잘 나타낼 수 있는 토론회 형식이 무엇인지 고민하였다.

특히 우리는 여러 선례 중에 '노인회 주최 구청장 후보 선거 토론회' 형식을 긍정적으로 평가하여, 적극적으로 반영하였다.[3] 본 토론회는 후보자

3 유인숙, 「노인회 주최 구청장 후보 선거 토론회」, 중구신문, 〈http://www.junggunews.

별 기조연설, 노인회에서 제시한 총 10개의 공통 의제에 대한 후보자들의 답변, 그리고 이후 방청객과의 질의응답을 갖는 방식으로 진행되었다. 구청장 후보자들의 가치관과 지역구에 대한 생각을 들을 수 있는 기조연설을 할 기회를 제공하는 점, 주최 측인 마을학개론 수강생들의 정책 의제와, 서대문정치하당의 관심사인 후보자의 공약 및 가치관 관련 의제를 다룰 수 있다는 점, 그리고 현장의 방청객들과 쌍방향 소통이 이루어질 수 있는 점이 우리가 지향하는 토론회의 모습과 맞아 떨어진다고 생각했다.

그러나 우리는 기존에 있는 토론회를 그대로 답습하는 것에서 벗어나서, 선례와 어떻게 차별화할 수 있을지 고민하였다. 먼저, 우리는 공간적 제약을 넘어 최대한 많은 유권자가 토론회에 직 · 간접적으로 참여할 수 있도록 페이스북 생중계를 이용하기로 했다. SNS 라이브를 통해 올라오는 댓글 질문도 선택적으로 수용한다면, 쌍방향적 소통이라는 토론회의 취지를 강화하고 시민들의 적극적인 참여를 유도할 수 있을 것이다. 다만 생중계의 경우, 후보자의 발언이 실시간으로 시민들에게 전달되기에 "말실수 해봐야 손해"라는 인식으로 오히려 후보자들이 참여를 꺼리는 이유가 되지 않도록 신중한 기획이 필요하다.

또한 언론사에 기대지 않고 시민들과 학생들이 협력해서 주최한다는 것 자체만으로도 큰 차별점이라는 점에서 의미가 있다. 연세대학교라는 공신력 있는 교육기관과 연계한다는 점, 그리고 청년들이 주최하고, 청년들이 지역에 문제의식을 가지고 정책을 제안한다는 관점에서 충분히 기존에 있던 토론회와 크게 차별화될 수 있다고 본다.

---

com/news/articleView.html?idxno=59〉, (검색일: 2018.06.10).

3. 토론회 준비과정

1) 선거법 확인 과정

공직선거법 제81조 1항에서는 '제87조(단체의 선거운동금지)제1항제1호 내지 제6호의 규정에 해당하지 아니하는 단체는 후보자 또는 대담 · 토론자 1인 또는 수인을 초청하여 소속정당의 정강 · 정책이나 후보자의 정견 기타사항을 알아보기 위한 대담 · 토론회를 이 법이 정하는 바에 따라 옥내에서 개최할 수 있다.'고 규정하고 있다. 우리는 본 규정을 기반으로 토론회를 개최하며, 이 밖의 토론회 진행 역시 선거법을 준수하는 한도 내에서 이루어져야 함을 우선적으로 인식하였다.[4]

특히 가장 중요한 사항은 모든 후보자에게 공평한 기회를 제공하는 것이다. 제81조 5항에 의하면 대담 · 토론은 후보자가 초청을 거절할 경우를 제외하고는 모든 후보자에게 공평하게 실시되어야 하고 공정하게 진행되어야 한다. 즉, 불참자가 발생할지라도 모든 후보자에게 토론회의 개최를 알려야 하며 모두 초대해야 한다. 또한, 특정 정당이나 후보자를 지지 또는 반대하는 선전을 할 수 없으며 토론회를 진행할 때는 질문과 답변의 기회를 모든 후보자에게 공정하게 제공해야 한다. 더 나아가 사회질서를 깨는 발언이나 후보자에 대한 무차별적인 비난은 사회자가 제지하고 재발하지 않도록 경고해야 한다.[5] 따라서 우리는 선거법 위반 문제들이 일어나지 않도록, 후보자들 모두에게 기회를 제공하고 선거법을 준수할 것을 공지하며, 사전에 방청객들에게도 주의하도록 공지하기로 하였다.

---

4 (법제과) 2018. 4. 6.자 법률 제15551호 의결.

5 위의 상게서(上揭書)제81조 5항 의결.

2) 협업추진과정(서정당, 정외과학생회)

2018년 4월 4일, 우리 미디어팀은 '지방선거대응을 위한 서대문 시민 공론장'에 참여하였다. 지방선거를 통해 서대문구의 미래를 고민하는 사람들이 모여 자발적으로 조직한 시민단체인 '서대문 정치하당(이하 서정당)'과 '서대문시민협력플랫폼'이 공동주최한 이 공론장은 지방선거에 대한 서대문구 주민들의 다양한 의견을 수렴하기 위해 만들어졌으며, 서대문구 지방자치에 관심이 있는 누구나 참여 가능한 곳이었다.

이 공론장에 참여한 사람들은 서로 관심 분야는 달랐지만, 서대문구에서 살면서 느낀 불편한 점들을 개선하고 더 좋은 구청장, 구 의회 의원들을 선출하려고 하는 공통된 뚜렷한 목적의식을 가지고 있었다. 그리고 이를 위해 능동적으로 참여하여 그들의 목소리가 실질적으로 반영될 수 있게 하고자 하는 의지도 강했다. 이들 역시 보다 적극적으로 지방 선거에 주민들이 참여할 수 있는 방법으로 '후보자토론회' 개최를 염두해두고 있었다. 우리 미디어팀 역시 서정당과 함께 토론회를 주최한다면 후보자들의 가치관과 생각에 대해서 알아보고 학생들과 주민들이 바라는 정책을 제안할 수 있는 공론장을 만들 수 있을 것이라 생각하였고, 서정당 측에서도 이에 대해 긍정적이었다.

이것을 계기로 우리는 서정당과 함께 학생과 주민이 모두 능동적으로 참여할 수 있는 토론회를 만들기로 하였다. 특히 '마을학개론'을 수강하고 있는 학생들과 서정당의 협업은, 지방 선거에 민(民), 관(官), 학(學)이 모두 함께 참여해 동네 민주주의의 일환을 보여준다는 측면에서 이 수업의 취지에 보다 부합하고, 미디어팀뿐만 아니라 지역을 기반으로 정책을 제안하는 다른 수강생들에게도 더욱 도움이 될 것이라는 점에서 의미가 있다고 판단하였다.

서대문 정치하당과 함께 토론회를 준비하던 중, 연세대학교 정치외교학과 학생회 〈ABOUT〉에서 우리가 개최하고자 하는 서대문구청장 후보자 초청 토론회에 관심을 보여왔다. 학생회도 본래 지방선거 프로젝트의 일환으로 토론회를 개최하고자 하는 의사가 있었는데, 전공 수업인 마을학개론에서 토론회를 개최한다는 소식을 듣고 함께 하자고 제안해온 것이다. 학생회와 협업을 하게 된다면 홍보 측면에서 우리보다 자원과 인맥을 더 많이 가지고 있기에 큰 도움이 될 것이라고 생각했고, 토론회 준비를 위한 인력 면에서도 도움이 될 수 있을 것이며, 마을학개론을 수강하지 않는 여러 학생들의 참여와 관심을 독려할 수 있을 것이라고 생각하였다. 결과적으로 이번 서대문구청장 후보자 초청 토론회는 마을학개론 미디어팀과 서대문 정치하당, 그리고 연세대학교 정치외교학과 학생회 〈ABOUT〉의 협업으로 개최되었다.

3) 토론회 형식 논의과정

1) 후보자들의 기조연설
2) 서대문구 유권자, 서정당이 제시하는 의제
3) 마을학개론 수강생 및 연세대학교 학생들이 제시하는 의제
4) 방청객 및 Facebook 생중계 댓글 질문에 대한 답변

시민 주최 토론회 선례 바탕으로 후보자 초청 토론회 형식에 포함되어야 할 항목

우리는 우선적으로 토론회의 형식이 매우 중요하다고 판단하여 미디어팀 내부 회의, 서정당 분들과 정기적 회의, 교수님과 지속적인 회의를 가지면서 형식을 구체화하는 데에 많은 시간과 공을 들였다. 기존 토론회의 선례들에 대한 분석 및 차별화 가이드라인을 바탕으로, 토론회 진행에 우선적으로 포함되어야 할 항목들을 아래와 같이 정리하였다.

우리는 이를 바탕으로, 토론회를 1부와 2부로 나누어 1부는 서정당 및

서대문구 유권자들, 2부는 마을학개론을 수강중인 서대문구팀들의 의제를 각각 네 개씩 후보자들에게 제시하기로 하였다. 그리고 준비된 공통 질문에 대한 답변을 듣고, 이후 방청객과의 현장 및 온라인 질의응답 시간을 갖기로 했다. 진행표의 경우 TV선거방송 토론회 진행표를 참고하였으나, 선거방송과 같이 딱딱한 분위기를 지양하기 위해서 방청객 현장 질문과 페이스북 라이브 댓글 질문을 수합해서 선별된 질문을 후보자들에게 제시하기로 하였다.

우리는 최대한 적합하고 매력적인 의제들을 수합하기 위해서 마을학개론 서대문구팀들에게 후보자들에게 질문할 의향이 있는지 물어보았고, 구의회 의원 차원에서 의제를 제시하고 있는 한 팀을 제외한 나머지 세 팀이 질문의사를 밝혔다. 연세대학교 학생들에게 할당된 의제가 4가지였기 때문에, 나머지 하나의 의제는, 구글 설문지를 활용하여 수강생뿐만 아니라 일반 학생들도 질문에 참여할 수 있도록 하여, 수합된 질문 중 하나를 선별하였다. 진행표를 작성하면서 시간 상의 제약으로 각 질문을 30초 가량의 분량으로 제한하였으나, 30초 안에 각 팀의 의제를 구체적으로 설명하여 전달하는 것은 현실적으로 어렵다는 판단이 들어, 보다 포괄적인 질문을 부탁하였고 추후 교수님과 논의를 통해 질문을 정제하고 수정하여 확정하였다.

방청객들 및 Facebook 생중계 시청자들의 질문과 관련하여, 초기에는 직접적인 쌍방향 소통을 위해서 방청객들이 궁금한 사항에 대해 직접 마이크를 잡고 질문하게 하는 방법이 의도에 적합한 것이라 생각하였다. 그러나 선거법을 위반할 수 있는 사회질서를 깨는 발언, 특정 후보자를 지지 또는 무차별하게 비난하는 상황이 일어날 가능성이 있었기에, 질문들을 일차적으로 검열하여 선별하는 것이 중요하다고 생각했다. 그래서 방청객들에게 입장 시 포스트잇을 나누어주어 토론회 중 궁금한 점에 대해 작성하게 한 후, 토론회 중간에 언제든 스태프들에게 질문들을 전달할 수 있도록 하는 방법을 택하였다.

위에서 논의된 필수적인 항목들과 별개로, 우리는 토론회의 형식적인 분위기를 전환하고 후보자들에게도 잠깐 쉴 기회를 제공하고자 중간에 서대문구 유권자들의 '주민마이크' 브릿지 영상을 틀기로 하였다. 이 영상들은 공통의제 외에 서대문구 주민들의 제안과 생각을 담은 내용으로, 토론회가 끝난 이후에도 영상의 내용들을 문서화하여 후보자들에게 제시하고자 하였다. 더불어, '정책 토론회'이긴 하나 후보자들이 기조연설이나 맺음말 이외에도 유권자들에게 자신을 주체적으로 어필할 기회가 있어야 한다고 판단하여, 후보자간 상호질문 시간을 포함시켜 후보자들이 자신의 정책과 공약이 어떻게 더 나은지 스스로 홍보할 수 있는 시간을 제공하고자 하였다. 우리는 이를 바탕으로 큐시트와 사회자 대본의 기본적인 틀을 작성하였다.[6]

4) 서대문 구청장 후보자 컨택 과정

토론회의 개최를 위해서 우리는 서대문 구청장 후보 전원의 참여를 확정하는 것을 가장 우선적인 과제로 설정했다. 현 2선 구청장인 더불어 민주당 문석진 후보가 5월 8일, 가장 먼저 3선 출마를 공식화했다. 문 후보의 3선이 유력시되는 이번 서대문구 구청장 선거의 전세를 고려했을 때, 문 후보의 참여를 독려하는 것이 다른 경쟁 후보의 참여 여부에도 영향을 미치는 중요한 요소가 될 것이라고 판단했다. 후보자 등록 마감일(5월 25일) 직전까지 당의 공천여부와 출마여부에 관한 확답을 듣지 못한 후보가 있었으나 서대문구청장 선거 판세를 예측하는 기사와 공동 주최측인 서대문 정치하당의 네트워크를 통해 예비 후보자들의 소속 정당 공천 여부를 파악했다. 그리고 새로운 후보자 등록의 가능성을 예측하여 더불어 민주

6 별첨 자료 1 참고.

당, 자유한국당, 바른미래당 각 1명, 총 3명의 후보자 출마를 예상했다.

이후 각 후보자의 캠프 관계자와 접촉하여 1차적으로 토론회의 취지를 설명하고 참석 여부와 가능 일정을 타진했다. 컨택 과정에서는 후보자들이 행사 참여시 가장 중요하게 고려하는 요소 두 가지인 미디어와 유권자의 참여를 강조하는 전략을 수립했다. 페이스북 생중계를 통해 케이블 방송국의 후보자 tv 토론회 시청률을 상회하는 유권자와의 접촉이 가능하며, 언론 홍보 및 취재 요청을 통해 후보자가 효과적으로 미디어에 노출될 수 있도록 하겠다는 계획이 후보자들을 유인하는 데 유효하게 작용했다. 세 후보의 참석여부에 대한 긍정적 답변을 받은 후에는 토론회의 일정과 장소를 조율해 확정하고, 토론회 예상공통질문과 큐시트를 전달하여 토론회에 대한 정보를 사전에 후보자들에게 공지하였다.

5) 토론회 등록 및 승인 과정

단체에서 후보자 초청 토론회를 주최할 경우 선거관리위원회에 본 토론회 개최를 신고하고 승인을 받아야 한다. 이에 관한 절차는 서대문구 선거관리위원회 담당자에게 1차적으로 문의하여 대략적인 안내를 받았다. 구체적으로는 5월 20일 선관위 홈페이지를 통해 제7회 전국동시지방선거 이전 최종적으로 수정 및 확정된 "단체의 후보자 등 초청 대담 토론회 개최에 관한 안내"를 따랐다. 해당 문서에는 대담 토론회를 개최할 수 있는 단체, 개최기간, 초청대상 및 방법, 개최장소, 개최신고 방법, 대담 · 토론회 진행 시 고려사항 등이 관련 선거 법규에 따라 적시되어 있다. 토론회를 선거관리위원회에 등록하기 위해서는 후보자 등 초청 대담 · 토론회장 표지 1부, 후보자 등 초청 대담 · 토론회 개최신고서 1부, 그리고 참석하는 각 후보자의 대담 · 토론회 참석 승낙서에 서명 받아 1부씩 제출해야 한다.[7]

---

7 2018. 5. 20. "단체의 후보자 등 초청 대담 토론회 개최에 관한 안내". 중앙선거관리위

서정당 측에서 각 후보자의 캠프와 연락해 참석 승낙서를 받았고, 5월 28일 서대문 정치하당의 황호완 PD님과 함께 서대문구 선거관리위원회(서울 서대문구 응암로 121)에 방문해 담당자에게 서류 제출 및 승인을 받아 최종적으로 토론회 등록을 완료했다.

6) 토론회 홍보 전략 및 과정

토론회에 대한 홍보는 온라인과 오프라인으로 나누어 진행했다. 온라인 홍보는 연세대학교 정치외교학과 학생회 〈ABOUT〉의 협조로 〈ABOUT〉 페이스북 페이지와 정치외교학과 각 학번 카카오톡 방에 토론회 홍보 글과 포스터를 공유하며 홍보 게시물에 대한 학생들의 공감과 재공유를 독려하는 방법으로 이루어졌다. 그리고 서대문 정치하당, 서대문 시민 협력 플랫폼 및 여러 시민단체의 홈페이지와 SNS, 그리고 팀원 개인 SNS를 통한 홍보를 병행하였다.

오프라인 홍보는, 포스터와 현수막 등 광고물 부착 및 보도자료 작성을 통한 언론매체 홍보, 언론과의 인터뷰로 진행했다. 정치외교학과 학생회 〈ABOUT〉에서 포스터 디자인을 맡아 주셨고, 포스터는 서대문구 내 시민단체 사무실 및 서대문구 선거 관리위원회의 게시판, 연세대학교 내 교육과학관, 위당관, 연희관 등 학교 건물 내 게시판에 부착하였다. 미디어팀에서 제작한 현수막은 선거법에서 허용하는 최대 매수인 2매를 출력하여 연세대학교 백양로와 행사장인 백양누리 곽정환 홀 내부에 각기 부착하였다.

언론매체를 통한 홍보와 현장 기록을 위해 인터넷 매체 및 인쇄 매체 기자들의 연락처를 수집하고, 양식에 맞춰 작성한 보도자료[8]를 행사 전에 일

원회.

8 별첨 자료 2 참고.

〈그림 1〉 토론회 홍보 포스터 및 현수막

괄적으로 배포하였다. 보도자료의 작성은 국립국어원에서 발간한 “보도자료 쓰기 길잡이(2011)”에서 형식과 작성법을 참고했다.[9] 보도자료의 배포 결과 행사 당일 KBS 미디어부의 유성주, 양예빈 기자님께서 우리 행사를 직접 취재해 주셨다. KBS의 당일 행사 취재는 행사 이후 사전투표 및 본 투표 전에 좀더 많은 시청자에게 토론회가 닿아 지방선거에 대한 관심을 환기하길 바라는 목적으로 응했다.

또한 유권자의 지방선거 후보자 대상 공약 제안 및 동네 민주주의 활성화 움직임에 관심을 갖고 취재 중이셨던 한겨레 서울 & 이현숙 기자님께서 서정당과 미디어팀의 토론회 준비과정에 대해 인터뷰를 요청해주셨다. 이후 활동내용을 정리한 자료 공유와 대면 인터뷰를 통해 5월 25일자 한겨레 신문 인터넷 및 지면기사에 마을학개론 미디어팀의 토론회 준비과정이 담겼다.[10] 한겨레 서울&과의 인터뷰는 토론회의 개최 취지를 알리고 시민

9 국립국어원. 2011.『보도 자료 쓰기 길잡이』.

10 이현숙. 2018. “6 · 13 지방선거 새바람 주민 공약 제안 활동 봇물.” http://www.seouland.com/arti/society/society_general/3453.html(검색일:2018. 06. 22.).

들의 참여를 독려하는 것이 주 목적이었다. 토론회의 개최 전에 기사가 보도되었기 때문에, 후보자들에게 언론이 토론회에 갖는 기대와 관심을 호소해 참석 확정을 유도하는 데에도 큰 도움이 되었다.

4. 준비과정에서의 시행착오 및 개선점

직접 토론회를 하나부터 열까지 만들어가는 것은 우리 모두가 처음 해보는 일이었다. 토론회 준비과정부터 토론회가 진행되는 순간까지 예상치 못한 일들의 연속이었고 그로 인한 시행착오도 많았다. 후보자들의 선거 출마 확정이 늦게 결정된 것이 가장 큰 문제였다. 각 당에서 누가 출마하는지 확정이 되어야 일정을 결정하고, 일정이 결정되어야 장소를 결정할 수 있으며 보도자료와 공문을 보낼 수 있었다. 그러나 후보자 등록 마감일까지 후보자들이 결정되지 않아 일정 확정에 어려움을 겪었으며, 장소 대관 또한 늦어졌다. 이로 인해 전반적으로 모든 일정이 늦어졌으며, 처음 생각한 계획대로 진행되지 못했다. 참석 인원이 얼마나 될지 가늠이 잘 되지 않아 어느 정도의 규모로 장소를 설정해야 하는지에 대해서도 어려움을 겪었다.

이런 혼란과 빠듯한 일정에도 불구하고 모든 준비가 완료되었으며, 남은 것은 토론회 개최뿐이었다. 그러나 토론회 개최 하루 전날 예상치 못한 문제가 생겼다. 그러나 토론회 전날 오후, 바른미래당의 이은석 후보가 갑작스럽게 불참을 통보했다. 우리는 이미 토론회 일주일 전에 후보자 참석이 다 확정이 되었기 때문에, 우리는 시간과 장소, 그리고 참석자가 안내되어 있는 포스터를 이미 학교 곳곳에 게시했고, SNS 등을 통해서도 홍보를 다 한 상태였다. 세 명 전원이 토론회에 참여한다는 것에 맞추어 토론회 형식과 진행표를 이미 작성 완료했으며, 이미 언론에 보도자료도 돌렸던 상황이었다. 토론회를 24시간도 채 앞두지 않은 상황에서 갑작스레 통보를 받게 되어 매우 당황스러웠다. 어쩔 수 없이 우리는 토론회 큐시트를 다시 작성해야 했다. 토론 참여자가 세 명에서 두 명으로 줄게 된 만큼, 질문의 수를 늘렸고, 한 질문 당 답변 시간도 늘렸다. 홍보용 포스터와 글도 수정이 필요했지만, 이미 배포를 다 한 상태였으므로 수정이 불가했다. 또한 선거관리위원회에 다시 방문하여 신고를 새로 해야 했으며, 취재를 오기로 한 언론사에도 이은석 후보 불참을 알려야 했다. 결국 토론회는 이은석 후보를 제외하고 문석진 후보와 안형준 후보 두 명이 참석했다. 결과적으로는 처음에 기획했듯 모든 후보자를 다 초청하지는 못하게 되어 아쉬움이 남는다.

이러한 시행착오들을 검토해보면서, 우리는 앞으로 다시 이런 토론회를 개최하게 된다면 어떤 점을 개선해야 할 것인지 생각해보았다. 첫째로, 후보자가 결정되기 전에 우리가 가능한 시간을 미리 여러 개 설정해 놓고 후보자들에게 그 중 가장 가능한 날이 언제인지 물어보는 식으로 한다면 더 효율적일 것이다. 둘째, 토론회 큐시트를 미리 여러 버전으로 작성해 놓는 것이 좋을 것이다. 후보자가 당일 불참을 통보할 경우 다시 큐시트를 작성하는 것이 시간적으로 촉박하기 때문에, 미리 한 명이 참석할 경우, 두 명이 참석할 경우, 세 명이 참석할 경우 등 여러 경우의 수를 생각한 후, 각각의 큐시트를 작성해 놓는 것이다. 그렇게 한다면 어떠한 돌발상황이 발생해도 대처할 수 있으며 여유로운 진행이 가능할 것이다. 더불어 우리 팀의 경우 '지방선거'라는 상황을 타겟으로 토론회를 준비하였기 때문에 전체적인 준비 과정이 선거의 촉박한 진행 상황에 따라가느라 급하게 진행해야 하는 면이 있었는데, 만약 선거가 아닌 일반적인 시기에 토론회를 개최하고자 한다면, 장기적으로 일정을 계획하고 준비하는 것이 보다 완성도 높은 토론회를 만드는 데에 기여할 것이다.

Ⅲ. 보이지 않는 이를 보게 하는 힘: 미디어

프랑스의 정치철학자 자크 랑시에르(Jacques Rancière)는 정치(政治)의 개념에 대해 흥미로운 고견을 들려준다. 랑시에르는 통념과 다르게 사회 안에서의 자리, 기능의 분배 등이 정치가 아니라고 말한다. 그에게 정치는 '보이지 않는 것', 다시 말해 사회적 소수자/약자/발언권이 약한 자들을 보이게 하는 것이다. 따라서 랑시에르에게 민주주의는 '통치할 자격 없는 자의 통치', 존재감이 없고 권리가 없는 자라도 누구나 평등한 힘을 행사할 수 있는 제도다. 그의 이론을 '평등의 정치학'이라 표현하는 이유다.[11]

그렇다면, 랑시에르의 정치는 어떻게 실현 가능한가? 우리의 생각에, 보이지 않는 것에 대한 애정과 관심, 평등을 가장 잘 이룩할 수 있는 것은 긍정적인 순기능을 행하는 '미디어'다. 미디어는 '언로(言路)'라는 별칭에서도 볼 수 있듯이 동네와 정치권, 일상과 권력을 이을 수 있는 힘을 갖는다. 그런 의미에서 우리 마을학개론 미디어팀도 이번 2018학년도 1학기에 동네 민주주의 수업 주제 하에서, 위와 같은 '연결고리' 역할을 수행하려 노력했고, 그 결과물이 앞에서 서술한 〈서대문 구청장 후보자 초청 토론회 프로젝트〉이다. 이 프로젝트는 후보자들과 단절되고 정치적 효능감이 떨어진 유권자들, 그리고 반대로 이렇게 유권자들의 관심에서 멀어져 버린 지방자치단체 후보자들이라는 두 '보이지 않는 이들'의 집단을 보이게 하고자 하는 노력이었다.

결과적으로 보면, 이번 토론회 개최는 전체적으로 성공적이었다고 말할 수 있다. 학생과 시민단체라는 '주민'들이 만나 협업을 추진했고, 우리의 힘으로 후보자들 연락 및 초청, 언론과의 접촉, 일반 시민들 의견 및 질문

---

11 이진경, 『랑시에르: 평등의 정치학에서 존재론적 평등성으로』, 수유너머 Weekly, 2010〈http://suyunomo.jinbo.net/?p=4520〉, (접속일: 2018.6.10).

〈그림 2〉 서대문구청장 후보자 초청 토론회 개최에 참여한 미디어팀과 서대문정치하당

반영, 마지막으로 이를 통한 토론회 개최에 성공했다. 이 모든 과정이 우리의 손으로, '보통 사람들'의 손으로 이루어졌다는 점에서 큰 정치적 효능감을 느낄 수 있었고 동네민주주의라는 것이 무엇인지 피부로 느낄 수 있었다. 학생 입장에서 얻기 힘든 실무적 과정에 대한 지식 및 경험도 큰 소득이었다.

그러나 물론, 세세하게 살펴보면 아쉬운 부분도 많았다. 특히 그동안 너무 국민들과 단절되어 있던 탓일까? 투표율이 50% 언저리에서 맴도는 상호적 무관심 속에서 감시 없이 긴 세월을 보낸 탓일까? 토론회에서 가장 중요한 참여주체 중 하나였던 서대문구청장 후보들의 다소 진지하지 않고 토론회 룰을 무시하는 태도, 네거티브 공세, 구체성은 찾아볼 수 없고 현실성도 결여된 것처럼 보이는 일부 공약들은, 동네민주주의의 실현을 위해서는 시민 의식 교육뿐 아니라 정치인들의 진지한 태도도 요구된다는 생각을 하게 만들었다. 토론회의 개최 의의였던 시민-정치인 간 쌍방 소통의 장이 제대로 실현되었는지에 대해서는 다소 의문점이 남는다.

그럼에도 불구하고 이번 토론회 개최를 긍정적으로 평가할 수 있다면,

이는 이번 프로젝트가 하나의 선례로 기능할 수 있다는 점 때문일 것이다. 국민들의 진정한 생활 정치 참여는 민(民), 관(官), 학(學)이 선거철은 물론이고, 일상생활에서 자유롭게 상호 교류를 갖고 서로의 의견을 듣는 공론장이 형성되어야만 가능하다. 앞으로 누군가가 정치가에게 의견을 제시할 필요성을 느껴 토론회나 공청회를 열고, 화제를 모으고자 한다면 이 토론회를 참고할 수 있을 것이다. 이를 더 용이하게 하기 위해 우리의 준비 과정을 하나의 로드맵(Road map)[12] 으로도 첨부할 예정이다. 분명히 우리의 기획에 잘 한 점도, 다소 미흡한 점도 있을 테니 장점은 살리고, 단점은 보완하는 식으로 더 많은 정치참여 기회의 창출이 이루어지기를 바란다. 이를 통해 더 많은 이들이 동네민주주의를 체감하고 이에 참여할 수 있게 되면 더 바랄 것이 없겠다. 마지막으로 토론회 개최를 위해 물심양면으로 노력해주신 서대문 정치하당과 연세대학교 정치외교학과 학생회, 이런 기회를 제공해주시고 토론회 사회까지 맡아 주신 이태동 교수님, 그리고 미흡한 토론회에 기꺼이 참가해주신 시민 분들께 다시 한 번 감사의 말씀을 전한다.

참고문헌

- 강명구, 하세헌. 2013.『지방선거 효능감 분석과 지방정치 발전방안』. 한국지방자치학회보 25(4). 173-193.
- 국립국어원. 1999.『표준국어대사전』
- 국립국어원. 2011.『보도 자료 쓰기 길잡이』.
- 유인숙, 「노인회 주최 구청장 후보 선거 토론회」, 중구신문, 〈http://www.

12 별첨 자료 3 참고.

junggunews.com/news/articleView.html?idxno=59〉, (접속일: 2018.06.10)
- 중앙선거관리위원회(법제과) 2018. 4. 6.자 법률 제15551호 의결
- 이진경, 『랑시에르: 평등의 정치학에서 존재론적 평등성으로』, 수유너머 Weekly, 2010
- 〈http://suyunomo.jinbo.net/?p=4520〉, (접속일: 2018.6.10)
- 중앙선거관리위원회. 2018. 5. 20. "단체의 후보자 등 초청 대담 토론회 개최에 관한 안내".
- Campbell, A., Gurin, G., & Miller, W. E.. 1954. The Voter Decides. Evanston. IL: Row, Peterson and Company.

〈별첨 자료 1〉 서대문 구청장 후보자 초청 토론회 큐시트[13]

번호	항 목	내 용	소요 시간	리얼 타임 (누적)	영상	비고
1	타이틀	메인타이틀 "제7회 전국동시 지방선거 서대문구청장후보자 토론회" 주관: 서대문 정치하당, 연세대학교 마을학개론 미디어 팀, 연세대학교 정치외교학과 학생회	10초	14:00:10	페이스북 생중계	
2	오프닝	MC 오프닝 및 후보자 소개	2분	14:02:00		사회 이태동
3	진행방식 설명	MC 토론 진행방식 설명	1분 30초	14:03:30		
4	기조연설	후보자들 기조연설 (후보자별 시간 1분)	2분 30초	14:06:00		
5	서대문 정치하당 공통질문	서대문 정치하당 공통질문(30초) "그럼, 본격적인 토론으로 들어가겠습니다. 먼저 시민단체 서대문정치하당(이하 서정당)이 제시하는 질문들을 들어보겠습니다." (후보자별 시간 2분)	22분 30초	14:28:30		
		〈후보자 자질〉 or 〈공약〉 서대문 정치하당 공통질문(30초) → A/B 후보자 답변				
		위와 같은 방식으로 진행				
5	Bridge 영상 #1	서대문정치하당 주민마이크 영상 #1 (2분)	2분	14:30:30		

13 중앙선거방송토론위원회. 2018. 『후보자를 위한 선거방송토론 길잡이』 pp.70-80. 참고.

6	마을학 개론 공통질문	연세대학교 마을학개론 서대문구 1팀 공통질문(30초) “이어서 연세대학교 정치외교학과 전공 마을학개론 수강생들이 제시하는 질문들을 들어보겠습니다.” (후보자별 시간 2분) 위와 같은 방식으로 진행	18분	14:48:30		
7	Bridge 영상 #2	서대문정치하당 주민마이크 #2 (2분)	2분	14:50:30		
8	후보자 개별 질문	A후보자 자유지정질문(30초) → 지정후보자 답변(2분) A후보자 보충질문(30초) → 지정후보자 보충 답변(1분) B후보자 자유지정질문(30초) → 지정후보자 답변(2분) B후보자 보충질문(30초) → 지정후보자 보충 답변(1분)	8분	14:58:30		
9	Bridge 영상 #3	서대문정치하당 주민마이크 #3 (2분)	2분	15:00:30		
10	일반 시민 자유질문	방청객 질문 스태프가 수합. 페이스북 라이브 댓글질문도 포함. 적합한 질문 선별. 일반 시민 자유질문(사회자가 대상과 질문 제시, 30초) → 해당 후보자 답변(2분) (시간에 따라 질문 수 선택)	15분 +a	15:15:30		
11	맺음말	사회자 Bridge B/A 후보자 맺음말(각 1분 30초) – 마지막 순서, 맺음말입니다. – 각 후보자께, 앞선 토론에서 미진했던 부분이나 보충발언을 하실 수 있는 기회를 후보자당 1분씩 드리겠습니다.	4분	15:19:30		
12	클로징	사회자 클로징 & 엔딩 타이틀	1분	15:20:30		

〈별첨 자료 2〉 언론사 보도자료

보 도 자 료	발송일자	2018.05.28.
	수신	KBS 정치부 김세정 기자
	발신	연세대학교 마을학개론 미디어팀
	문의	010-XXXX-XXXX (담당자: 허보윤)
이 자료는 **2018년 5월 28일 배포시 이후**에 보도하여 주시기 바랍니다.		

서대문구청장 후보자 토론회 개최

연세대학교 마을학개론 미디어팀과 서대문 정치하당 공동 주최 · 주관, 연세대학교 정치외교학과 학생회의 후원으로 5월 30일(수) 오후 2시, 연세대학교 백양누리 곽정환홀에서 "서대문구청장 후보자 토론회"가 개최된다.

더불어민주당 문석진 후보, 자유한국당 안형준 후보, 바른 미래당 이은석 후보 등 서대문구청장 후보자 전원이 참석하며 이태동 연세대학교 정치외교학과 교수가 사회를 맡았다. 후보자 검증, 서대문구 관련 정책 제안 및 의제 제시에 관심 있는 모든 유권자가 참여할 수 있다. 유권자와 후보자가 소통하며 함께 서대문구의 의제를 수렴할 수 있는 공론장을 만들고자 한다.

서대문구청장 후보자 토론회는 제7회 전국동시지방선거를 맞아 서대문구 주민들이 우수한 후보를 선택하는데 주요한 정보를 제공한다. 후보의 공약과 가치관에 관한 공통 질문과 답변, 서대문구 유권자 및 연세대학교 학생들의 정책 및 의제 제안, 시민 자유 질의를 통해 정책 선거를 유도하며 참석자, 시청자를 중심으로 서대문구 투표율 제고를 꾀한다. 본 토론회가 효과적인 시민 의제 공론화의 장으로 기능하여 서대문구의 동네 민주주의를 활성화하기를 기대한다.

본 토론회는 '서대문 정치하당'(https://www.facebook.com/voteforsdm) 및 '가재울라디오'(https://www.facebook.com/gajaeul.radio) 페이스북 페이지를 통해 실시간 인터넷 중계된다. 토론회 관련 상세 정보는 전화(010-9955-1564 담당자: 황호완) 혹은 페이스북 페이지 '서대문 정치하당'(https://www.facebook.com/voteforsdm)으로

문의 바란다.

※ '서대문 정치하당'은 서대문구 주민들과 함께 지방선거를 통해 서대문의 미래를 고민하는 모임이다. 현재 후보자 소개 카드뉴스 제작, 선거 정보를 제공하는 팟캐스트 제작 등을 진행하고 있다.

※ '연세대학교 마을학개론 미디어팀'은 대학생이 지역사회에 공헌할 수 있는 방안을 제시하고 실천하는 연세대학교 학생들의 모임이다. '서대문 정치하당'과 함께 서대문구청장 후보자 토론회를 기획하고 있다.

〈별첨 자료 3〉 토론회 준비 과정 로드맵

순서	과정	세부 사항
1	토론회 기획 및 업무 분담	주최, 주관, 후원 확정 협력 파트너와 접촉, 의견 조율 주체들 간 업무 분담
2	토론회 형식 설정	토론회 개최 목적, 컨셉 확정 관련 선거법 확인 과정 및 형식 논의 구체적 큐시트 작성
3	토론회 시간 및 장소 확정 후보자 섭외	개최 날짜 논의 해당 날짜 바탕으로 장소 대관 문의 후보자들 접촉, 토론회 목적, 장소, 시간 제시 구체적 공문 작성 및 참가 서약 장소, 날짜 확정 및 선관위 신고 해당 장소에서 장비 가용 여부 확인, 세팅, 테스트
4	온라인, 오프라인 홍보	온라인 홍보 (페이스북 중점 활용) 오프라인 홍보 – 현수막 및 포스터 제작, 보도자료 작성 및 배포, 언론사 인터뷰 및 취재